即学即用
菜鸟学会计（图解案例版）

北京铨瑞会计师事务所　编著

中国铁道出版社有限公司
CHINA RAILWAY PUBLISHING HOUSE CO., LTD.

图书在版编目（CIP）数据

即学即用！菜鸟学会计：图解案例版/北京铨瑞会计师事务所编著.—北京：中国铁道出版社，2019.4

ISBN 978-7-113-24710-2

Ⅰ.①即… Ⅱ.①北… Ⅲ.①企业会计 Ⅳ.①F275.2

中国版本图书馆CIP数据核字（2018）第153348号

书　　名：**即学即用！菜鸟学会计（图解案例版）**
作　　者：北京铨瑞会计师事务所 编著

责任编辑：王淑艳　　**编辑部电话**：010-51873457　　**邮箱**：wangsy20008@126.com
封面设计：王　岩
责任校对：王　杰
责任印制：赵星辰

出版发行：中国铁道出版社有限公司（100054，北京市西城区右安门西街8号）
网　　址：http://www.tdpress.com
印　　刷：三河市兴达印务有限公司
版　　次：2019年4月第1版　2019年4月第1次印刷
开　　本：710 mm×1 000 mm　1/16　印张：22.25　字数：304千
书　　号：ISBN 978-7-113-24710-2
定　　价：59.80元

扫一扫，注册后观看
会计视频课程

前　言
PREFACE

会计的历史悠久，《周礼》中把主管会计的官员称为“司会”，《周礼》称：司会掌邦国会计之法度，会计就是用数字和文字记录业务收支的方法。

目前，会计门槛不算高，找工作相对比较容易，这吸引了大量的年轻人。会计究竟是怎样的一门学科？世上再没有比借贷记账法更简单更实用的原理，这个原理是会计学的杠杆，把会计对象支撑在一个平衡点上。如何更快、更简单地掌握会计核心技术，是本书要解决的问题。

本书精彩看点如下：

1. 编写依据

紧扣最新《企业会计准则第 14 号——收入》（财会〔2017〕22 号）（以下简称“新收入准则”）*《企业会计准则第 22 号——金融工具确认和计量》*（财会〔2017〕7 号）（以下简称“新金融工具准则”）等编写，新收入准则中不再区分业务类型，而是采用统一的收入确认模式。精准划分资产、负债、所有者权益、收入、利润和费用，关系企业记录业务的准确与否，大则被审计查出问题，小则产生错账。

2. 会计上岗

2017 年 11 月 4 日，第十二届全国人民代表大会常务委员会第三十次会议《关于修改〈中华人民共和国会计法〉等十一部法律的决定》第二次修正，对会计专业技术人员规定如下：

（1）持有会计专业技术资格证书的会计人员；

（2）持有会计从业资格证书且从事会计工作的会计人员；

（3）其他从事会计工作的会计人员。

3. 基础解读

秉承基础实用的原则，本书对会计业务从头到尾进行图解。

（1）建账。不管是新企业还是老企业，建账是第一步要做的事，哪怕只设置几个账簿。现在基本是用计算机建账，原理同手工建账是一样的。

（2）业务流程。从企业资本投入到购建生产资料、日常收支业务、产品销售、结算利润、上缴税费等。

（3）对账结账。一个月的业务登记完毕，月底就要对所有会计凭证及会计账簿进行对账与结账。

（4）编制报表。企业经营的好与坏，通过报表就可以知晓了。

4. 全真实训

为了更真实地接近会计工作，本书案例涉及的单据基本附有图样，编写会计分录、登记会计凭证以及会计账簿。

5. 典型案例

因本书涉及企业最基本的业务，案例也选取具有普遍意义的实例，会计人员可轻松应付岗位要求。

本套图书

本套图书包括《即学即用！菜鸟学出纳（图解案例版）》《即学即用！菜鸟学会计（图解案例版）》《即学即用！菜鸟学纳税（图解案例版）》《即学即用！菜鸟学成本核算与成本分析（图解案例版）》《即学即用！菜鸟学财报分析（图解案例版）》，皆为入门类图书，对会计知识与实务操作并行讲解，达到实战演练的目的。

本书读者

本书适用于会计初学者、会计专业学生、开辟第二职业的好学者以及在职会计人员。本书用实例为读者营造了一个真实的会计实战氛围，是职场小白的好帮手。

编　者

目　录
CONTENTS

第1章 什么是会计

第 2 章 设置会计科目与账户

第 4 章 企业资本金筹集阶段的会计处理

第 5 章 固定资产业务的会计处理

第10章 生产业务的会计处理

第 15 章 结 账

第 16 章 企业税费的核算

第 1 章 什么是会计

“会计”命名起源于西周，西周时期政治、经济和文化的发展为会计的起源提供了客观条件。《周礼》中把主管会计的官员称为“司会”。汉代《说文》中称“会，合也”；“计，会也，算也”。清代数学家焦循对“会计”予以了更详细的注释：“会，大计也。然则零星算之为计，总合算之为会。”

现代会计的定义为：以货币为主要计量单位，以凭证为主要依据，借助于专门的技术方法，对一定单位的资金运动进行全面、连续、系统的核算与监督，向有关方面提供会计信息、参与经营管理，旨在提高经济效益的一种经济管理活动。

1.1 会计岗位任职条件

会计专业职务，是区别会计人员业务技能的技术等级。根据 1986 年 4 月中央职称改革工作领导小组转发财政部制定的《会计专业职务试行条例》的规定，会计专业职务分为高级会计师、会计师、助理会计师和会计员；高级会计师为高级职务，会计师为中级职务，助理会计师和会计员为初级职务。

1.1.1 会计员

1. 工作职责

会计员主要负责具体审核和办理财务收支，编制记账凭证，登记会计账簿，编制会计报表和办理其他会计事务等。

2. 任职条件

任职条件包括：①初步掌握财务会计知识和技能；②熟悉并能遵照执行有关会计法规和财务会计制度；③能担负一个岗位的财务会计工作；④大学专科或中等专业学校毕业，在财务会计工作岗位上见习一年期满。

1.1.2 助理会计师

1. 工作职责

助理会计师主要负责草拟企业一般的财务会计制度、规定、办法；解释、解答财务会计法规、制度中的一般规定；分析检查某一方面或某些项目的财务收支和预算的执行情况等。

2. 任职条件

任职条件包括：①掌握一般的财务基本知识和技能；②熟悉并能正确执行有关的财经方针、政策和会计法规、制度；③能担负一个方面或某个重要岗位的财务会计工作；④取得硕士学位，或取得第二学士学位或研究生班结业证书，具备履行助理会计师职责的能力；⑤大学本科毕业，在财务会计工作岗位上见习一年期满；⑥大学专科毕业并担任会计员职务两年以上，或中等专业学校毕业并担任会计员职务四年以上。

1.1.3 会计师

1. 工作职责

会计师主要负责草拟比较重要的财务会计制度、规定、办法；解释、解答财务会计法规、制度中的重要问题；分析检查收支和预算的执行情况；培养初级会计人才等。

2. 任职条件

任职条件包括：①比较系统地掌握财务会计基础理论和专业知识；②掌握并能正确贯彻执行有关的财经方针、政策和财务会计法规、制度；③具有一定的财务会计工作经验，能担负一个单位的财务会计工作或管理一个地区、一个部门、一个系统某个方面的财务会计工作；④取得博士学位，并具有履行会计师职责的能力；⑤取得硕士学位并担任助理会计师职务两年左右；⑥取得第二学士学位或研究生班结业证书，并担任助理会计师职务两至三年；⑦大学本科或大学专科毕业并担任助理会计师职务四年以上；⑧掌握一门外语。

1.1.4 高级会计师

1. 主要职责

高级会计师主要负责草拟和解释、解答在一个地区、一个部门、一个系统或在全国实行的财务会计法规、制度、办法；组织和指导一个地区或一个部门、一个系统的经济核算和财务会计工作；培养中级以上会计人才等。

2. 任职条件

任职条件包括：①比较系统地掌握经济、财务会计理论和专业知识；②具有较高的政策水平和丰富的财务会计工作经验，能担负一个地区、一个部门或一个系统的财务会计管理工作；③取得博士学位，并担任会计师职务两至三年；④取得硕士学位，第二学士学位或研究生班结业证书，或大学本科毕业并担任会计师职务 5 年以上；⑤较熟练地掌握一门外语。

1.2 会计基本假设

会计基本假设是企业会计确认、计量和报告的前提，是对会计核算所处时间、空间和环境等所作的合理设定。会计基本假设包括会计主体、持续经营、会计分期和货币计量等四个假设。

1.2.1 会计主体

会计主体是指企业会计确认、计量和报告的空间范围，即会计核算和监督的特定单位或组织。法律主体（法人）一定是会计主体，会计主体不一定是法律主体。

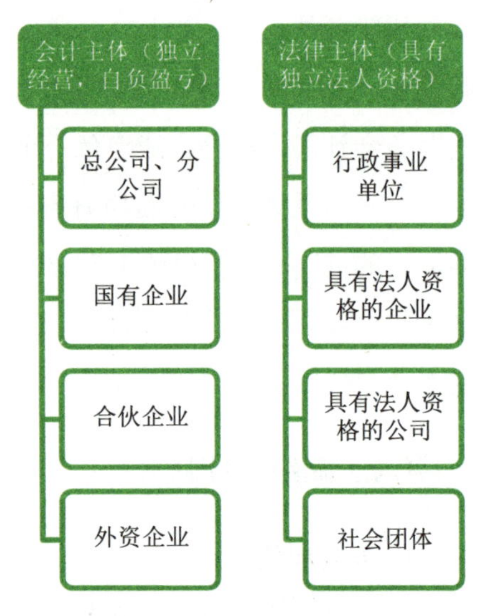

1.2.2 持续经营

持续经营是指在可以预见的未来，企业将会按当前的规模和状态继续经营下去，不会停业，也不会大规模削减业务。比如，企业购置一台可使用 10 年的设备，原价为 1 000 万元，假定无残值，采用直线法折旧，则通常的折旧期限选定的是 10 年使用期，每年折旧费为 100 万元（1 000 ÷ 10），而选用正常使用期作为折旧期限也就是在企业预期不会破产的前提下的会计处理。持续经营假设为会计核算的开展提供了正常的业务背景。

1.2.3 会计分期

会计分期是指将一个企业持续经营的经济活动划分为一个个连续的、长短相同的期间，以便分期结算账目和编制财务会计报告。会计分期为会计核算确立了时间范围。

根据《企业会计准则——基本准则》规定，会计期间分为年度和中期两种。这里的会计年度采用的是公历年度，即从每年的 1 月 1 日到 12 月 31 日为一个会计年度。所谓中期是指短于一个完整会计年度的报告期间，又可以分成月度、季度、半年度。

1.2.4 货币计量

货币计量是指会计主体在会计确认、计量和报告时以货币作为计量尺度，反映会计主体的经济活动。在我国，会计核算应以人民币作为记账本位币。

业务收支以人民币以外的货币为主的单位，可以选定其中一种外币作为记账本位币，但编制的财务报告应当折算为人民币反映。

1.3 会计要素

会计要素又称会计对象要素，是按照交易或事项所作的基本分类，分为反映企业财务状况的会计要素和反映企业经营成果的会计要素。

会计要素分为以下两类：

（1）反映财务状况的会计要素由资产、负债和所有者权益三项组成，这三项会计要素是组成资产负债表的重要因素，所以也被称为资产负债表要素。资产负债表要素如图 1-1 所示。

（2）反映企业经营成果的会计要素由收入、费用和利润三项组成，这三项会计要素是组成利润表的重要因素，所以也称为利润表要素。利润表要素如图 1-2 所示。

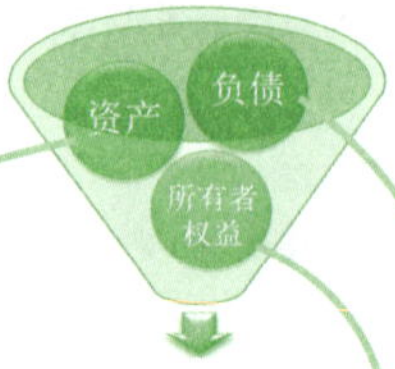

资产
负债
所有者权益

资产负债表

编制单位：雅致电子有限公司　　2018 年 7 月 31 日　　单位：元

资产	期末余额	年初余额	负债和所有者权益（或股东权益）	期末余额	年初余额
流动资产：			流动负债：		4 000 000
货币资金	6 532 400	543000	短期借款	3 400 000	
交易性金融资产			交易性金融负债		
应收票据及应收账款	5 008 000	5 600 000	应付票据及应付账款	2 369 000	2 328 300
预付款项	26 000	72 000	预收款项	20 000	20 000
其他应收款	11 800	123 000	合同负债	900 000	1 000 000
存货	3 665 300	4 237 900	应付职工薪酬	2 185 000	3 126 000
合同资产	1 200 000	1 100 000	应交税费	1 849 000	1 235 890
一年内到期的非流动资产			其他应付款	50 800	80 500
其他流动资产			一年内到期的非流动负债		
流动资产合计	16 443 500	11 675 900	其他流动负债		
非流动资产：			流动负债合计	10 773 800	11 790 690
债权投资			非流动负债：		
其他债权投资	19 744 500	20 011 590	长期借款	3 260 000	2 430 000
递延所得税资产			……		
其他非流动资产			盈余公积	2 984 500	1 250 000
非流动资产合计	19 744 500	20 011 590	未分配利润	19 169 700	16 216 800
……			所有者权益（或股东权益）合计	22 154 200	17 466 800
资产总计	36 188 000	31 687 490	负债和所有者权益（或股东权益）总计	36 188 000	34 687 490

图 1-1　资产负债表项目（截图）

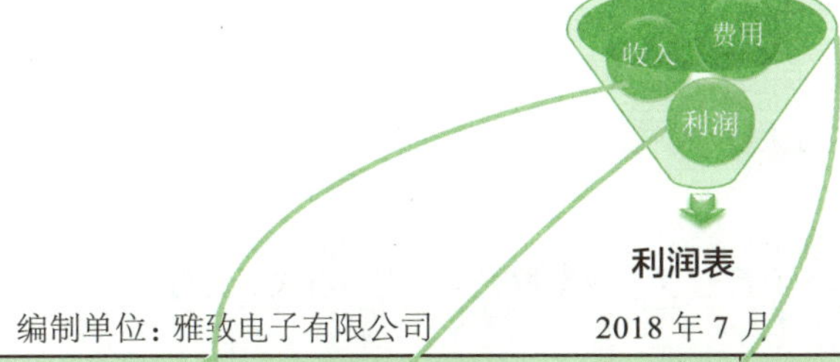

利润表

编制单位：雅致电子有限公司　　2018 年 7 月　　单位：元

项目	本期金额	上期金额
一、营业收入	74 500 000	
减：营业成本	41 280 000	
税金及附加	74 580	
销售费用		
管理费用	869 320	
研发费用		
财务费用	125 600	
其中：利息费用		
利息收入		
资产减值损失	44 000	
加：公允价值变动收益 (损失以“–”号埴列		
投资收益失以“–”号填列		
其中：对联营企业和合营企业的投资收益		
资产处置收益（损失以“–”号填列）		
二、营业利润（损以“–”号填列）	32 106 500	
加：营业外收入	32 800	
减：营业外支出	26 540	
三、利润总额行亏损总额以“–”号填列	32 112 760	
减：所得税费用	8 028 190	
四、净利润铮亏损以“–”号填列	24 084 570	
五、其他综合收益的税后净额		
（一）以后不能重分类进损益的其他综合收益		
1. 重新计量设定受益计划变动额		

图 1–2　利润表项目（截图）

1.3.1 资产

资产是指由过去的交易或事项形成的，并由企业拥有或者控制的、预期会给企业带来经济利益的资源。

资产的特征如下：

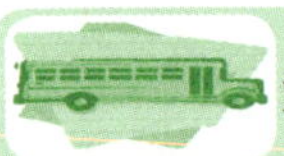
资产预期会给企业带来经济利益

资产应为企业拥有（有所有权）或者控制（没有所有权）的资源

资产是由企业过去的交易或事项形成的。企业预期在未来发生的交易或者事项不形成资产

资产分为流动资产和非流动资产，具体科目如图 1-3 所示。

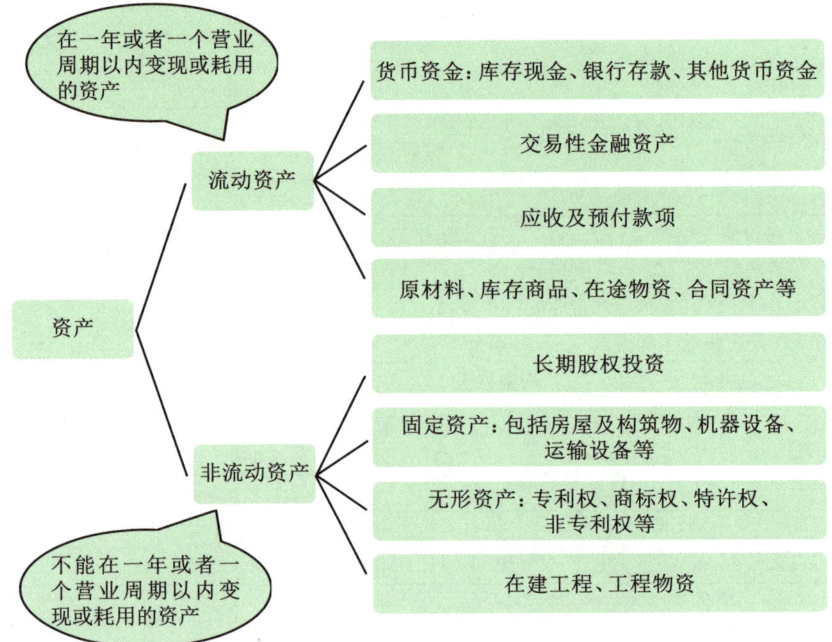

图 1-3 资产分类

1.3.2 负债

负债是指企业由过去的交易或者事项形成的、预期会导致经济利益流出企业的现时义务。

负债的特征如下：

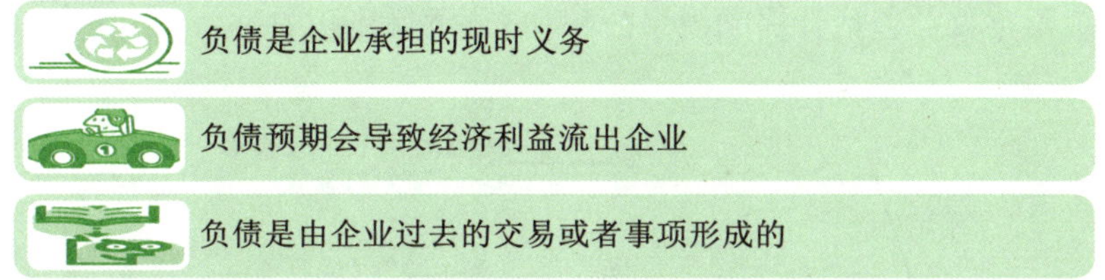

负债通常按流动性不同进行分类，可将负债划分为流动负债和非流动负债，具体科目如图 1-4 所示。

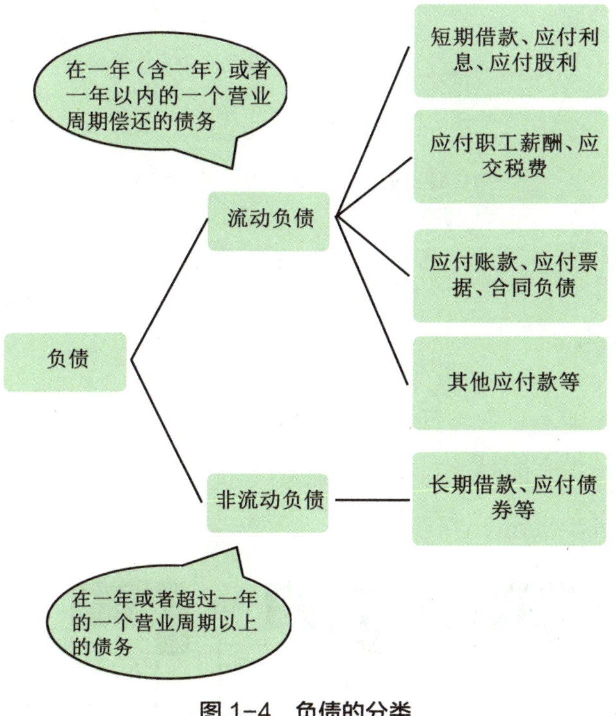

图 1-4　负债的分类

1.3.3 所有者权益

所有者权益是企业资产扣除负债后，由所有者享有的剩余权益，如图 1-5 所示。

（1）所有者投入的资本包括构成企业注册资本或者股本部分的金额，也包括资本（或股本）溢价。

（2）直接计入所有者权益的利得和损失由企业非日常活动发生或形成的。

（3）留存收益包括计提的盈余公积和未分配利润。

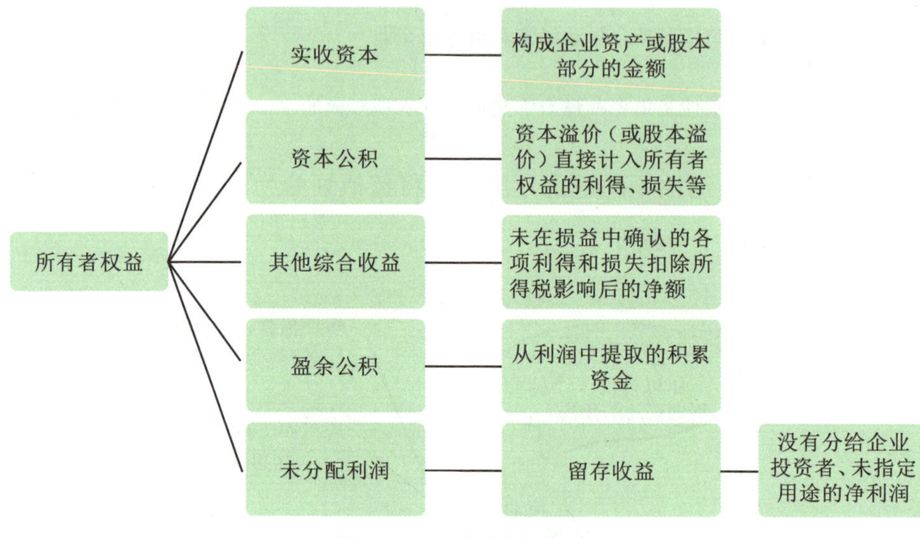

图 1-5 所有者权益分类

1.3.4 收入

收入是指企业在日常经营活动中所形成的、会导致所有者权益增加的、与所有者投入资本无关的经济利益的总流入。

收入确认五步法如下：

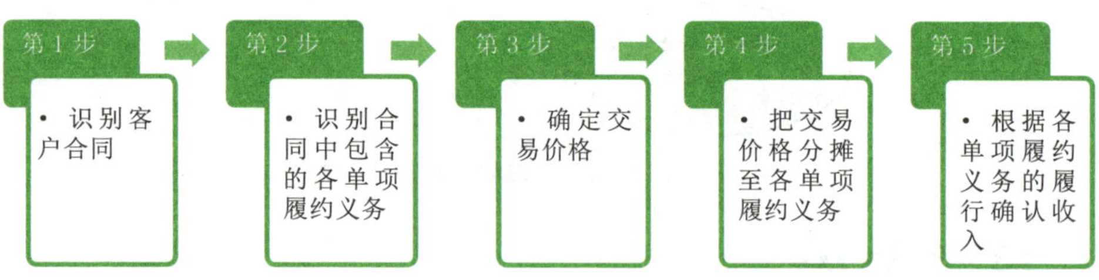

收入的分类如图 1-6 所示。

图 1-7 为企业非日常经营活动形成的，即利得。

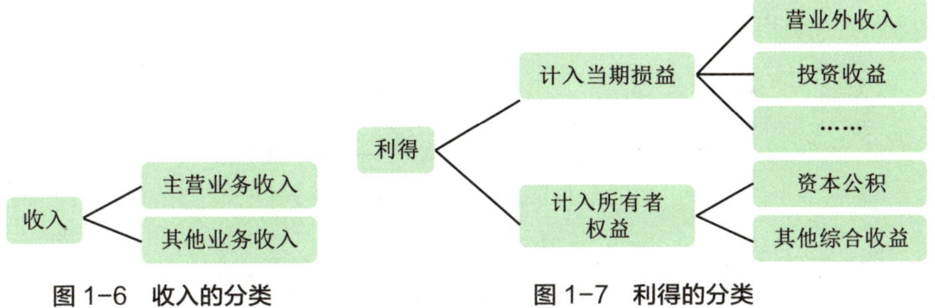

图 1-6　收入的分类

图 1-7　利得的分类

1.3.5 费用

费用的特征如下：

费用是企业在日常活动中形成的（营业外支出不确认为费用）

费用是与向所有者分配利润无关的经济利益的总流出

费用（本身）会导致所有者权益的减少

费用的分类如图 1-8 所示。

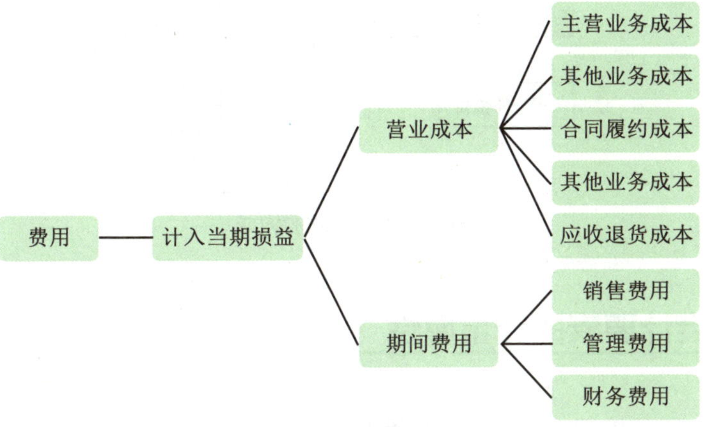

图 1-8　费用的分类

图 1–9 为企业非日常活动中形成的损失。

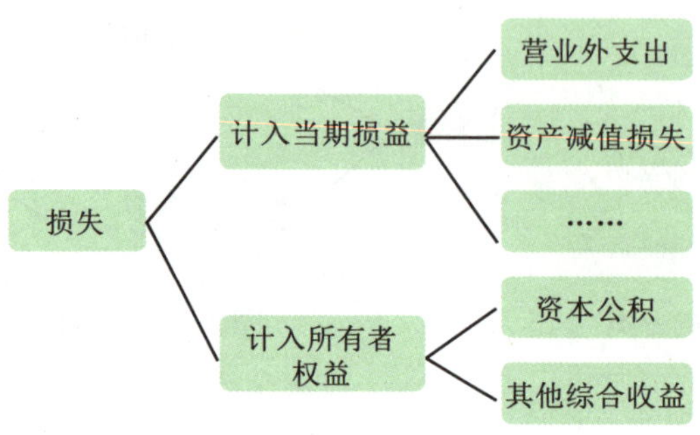

图 1–9 损失的分类

1.3.6 利润

利润是指企业在一定会计期间的经营成果。利润包括收入减去费用后的净额、直接计入当期利润的利得和损失等。

利润按照构成可分为营业利润、利润总额和净利润，如图 1–10 所示。

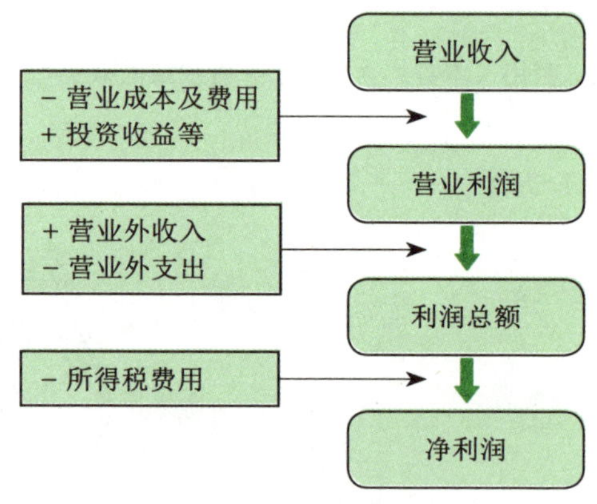

图 1–10 利润的构成

1.4 会计要素的计量属性

会计计量是根据一定的计量标准和计量方法，将符合确认条件的会计要素登记入账并列报于财务报表而确定其金额的过程。企业应当按照规定的会计计量属性进行计量，确定相关金额。计量属性是指所计量的某一要素的特性方面，如桌子的长度、铁矿的重量、楼房的高度等。

1.4.1 历史成本

历史成本又称为实际成本，指取得或制造某项财产物资实际支付的现金或其他等价物。

例如，雅致电子有限公司为一般纳税人，购入一台 X 设备，不含税价款为 351 000 元。X 设备的入账价值就是 351 000 元，即历史成本。

1.4.2 重置成本

重置成本又称为现行成本，是指按照当前市场条件，重新取得同样一项资产所需支付的现金或者现金等价物金额。

例如，雅致电子有限公司有一幢办公楼，10 年前建成，总价值 400 万元。现在房地产升值，公司重新进行估值，目前这幢办公楼总价为 2 800 万元。2 800 万元即为重置成本。

1.4.3 可变现净值

可变现净值是指在正常生产经营过程中，以预计售价减去进一步加工成本和预计销售费用以及相关税费后的净值

可变现净值 = 预计售价 − 进一步加工成本 − 预计销售费用 − 相关税费

例如，2018 年 1 月 31 日，雅致电子有限公司 W3 型机器的账面价值（成本）为 80 000 元，数量为 8 台，单位成本为 10 000 元。2018 年 12 月 31 日，W3 型机器的市场销售价格为 9 500 元 / 台。估计销售费用、相关税费为 5 600 元。

估计销售价格 =9 500 × 8=76 000（元）

可变现净值 =76 000−5 600=70 400（元）

8 台 W3 型机器可变现值为 70 400 元，每台 8 800 元，发生减值，需要计提减值准备。

1.4.4 现值

现值是指对未来现金流量以恰当的折现率进行折现后的价值，是考虑货币时间价值的一种计量属性。在资产减值准则中，会经常使用现值计量属性。

甲网络公司计划4年后进行技术改造，需要资金2 200 000元，当银行利率为5%时，公司现在应存入银行的资金为：

$P=F\times(1+i)^{-n}=2\ 200\ 000\times(1+5\%)^{-4}=2\ 200\ 000\times 0.822\ 7$

$=1\ 809\ 940$（元）

1.4.5 公允价值

公允价值市场参与者在计量日发生的有序交易中，出售一项资产所能收到或者转移一项负债所需支付的价格。

例如，甲公司拟用单位的3辆大型运输车用于偿债，经估值，公允价值为180万元。

1.5 会计等式

会计要素之间存在等式关系，即会计等式，也称会计平衡公式，或会计方程式，它是对各会计要素的内在经济关系利用数学公式所作的概括表达。即反映各会计要素数量关系的等式。它提示各会计要素之间的联系，是复式记账、试算平衡和编制会计报表的理论依据。

1.5.1 财务状况等式

财务状况等式，亦称基本会计等式和静态会计等式，是用以反映企业某一特定时点资产、负债和所有者权益三者之间平衡关系的会计等式。即：

这是会计恒等式，也是静态等式。资产负债表就是根据这个基本会计等式编制的。

1.5.2 经营成果等式

经营成果等式，亦称动态会计等式，是用以反映企业一定时期收入、费用和利润之间恒等关系的会计等式。即：

这一会计等式是对会计第一等式的补充和发展，称为第二等式。它表明了企业在一定会计期间的经营成果与相应的收入和费用之间的关系，说明了企业利润的实现过程。它实际上反映的是企业资金的绝对运动形式，故也称为动态会计等式。该等式是企业编制利润表的基础。

1.5.3 第三会计等式

随着企业经营活动的开展，企业陆续取得了收入并发生了相应的费用。收入一般表现为资产的增加或负债的减少。与收入相反，费用则一般表现为资产的减少或负债的增加，因此，在一定的会计期间内（期末结账之前），会计等式可以表述为：

资产 = 负债 + 所有者权益 +（收入 − 费用）

到了会计期末，企业将收入与费用相配比，可以计算出本期实现的利润或发生的亏损。上述公式可以改成以下形式：

资产 = 负债 + 所有者权益 + 利润

在会计期末，企业应根据国家有关法律、法规、企业章程或董事会决议等，按规定程序对实现的利润进行分配。其中：一部分利润应以所得税的方式上交国家，一部分利润应分配给投资者，在实际支付之前它们分别形成了企业的应交税费和应付股利或利润，即这两部分利润转化为企业的负债；还有一部分利润是以盈余公积和未分配利润的方式留存在企业，构成了所有者权益的组成部分。在利润分配之后，上述会计等式又恢复为基本等式的形式，即：

资产 = 负债 + 所有权益

经济业务的发生虽然会导致资产、负债和所有者权益增减变动，但无论怎么变动，都不会破坏资产与权益之间的平衡关系。

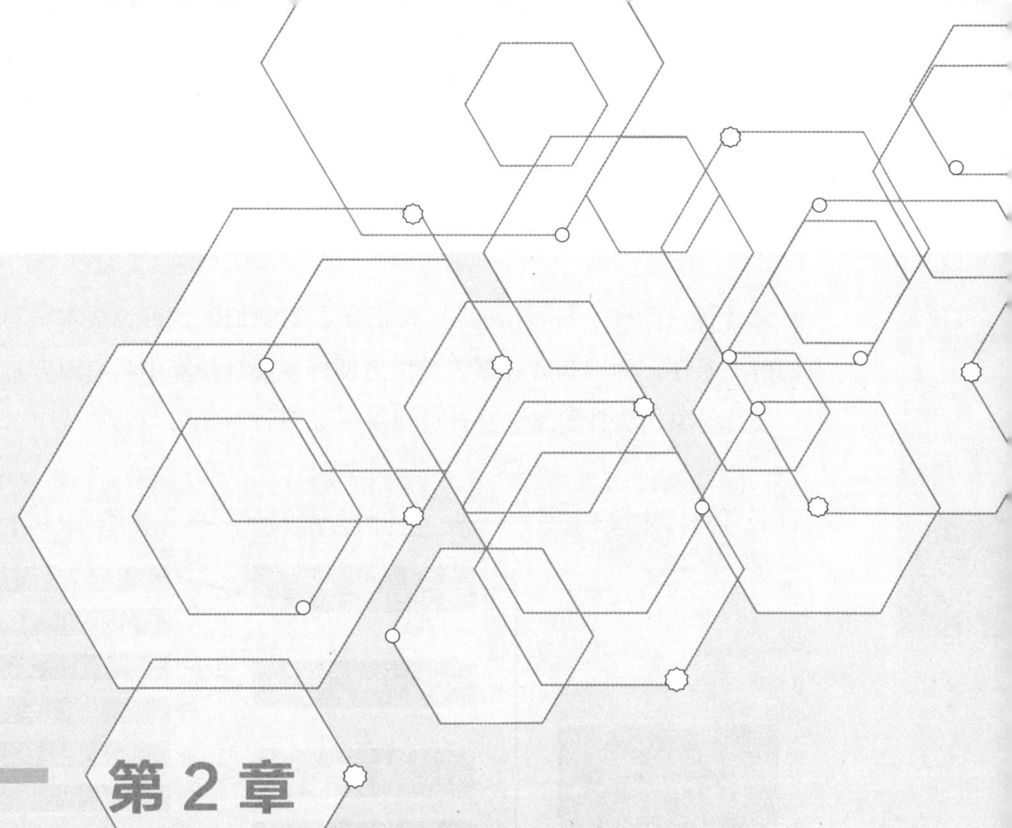

第 2 章

设置会计科目与账户

设置会计科目和账户是会计核算的前提，企业根据《企业会计准则》的规定，可以根据行业性质和运营特点，设置会计科目，在不影响统一会计核算要求以及对外提供统一的财务报表的前提下，自行增设、减少或合并某些会计科目。账户是根据会计科目，按照借贷原理设置。

2.1 会计科目

会计科目简称“科目”，是复式记账、编制记账凭证、成本核算及财产清查的前提条件，为编制会计报表提供方便，在会计核算中具有重要意义。

会计对象、会计要素和会计科目关系如下：

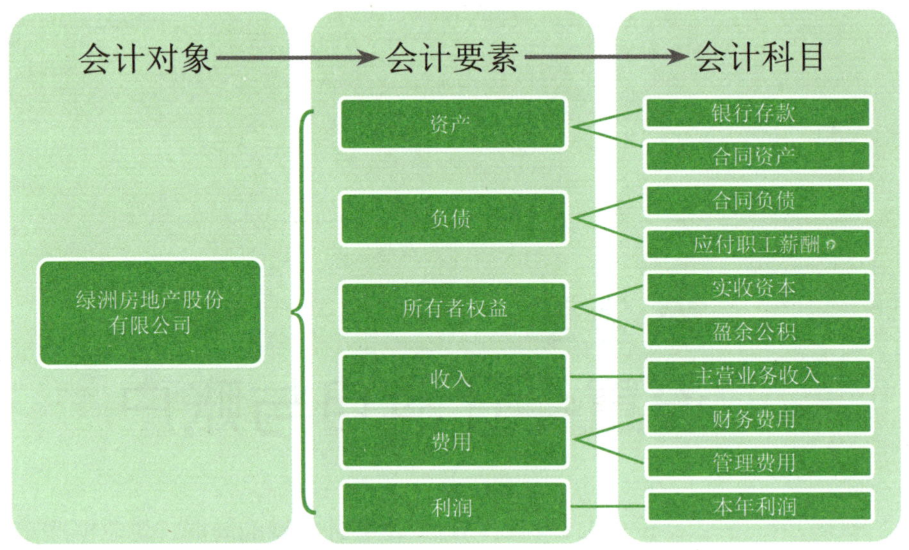

2.1.1 会计科目设置原则

会计科目的设置应符合会计核算的一般原则及会计核算工作基本要求，以保证会计信息的质量。为此，企业对会计科目的设置应遵循以下原则：

合法性原则	• 为了保证会计信息的可比性，所设置的会计科目应当符合国家统一的会计制度的规定
相关性原则	• 会计科目的设置，应为提供有关各方所需要的会计信息服务，满足对外报告与对内管理的要求
实用性原则	• 企业的组织形式、所处行业、经营内容及业务种类等不同，在会计科目的设置上亦应有所区别。在合法性的基础上，应根据企业自身特点，设置符合企业需要的会计科目

2.1.2 会计科目分类

按提供核算指标的详细程度对会计科目进行的分类，可分为总分类账户和明细分类账户，如图 2-1 所示。

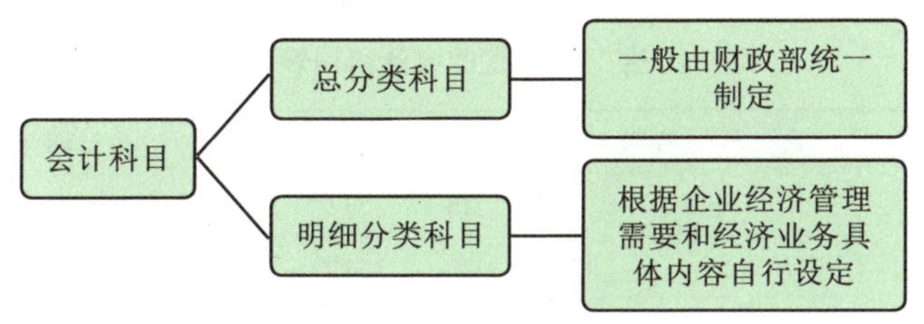

图 2-1　会计科目分类

总分类科目也叫总账科目或一级科目，是对会计要素具体内容进行总括分类、提供总括信息的会计科目，如“应收账款”“应付账款”“原材料”等。根据我国《企业会计准则》，总分类科目一般由财政部统一制定。

明细分类科目也称明细科目，它是对总分类科目作进一步分类、提供更详细更具体会计信息的科目，是对总分类科目的具体化和详细说明。按照其分类的详细程序不同，又可分为子目和细目。见表 2-1。

表 2-1　会计科目设置

科目代码	总分类科目（一级科目）	明细分类科目	
		二级科目	三级科目
1012	其他货币资金		
101201	其他货币资金	外埠存款	××银行
101202	其他货币资金	银行本票	××银行
101203	其他货币资金	银行汇票	××银行
101204	其他货币资金	信用卡存款	××银行
101205	其他货币资金	信用证	××银行
101206	其他货币资金	存出投资款	××银行

总分类科目对所属的明细分类科目起着统驭和控制作用，而明细分类科目是对其所归属的总分类科目的补充和说明。

2.1.3 企业常用会计科目

企业在不违反《企业会计准则》中确认、计量和报告规定的前提下，可以根据本企业的实际情况自行增设、分拆、合并会计科目。见表 2-2。

表 2-2 企业会计科目表

序号	编号	会计科目名称	序号	编号	会计科目名称
一、资产类			25	1511	长期股权投资
1	1001	库存现金	26	1512	长期股权投资减值准备
2	1002	银行存款	27	1521	投资性房地产
3	1012	其他货币资金	28	1531	长期应收款
4	1101	交易性金融资产	29	1601	固定资产
5	1121	应收票据	30	1602	累计折旧
6	1122	应收账款	31	1603	固定资产减值准备
7	1123	预付账款	32	1604	在建工程
8	1131	应收股利	33	1605	工程物资
9	1132	应收利息	34	1606	固定资产清理
10	1221	其他应收款	35	1701	无形资产
11	1231	坏账准备	36	1702	累计摊销
12	1401	材料采购	37	1703	无形资产减值准备
13	1402	在途物资	38	1711	商誉
14	1403	原材料	39	1801	长期待摊费用
15	1404	材料成本差异	40	1811	递延所得税资产
16	1405	库存商品	41	1901	待处理财产损溢
17	1406	发出商品	二、负债类		
18	1408	委托加工物资	42	2001	短期借款
19	1411	周转材料	43	2101	交易性金融负债
20	1461	融资租赁资产	44	2201	应付票据
21	1471	存货跌价准备	45	2202	应付账款
22	1501	债权投资	46	2203	预收账款
23	1502	债权投资减值准备	47	2211	应付职工薪酬
24	1503	其他债权投资	48	2221	应交税费

续上表

序号	编号	会计科目名称	序号	编号	会计科目名称
49	2231	应付利息	67	5401	工程施工
50	2232	应付股利	68	5402	工程结算
51	2241	其他应付款	69	5201	劳务成本
52	2401	递延收益	五、损益类		
53	2501	长期借款	70	6001	主营业务收入
54	2502	应付债券	71	6051	其他业务收入
55	2701	长期应付款	72	6101	公允价值变动损益
56	2801	预计负债	73	6111	投资收益
57	2901	递延所得税负债	74	6115	资产处置损益
三、所有者权益类			75	6301	营业外收入
58	4001	实收资本	76	6401	主营业务成本
59	4002	资本公积	77	6402	其他业务成本
60	4101	盈余公积	78	6403	税金及附加
61	4103	本年利润	79	6601	销售费用
62	4104	利润分配	80	6602	管理费用
63	4201	库存股	81	6603	财务费用
四、成本类			82	6701	资产减值损失
64	5001	生产成本	83	6711	营业外支出
65	5101	制造费用	84	6801	所得税费用
66	5301	研发支出	85	6901	以前年度损益调整

2.2 会计账户

会计账户是根据会计科目设置的，具有一定格式和结构，用于分类反映会计要素增减变动情况及其结果的载体。

2.2.1 会计账户结构

账户的内容具体包括账户名称，记录经济业务的日期，所依据记账凭证的编号，经济业务摘要，增减金额和余额等，见表 2-3。

表 2-3 库存现金账户

2018 年		凭证号	摘 要	借 方	贷 方	借或贷	余 额
月	日		期初余额			借	2 500
1	3	收款 001	从银行提取现金	15 000		借	17 500
1	5	付款 002	支付差旅费		4 200	借	13 300
1	9	付款 002	购买办公用品		1 200	借	12 100
1	11	收款 009	销售收入	9 900		借	22 000
1	31		本月合计	24 900	5 400	借	22 000

所有经济业务的发生所引起的企业资产、负债、所有者权益等的变动，从数量上看，不外乎“增加”和“减少”两种情况。因此，每个账户起码要划分出两个方位，左方（记账符号为“借”），右方（记账符号为“贷”）两个方向，一方登记增加，另一方登记减少。资产、成本、费用类账户借方登记增加额，贷方登记减少额；负债、所有者权益、收入类账户借方登记减少额，贷方登记增加额。为了便于说明问题，可简化为左右两方，即“丁字形”账户，如图 2-2 所示。

借	库存现金	贷
期初余额	2 500	
	15 000 9 900	4 200 1 200
本期发生额	24 900	5 400
期末余额	22 000	

图 2-2 库存现金丁字账户

2.2.2 账户借贷关系

账户中登记本期增加的金额，称为本期增加发生额；登记本期减少的金额，称为本期减少发生额；增减相抵后的差额，称为余额，余额按照时间不同，分为期初余额和期末余额。其基本关系如下：

期末余额 = 期初余额 + 本期增加发生额 − 本期减少发生额

上式中的四个部分也称为账户的四个金额要素，对于不同经济内容账户反映也不同。

（1）资产类账户。

资产类账户期末余额的计算公式如下：

期末借方余额 = 期初借方余额 + 本期借方发生额 − 本期贷方发生额

资产类账户结构，如图 2-3 所示。

借方　　　　资产类账户	贷方
期初余额	
本期资产增加额	本期资产减少额
本期借方发生额合计	本期贷方发生额合计
期末余额	

图 2-3　资产类账户结构

（2）负债类账户。

负债类账户期末余额的计算公式如下：

期末贷方余额 = 期初贷方余额 + 本期贷方发生额 − 本期借方发生额

负债类账户结构，如图 2-4 所示。

借方　　　　负债类账户	贷方
	期初余额
本期负债减少额	本期负债增加额
本期借方发生额合计	本期贷方发生额合计
	期末余额

图 2-4　负债类账户结构

（3）所有者权益类账户。

所有者权益类账户期末余额的计算公式如下：

期末贷方余额 = 期初贷方余额 + 本期贷方发生额 − 本期借方发生额

所有者类账户结构，如图 2-5 所示。

借方	所有者权益类账户 贷方
	期初余额
本期所有者权益减少额	本期所有者权益增加额
本期借方发生额合计	本期贷方发生额合计
	期末余额

图 2-5 所有者权益类账户结构

（4）收入类账户。

收入类账户的借方登记减少额；贷方登记增加额。本期收入净额在期末转入“本年利润”账户，结转后无余额。

收入类账户结构，如图 2-6 所示。

借方	收入类账户 贷方
收入减少或结转额	收入增加额
本期发生额（收入减少额合计）	本期发生额（收入增加额合计）

图 2-6 收入类账户

（5）费用类账户。

费用类账户的借方登记增加额；贷方登记减少额。本期费用净额在期末转入“本年利润”账户，结转后无余额。

费用类账户结构，如图 2-7 所示。

借方	费用类账户 贷方
费用增加额	费用减少额或结转额
本期发生额（费用增加额合计）	本期发生额（费用减少额合计）

图 2-7 费用类账户

（6）成本类账户。

成本类账户期末余额的计算公式如下：

期末借方余额 = 期初借方余额 + 本期借方发生额 − 本期贷方转销额

成本类账户结构，如图 2-8 所示。

借方	成本类账户　　　贷方
期初余额	
本期成本增加额	本期成本转销额
期末余额	

图 2-8　成本类账户

2.2.3 账户等式的平衡关系

账户是用来核算企业的经济业务，企业经济业务按其对财务状况等式的影响不同，可以分为以下九种基本类型：

（1）一项资产增加，另一项资产等额减少的经济业务；

（2）一项资产增加，一项负债等额增加的经济业务；

（3）一项资产增加，一项所有者权益等额增加的经济业务；

（4）一项资产减少，一项负债等额减少的经济业务；

（5）一项资产减少，一项所有者权益等额减少的经济业务；

（6）一项负债增加，另一项负债等额减少的经济业务；

（7）一项负债增加，一项所有者权益等额减少的经济业务；

（8）一项所有者权益增加，一项负债等额减少的经济业务；

（9）一项所有者权益增加，另一项所有者权益等额减少的经济业务。

上述九类基本经济业务的发生均不影响财务状况等式的平衡关系，具体分为三种情形：

基本经济业务（1）（6）（7）（8）（9）使财务状况等式左右两边的金额保持不变；基本经济业务（2）（3）使财务状况等式左右两边的金额等额增加；基本经济业务（4）（5）使财务状况等式左右两边的金额等额减少。

【例 2-1】 2019 年 2 月 1 日，雅致电子有限公司会计要素和科目余额见表 2-4，会计等式的平衡关系成立。

表 2-4　会计科目余额表

单位：元

资　产	金　额	负债及所有者权益	金　额
库存现金	2 100	短期借款	200 000
银行存款	349 000	预收账款	148 000
固定资产	1 440 000	实收资本	1 500 000
无形资产	236 900	盈余公积	180 000
合计	2 028 000		2 028 000

雅致电子有限公司 2019 年 2 月份发生的经济业务如下：

（1）雅致电子有限公司从银行提取现金 32 000 元备用。

这项业务表现为一项资产减少 32 000 元，另一项资产增加 32 000 元，资产总金额不变，会计等式左右相等。见表 2-5。

表 2-5　会计科目余额表

单位：元

资　产	金　额	负债及所有者权益	金　额
库存现金	2 100+32 000	短期借款	200 000
银行存款	349 000−32 000	预收账款	148 000
固定资产	1 440 000	实收资本	1 500 000
无形资产	236 900	盈余公积	180 000
合计	2 028 000		2 028 000

（2）雅致电子有限公司召开董事会，决定从盈余公积中拿出 100 000 元转增实收资本，办理转账手续。

此项业务表现为一项所有者权益项目减少 100 000 元，另一项所有者权益项目增加 100 000 元，所有者权益的总金额不变，会计等式左右相等。见表 2-6。

表 2-6　会计科目余额表

单位：元

资　产	金　额	负债及所有者权益	金　额
库存现金	34 100	短期借款	200 000

续上表

资　产	金　额	负债及所有者权益	金　额
银行存款	317 000	预收账款	148 000
固定资产	1 440 000	实收资本	1 500 000+100 000
无形资产	236 900	盈余公积	180 000−100 000
合计	2 028 000		2 028 000

（3）一位新的投资者向雅致电子有限公司增加货币投资 132 000 元，资金已存入银行。

此项业务表现为资产增加 132 000 元，所有者权益增加 132 000 元。会计等式的左右两边同时增加 132 000 元，会计恒等式左右相等。见表 2−7。

表 2−7　会计科目余额表

单位：元

资　产	金　额	负债及所有者权益	金　额
库存现金	34 100	短期借款	200 000
银行存款	317 000+132 000	预收账款	148 000
固定资产	1 440 000	实收资本	1 600 000+132 000
无形资产	236 900	盈余公积	80 000
合计	2 160 000		2 160 000

（4）投资者代雅致电子有限公司偿还到期的银行短期贷款 200 000 元，并同意作为对雅致公司的追加投资 200 000 元，已办理有关手续。

此项业务表现为一项负债减少 200 000 元，一项所有者权益增加 200 000 元。会计等式的右边的两个会计要素一增一减，会计恒等式左右相等。见表 2−8。

表 2−8　会计科目余额表

单位：元

资　产	金　额	负债及所有者权益	金　额
库存现金	34 100	短期借款	200 000−200 000
银行存款	449 000	预收账款	148 000
固定资产	1 440 000	实收资本	1 732 000+200 000

续上表

资　产	金　额	负债及所有者权益	金　额
无形资产	236 900	盈余公积	80 000
合计	2 160 000		2 160 000

2.3 借贷记账法及会计分录

借贷记账法是编制会计分录的依据，有借必有贷，借贷必相等。

2.3.1 借贷记账法

借贷记账法是以“借”和“贷”为记账符号的一种复式记账法。我国规定所有企业、事业单位一律采用借贷记账法。

借贷记账法的理论依据会计恒等式：资产 = 负债 + 所有者权益。

1. 以“借”和“贷”作为记账符号

在借贷记账法下，“借”和“贷”的具体含义取决于账户反映的经济内容，一般以“借”表示资产和成本、费用的增加，负债、所有者权益和收入、利润的减少；以“贷”表示负债、所有者权益和收入、利润的增加，资产和成本、费用的减少。

2. 以“有借必有贷，借贷必相等”作为记账规则

采用借贷记账法，对于每笔经济业务，都要在记入一个账户借方的同时，记入另一个或几个账户的贷方；或者在记入一个账户贷方的同时，记入另一个或者几个账户的借方。而且记入借方的金额必须等于记入贷方的金额。也就是说，任何一笔经济业务所引起的一个账户借方的变化应该等于另一个账户贷方的变化，任何情况都不例外。

2.3.2 会计分录

会计分录简称分录，是依据借贷记账规则，对每一项经济业务列示出应借、应贷账户的名称及其金额的一种书面记录，即一笔会计分录主要包括三个要素：记账符号、会计科目、变动金额。

1. 会计分录的分类

会计分录的种类包括简单分录和复合分录两种，其中简单分录即一借一贷的分录，例如：

借：其他应收款——夏杰	3 700	
贷：库存现金		3 700

复合分录则是多借一贷、一借多贷分录以及多借多贷分录。

（1）多借一贷。

借：原材料	81 000	
应交税费——应交增值税（进项税额）	12 960	
贷：银行存款		93 960

（2）一借多贷。

借：应收账款——乙公司	444 700	
贷：主营业务收入		380 000
应交税费——应交增值税（销项税额）		60 800
银行存款		3 900

（3）多借多贷。

借：长期股权投资——其他投资	178 000	
累计折旧	34 000	
贷：固定资产——防盗设备		112 000
资本公积——法定资产重估增值		100 000

为了保持账户对应关系的清楚，一般不宜把不同经济业务合并在一起，编制多借多贷的会计分录。但在某些特殊情况下为了反映经济业务的全貌，也可以编制多借多贷的会计分录。

会计分录构成了记账凭证的基本内容，简单来说，会计分录的格式化就是记账凭证。在实际工作中，会计分录是通过填制记账凭证来完成的。见表 2-9。

表 2-9 记账凭证

2019 年 1 月 31 日 记字第 001 号

摘 要	会计科目		借方金额	贷方金额
	一级科目	明细科目		
计提销售人员工资 45 500 元	销售费用	工资	45 500	
	应付职工薪酬	工资		45 500
合计			45 500	45 500

会计主管：×× 记账：×× 出纳：×× 审核：×× 制单：××

2. 会计分录编制步骤

在分析经济业务的基础上，按照会计分录的格式书编写会计分录，要按如下五个步骤：

（1）分析经济业务涉及的会计要求，进行确定使用哪些会计科目；

（2）确定金额增减；

（3）确定借贷方；

（4）检查应借应贷科目是否正确、借贷方及金额是否相等；

（5）编制会计分录。

3. 会计分录的书写格式

（1）先借后贷：借和贷要分行写，并且文字和金额的数字都应错开；在一借多贷或一贷多借的情况下，要求借方或贷方的文字和金额数字必须对齐。

（2）贷方的账户、金额都要比借方退后一格，表明借方在左，贷方在右。

【例 2-2】 九州在线科技有限公司发生银行收款业务如下：从银行借入半年期限的借款 800 000 元；以现销的方式销售电子产品 30 000 元，销项增值税额 4 800 元，当即收到转账支票 4 800 元存入银行；收到银行存款利息 7 000 元。

借：银行存款 800 000

贷：短期借款		800 000
借：银行存款	34 800	
贷：主营业务收入		30 000
应交税费——应交增值税（销项税额）		4 800
借：银行存款	7 000	
贷：财务费用		7 000

2.4 原始凭证

原始凭证亦称单据，是在经济业务发生时由经办人员直接取得或填制的，用以载明经济业务的具体内容，表明某项经济业务已经发生和完成，明确有关经济责任，具有法律效力的书面证明。

作为记录和证明经济业务的发生或完成情况、明确经办单位和人员的经济责任的原始证据，必须具备以下基本内容。

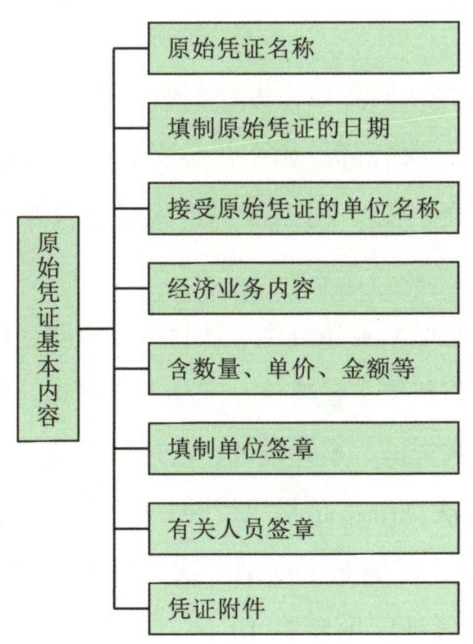

原始凭证必须记载的事项，如图 2-9 所示。

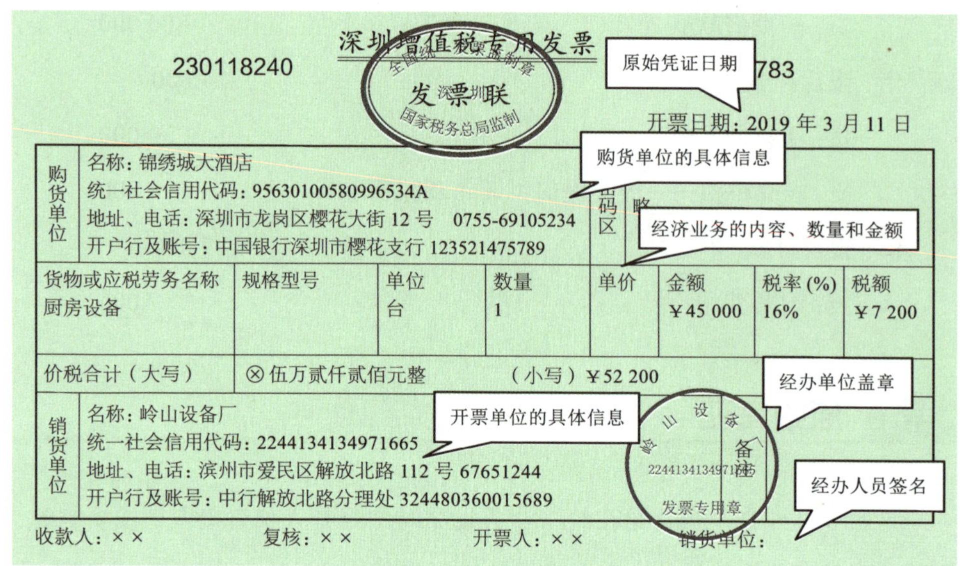

深圳增值税专用发票

230118240　　发票联　　783

开票日期：2019 年 3 月 11 日

购货单位	名称：锦绣城大酒店 统一社会信用代码：95630100580996534A 地址、电话：深圳市龙岗区樱花大街 12 号　0755-69105234 开户行及账号：中国银行深圳市樱花支行 123521475789				密码区	略		
货物或应税劳务名称	规格型号	单位	数量	单价	金额	税率（%）	税额	
厨房设备		台	1		￥45 000	16%	￥7 200	
价税合计（大写）	⊗伍万贰仟贰佰元整　　（小写）￥52 200							
销货单位	名称：岭山设备厂 统一社会信用代码：224413413497166 5 地址、电话：滨州市爱民区解放北路 112 号 67651244 开户行及账号：中行解放北路分理处 324480360015689				备注			

收款人：××　　复核：××　　开票人：××　　销货单位：

图 2-9　凭证的基本内容

2.4.1 原始凭证分类

原始凭证按取得的来源不同，可分为外来原始凭证和自制原始凭证两类。

1. 外来原始凭证

外来原始凭证，是指在同外单位发生经济往来关系时，从外单位取得的凭证。外来原始凭证都是一次凭证。如企业购买材料、商品时，从供货单位取得的发货票，就是外来原始凭证。图 2-9 为外来增值税专用发票。

2. 自制原始凭证

自制原始凭证是指在经济业务发生、执行或完成时，由本单位的经办人员自行填制的原始凭证，如收料单、领料单、产品入库单等。自制原始凭证按其填制手续不同，又可分为一次凭证、累计凭证、汇总原始凭证和记账编制凭证四种。

（1）一次凭证。一次凭证，是指只反映一项经济业务，或者同时反映若干项同类性质的经济业务，其填制手续是一次完成的会计凭证。如委外加工单、报销凭单等，都是一次凭证。见表 2-10。

表 2-10　收料单

材料类别：原材料　　　　NO：670284-21

收料仓库：一号仓库　　　　2019 年 1 月 21 日

供应单位	新丰电子仪器厂			发票号：3475897									
材料名称	材料规格	单位	实收数量	单价	金额								
					百	十	万	千	百	十	元	角	分
NXT仪表		个	180	210			3	7	8	0	0	0	0
备注：				合计		¥	3	7	8	0	0	0	0

记账：× ×　　检验：× ×　　收料：× ×　　制单：× ×

（2）累计凭证。累计凭证是指在一定期间内，连续多次记载若干不断重复发生的同类经济业务，直到期末，凭证填制手续才算完成，以期末累计数作为记账依据的原始凭证，如企业常用的限额领料单等。使用累计凭证，可以简化核算手续；能对材料消耗、成本管理起事先控制作用，是企业进行计划管理的手段之一。表 2-11 为限额领料单。

表 2-11　限额领料单

领料部门：一车间　　　　第 089 号

用途：　　　　2019 年 1 月 2 日

材料编号	材料名称规格	计量单位	计划投产量	单位消耗定额	领用限额	数量	实发金额								
							百	十	万	千	百	十	元	角	分
NXT仪表		个		180	210			¥	3	7	8	0	0	0	0

日期	领用				退料			限额结余数量
	数量	金额	领用人	发料人	数量	退料人	收料人	
1.5	40	7 200	张欣	王勃				170
1.8	30	5 400	陈霞	王勃				140
1.15	50	9 000	李明	王勃				90
1.21	75	13 500	邹旭	王勃				15
合计	195	35 100						

记账：× ×　　检验：× ×　　收料：× ×　　制单：× ×

（3）汇总原始凭证。汇总原始凭证是指在会计核算工作中，为简化记账凭证的编制工作，将一定时期内若干份记录同类经济业务的原始凭证按照一定的管理要求汇总编制一张汇总凭证，用以集中反映某项经济业务总括发生情况的会计凭证，如“发料凭证汇总表”“收料凭证汇总表”“现金收入汇总表”等都是汇总原始凭证。表 2-12 为汇总收款凭证表。

表 2-12　汇总收款凭证

借方账户：银行存款　　2019 年 1 月　　第 001 号

贷方账户	金额				总账页数	
	（1） 1~10 日收款凭证第 1~11 号	（2） 11~20 日收款凭证第 12~20 号	（3） 21~31 日收款凭证第 21~29 号	合　计	借　方	贷　方
银行存款	32 700	4 300		37 000	4	31
应收账款	16 780	219 000	432 700	668 480	3	21
其他应收款			3 290	3 290	2	4
合计	49 480	223 300	435 990	708 770		

（4）记账编制凭证。记账编制凭证是根据账簿记录和经济业务的需要编制的一种自制原始凭证。例如在计算产品成本时，编制的“制造费用分配表”就是根据制造费用明细账记录的数字按费用的用途填制的。表 2-13 为产品成本计算表。

表 2-13　甲产品（半成品）成本计算单

2018 年 1 月　　单位：元

项　目	产量（件）	直接材料成本	直接人工成本	制造费用	合　计
在产品成本（定额成本）		200 000	24 000	22 800	246 800
本月生产成本		350 000	52 000	50 000	452 000
合计		550 000	76 000	72 800	698 800
完工半成品转出	200	420 000	60 000	62 000	542 000
月末在产品定额成本		130 000	16 000	10 800	156 800

2.4.2 原始凭证整理与审核

原始凭证填制的依据和填制的人员有三种：以实际发生或完成的经济业务为依据，由经办业务人员直接填制，如“入库单”“出库单”等；以账簿记录为依据、由会计人员加工整理计算填制，如各种记账编制凭证；以若干张反映同类经济业务的原始凭证为依据，定期汇总填制汇总原始凭证，填制人员可能是业务经办人，也可能是会计人员。

1. 原始凭证的整理

（1）原始凭证进行粘贴时，必须使用统一印制的单据粘贴单汇总相关单据。

（2）原始凭证应按照末级会计科目（如办公费、招待费等）进行分类整理，同类末级会计科目的原始凭证应粘贴在一起。

（3）同类原始凭证如果数量较多，大小不一，应按凭证规格的大小进行分类，同一张单据粘贴单上所粘贴的凭证尽量保持大小一致。每张单据粘贴单所粘贴的凭证不得过多。

（4）在单据粘贴单上粘贴凭证时，应由上而下、自左至右、均匀排列粘贴，上、下及右方不得超出粘贴线，两列之间不得重叠、留空或大量累压粘贴。

（5）对于规格较大、纸质较硬的原始凭证（如证明文件），要分张折叠，规格大小要与单据粘贴单的规格保持一致。

（6）原始凭证粘贴完毕，需将凭证张数、合计金额填列完整。

（7）出差报销凭证（如住宿费、过路过桥费、车船票等），均应使用差旅费报销汇总单做封面。

（8）原始凭证应使用优质胶水进行粘贴，以保证凭证的粘贴效果，粘贴凭证如果数量较多、厚度较高，应在粘贴线外加粘贴条，粘贴好后及时用重物压平，以防褶皱、膨松，确保凭证整体平整。

（9）过宽过长的附件，应进行纵向和横向的折叠。

2. 原始凭证的审核

原始凭证的审核包括以下内容：审核发票的票面、审核发票的单位名称、审核发票的抬头、审核发票的数字、审核发票所开出物品的价格、审核发票的编号、审核发票的开出时间、审核发票的印章、审核发票的备注、审核发票的背面、审核发票的印制日期、审核发票的报销手续。

2.5 记账凭证

记账凭证又称记账凭单，或分录凭单，是会计人员根据审核无误的原始凭证按照经济业务事项的内容加以归类，并据以确定会计分录后所填制的会计凭证。

记账凭证应具备的基本内容如下：

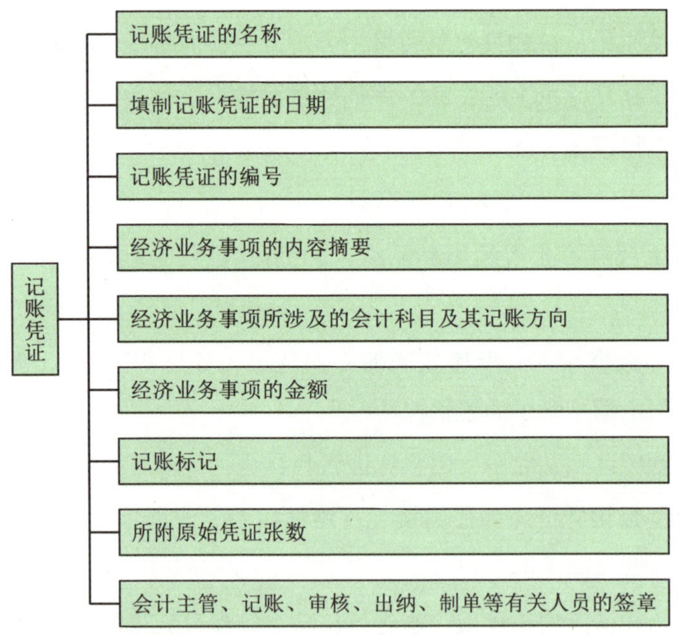

2.5.1 记账凭证分类与填制

记账凭证按其适用的经济业务，分为专用记账凭证和通用记账凭证两类。

1. 专用记账凭证

专用记账凭证用来专门记录某一类经济业务的记账凭证。专用凭证按其所记录的经济业务与现金和银行存款的收付有无关系，又分为收款凭证、付款凭证和转账凭证三种。

（1）收款凭证：用于记录库存现金和银行存款收款业务的会计凭证。它是根据有关现金和银行存款收入业务的原始凭证填制，是登记现金日记账、银行存款日记账以及有关明细账和总账等账簿的依据，也是出纳人员收讫款项的依据。

【例 2-3】 2019 年 1 月 21 日，雅致电子有限公司收到员工施谨交来的罚款 3 000 元。会计人员根据审核后的收据填制收款凭证。见表 2-14。

表 2-14　收款凭证

总号 011

借方科目：库存现金　　　　2019 年 1 月 21 日　　　　收字第 111 号

摘　要	贷方科目		账页	金　额								
	一级科目	二级或明细科目		百	十	万	千	百	十	元	角	分
收到施谨交来罚款 3 000 元	其他应收款	罚款收入					3	0	0	0	0	0
合计						¥	3	0	0	0	0	0

会计主管：× ×　　记账：× ×　　出纳：× ×　　审核：× ×　　制单：× ×

（2）付款凭证：用于记录库存现金和银行存款付款业务的会计凭证。它是根据有关现金和银行存款支付业务的原始凭证填制，是登记现金日记账、银行存款日记账以及有关明细账和总账等账簿的依据，也是出纳人员付讫款项的依据。

【例 2-4】 2019 年 1 月 15 日，祥瑞大酒店外卖部取得当日收入 14 590 元，存入银行。付款凭证样式，见表 2-15。

表 2-15 付款凭证

附件：2 张

贷方科目：库存现金　　　　2019 年 1 月 15 日　　　　现付字 009 号

摘要	借方科目		账页	金额								
	一级科目	二级或明细科目		百	十	万	千	百	十	元	角	分
外卖收入 14590 元存入银行	银行存款					1	4	5	9	0	0	0
合计					￥	1	4	5	9	0	0	0

会计主管：× ×　　记账：× ×　　出纳：× ×　　审核：× ×　　制单：× ×

（3）转账凭证：用于记录不涉及库存现金和银行存款业务的会计凭证。它是根据有关转账业务的原始凭证填制。转账凭证是登记总分类账及有关明细分类账的依据。

【例 2-5】 2019 年 1 月 30 日，尚品公司结转 1 月工资成本：销售人员工资 279 000 元，管理部门人员工资 327 000 元。转账凭证样式，见表 2-16。

表 2-16 转账凭证

附件：2 张

2019 年 1 月 30 日　　　　转字第 008 号

摘要	一级科目	二级或明细科目	账页	借方金额									贷方金额								
				百	十	万	千	百	十	元	角	分	百	十	万	千	百	十	元	角	分
结转工资成本	销售费用	工资			2	7	9	0	0	0	0	0									
	管理费用	工资			3	2	7	0	0	0	0	0									
	应付职工薪酬													6	0	6	0	0	0	0	0
合计				￥	6	0	6	0	0	0	0	0	￥	6	0	6	0	0	0	0	0

会计主管：× ×　　记账：× ×　　出纳：× ×　　审核：× ×　　制单：× ×

如果单位采用分类记账凭证，可将记账凭证分为“现收字第 × 号”“现付字第 × 号”“银收字第 × 号”“银付字第 × 号”“转字第 × 号”5 种进行流水顺序编号，但出纳人员所涉及的凭证不包括转字。如果单位采用通用记账凭证，则可以将所有的记账凭证统一编号，注明“总字第 × 号”。

2. 通用记账凭证

通用记账凭证用来记录各种经济业务的记账凭证。

在经济业务比较简单的经济单位，为了简化凭证可以使用通用记账凭证，记录所发生的各种经济业务。如图 2-10 所示。

通 用 记 账 凭 证

年　　月　　日　　　　　　字第　　　号

摘　要	会计科目	明细科目	✓	借方金额										✓	贷方金额								
				千	百	十	万	千	百	十	元	角	分		千	百	十	万	千	百	十	元	角	分
合　计																								

附单据　张

财务主管　　记账　　出纳　　审核　　制单

图 2-10　通用记账凭证

记账凭证按其包括的会计科目是否单一，分为复式记账凭证和单式记账凭证两类。

（1）复式凭证：将每一笔经济业务事项所涉及的全部会计科目及其发生额均在同一张记账凭证中反映的一种凭证。

（2）单式凭证：每一张记账凭证只填列经济业务事项所涉及的一个会计科目及其金额的记账凭证。见表 2-17、表 2-18。

表 2-17 借项记账凭证

年 月 日 凭证编号：

摘 要	一级科目	二级或明细科目	账 页	金 额
对应科目	合计			

表 2-18 贷项记账凭证

年 月 日 凭证编号：

摘 要	一级科目	二级或明细科目	账 页	金 额
对应科目	合计			

优点：内容单一，汇总计算每一会计科目的发生额，便于分工记账。

缺点：制证工作量大，且不能在一张凭证上反映经济业务的全貌，内容分散，也不便于查账。

2.5.2 记账凭证的审核

记账凭证是登记账簿的依据，为了保证账簿登记的正确性，所有填制好的记账凭证，都必须经过其他会计人员认真的审核。在审核记账凭证的过程中，如发现记账凭证填制有误，应当按照规定的方法及时加以更正。只有经过审核无误后的记账凭证，才能作为登记账簿的依据。

（1）填制凭证的日期是否正确：收款凭证和付款凭证的填制日期是否是货币资金的实际收入日期、实际付出日期；转账凭证的填制日期是否是收到原始凭证的日期或者是编制记账凭证的日期。

（2）凭证是否编号，编号是否正确。

（3）经济业务摘要是否正确地反映了经济业务的基本内容。

（4）会计科目的使用是否正确；总账科目和明细科目是否填列齐全。

（5）记账凭证所列金额计算是否准确，书写是否清楚、符合要求。

（6）所附原始凭证的张数与记账凭证上填写的所附原始凭证的张数是

否相符。

（7）填制凭证人员、稽核人员、记账人员、会计机构负责人、会计主管人员的签名或盖章是否齐全。

1. 记账凭证的附件

记账凭证的附件就是所附的原始凭证，填制记账凭证所依据的原始凭证必须附在相应的记账凭证后面，并在记账凭证上标明所附原始凭证的张数。

根据财政部《会计基础工作规范》第五十一条规定，对附件应当区别不同情况进行处理：

（1）一张原始凭证只对应一张记账凭证的，将原始凭证直接附在记账凭证后面；

（2）结账的记账凭证、更正错误的记账凭证可以不附原始凭证；

（3）一张原始凭证涉及几张记账凭证的，有两种方法可以使用：

①将原始凭证附在一张主要的记账凭证后面，然后在其他记账凭证上注明附有该原始凭证的记账凭证的编号，便于查找；

②将原始凭证附在一张主要的记账凭证后面，然后在其他记账凭证后面附该原始凭证的复印件；

（4）一张原始凭证所列支的费用需要几个单位共同负担的，该原始凭证由本单位保留，附在本单位的有关记账凭证后面，给共同负担费用的其他单位开出原始凭证分割单，供其结算使用。

2. 附件张数的计算

原始凭证附件张数应区分以下几种情况，分别计算原始凭证的张数：

（1）对能全面反映每笔经济业务活动情况的原始凭证，应按自然张数计算；

（2）对不能全面反映每笔经济业务活动情况，需要附件进行补充和说明的，应在原始凭证上注明附件张数，并将其粘贴在一起，附件不计入原始凭证张数；

（3）对某类或某些原始凭证利用自制封面已进行汇总的，如差旅费报销单、支出汇总审批单等，其封面已对所反映的经济业务活动综合说明，对所附凭证张数也已注明，所以，它们应作为一张原始凭证计算。

2.6 启用账簿

新建单位和原有单位在年度开始时，会计人员均应根据核算工作的需要设置账簿，即平常所说的“建账”。设置的账簿要符合企业生产经营规模和经济业务的特点。

启用会计账簿时，应当在账簿封面上写明单位名称和账簿名称，并在账簿扉页上附启用表。启用订本式账簿应当从第一页到最后一页顺序编定页数，不得跳页、缺号。使用活页式账簿应当按账户顺序编号，并须定期装订成册，装订后再按实际使用的账页顺序编定页码，另加目录以便于记明每个账户的名称和页次。

2.6.1 账簿格式

在实际工作中，由于各种会计账簿所记录的经济业务不同，账簿的格式也多种多样，但各种账簿都应具备以下基本内容：封面、扉页和账页。

1. 封面

封面主要标明账簿的名称。如总分类账、明细分类账、现金日记账、银行存款日记账等，此外，还有记账单位名称等内容。如图 2-11 所示。

图 2-11　账簿封面

2. 扉页

扉页主要用来标明会计账簿的使用信息，如科目索引、账簿启用和经管人员一览表等。

（1）账簿启用表，见表 2-19。

表 2-19　账簿启用表

<table>
<tr><td colspan="10">账簿启用表</td></tr>
<tr><td colspan="2">单位名称</td><td colspan="3">雅致电子有限公司</td><td colspan="2">负责人</td><td>职务</td><td>姓名</td><td>签章</td></tr>
<tr><td colspan="2">账簿名称</td><td colspan="3">应收账款　第 1 册</td><td colspan="2">单位负责人</td><td></td><td></td><td></td></tr>
<tr><td colspan="2">账簿页码</td><td colspan="3">第 253645 号</td><td colspan="2">单位财务负责人</td><td></td><td></td><td>张楠</td></tr>
<tr><td colspan="2">账簿页数</td><td colspan="3">本账簿共 80 页</td><td colspan="2">会计机构负债人</td><td></td><td></td><td></td></tr>
<tr><td colspan="2">启用日期</td><td colspan="3">2019 年 1 月 1 日</td><td colspan="2">会计主管</td><td></td><td></td><td></td></tr>
<tr><td colspan="11">经管本账簿人员一览表</td></tr>
<tr><td rowspan="2">职务</td><td rowspan="2">姓名</td><td colspan="3">接管</td><td colspan="3">移交</td><td colspan="2">监交</td></tr>
<tr><td>月</td><td>日</td><td>盖章</td><td>月</td><td>日</td><td>盖章</td><td>职务</td><td>职名</td></tr>
<tr><td>会计</td><td>贾晴</td><td>1</td><td>1</td><td>付晴</td><td></td><td></td><td></td><td></td><td></td></tr>
<tr><td></td><td></td><td></td><td></td><td></td><td></td><td></td><td></td><td></td><td></td></tr>
<tr><td></td><td></td><td></td><td></td><td></td><td></td><td></td><td></td><td></td><td></td></tr>
<tr><td></td><td></td><td></td><td></td><td></td><td></td><td></td><td></td><td></td><td></td></tr>
</table>

雅致电子有限公司　财务专用章

（2）账簿目录，见表 2-20。

表 2-20　账簿目录

编号	账户名称	起止页数	编号	账户名称	起止页数
1	1001　库存现金	1-2	11	1604　在建工程	35-36
2	1002　银行存款	3-4	12	1701　无形资产	37-38
3	1122　应收账款	7-8	13	1702　累计摊销	39-40
4	1221　其他应收款	9-10	14	2001　短期借款	41-42
5	1403　原材料	11-12	15	2202　应付账款	43-44
6	1411　周转材料	13-14	16	2221　应交税费	45-46
7	1406　库存商品	15-16	17	2241　其他应付款	47-48
8	1231　坏账准备	21-22	18	2231　应付利息	49-50
9	1601　固定资产	31-32	19	2501　长期借款	51-52
10	1602　累计折旧	33-34	20	4001　实收资本	57-58

续上表

编号	账户名称	起止页数	编号	账户名称	起止页数
21	4002　资本公积	59-60	30	6403　税金及附加	79-80
22	4101　盈余公积	61-62	31	5001　生产成本	81-84
23	4103　本年利润	63-64	32	5101　制造费用	85-88
24	4104　利润分配	65-66	33	6601　销售费用	89-92
25	4201　库存股	67-70	34	6602　管理费用	93-96
26	6001　主营业务收入	71-72	35	6603　财务费用	97-98
27	6051　其他业务收入	73-74	36		
28	6111　投资收益	75-76	37		
29	6301　营业外收入	77-78	38		

3. 账页

账页，是账簿用来记录经济业务事项的载体，其格式因反映经济业务内容的不同而有所不同，但应当包括账户的名称、登记账户的日期、记账凭证种类和编号、摘要、金额、总页次、分户页次等基本内容。见表 2-21。

表 2-21　总分类账

科目 应收账款　编码 1122　　2019 年度

2019年 月	2019年 日	记账凭证号数	摘要	对方科目	借方 千百十万千百十元角分	贷方 千百十万千百十元角分	借或贷	余额 千百十万千百十元角分
			上年结转					16250000

4. 账簿登记的规则

（1）必须根据审核无误的会计凭证登记账簿。

（2）登记会计账簿时，应将会计凭证的日期、凭证种类、编号、业务内容摘要、金额和其他有关资料逐项记入账内，做到数字准确、摘要清楚、登记及时、字迹工整。

（3）记账必须使用蓝黑墨水或者碳素墨水书写，不得用圆珠笔（银行的复写账簿除外）或者铅笔书写。

（4）账簿中的文字和数字书写要符合规范，易于辨认。

（5）记账时，必须按账户页次顺序逐页、逐行连续登记，不得跳行、隔页。

（6）每一张账页登记完毕需要结转下页继续登记时，要在该页最末一行的摘要栏内填写“过次页”字样，在借、贷方栏内登记本账页的发生额合计数，余额栏内结出余额；在下页第一行的摘要栏内填写“承前页”字样，在借、贷方栏和余额栏将上页的发生额合计数和余额过入，然后再登记新的经济业务。

（7）凡需结出余额的账户，应当定期结出余额。

（8）实行会计电算化的单位，总账和明细账应当定期打印。

（9）在记账过程中，发生账簿记录错误，不得使用刮擦、挖补、涂改、药水消除字迹等手段更改错账，也不准更换账页重抄，而应根据错误的具体情况，采用规范的更正方法予以更正。

2.6.2 账簿的分类

不同企业单位所需用的账簿是不尽相同的，企业应根据经营管理需要选择适当的账簿，预备各种账页，并将活页的账页用账夹装订成册。

1. 按账页格式分类

（1）两栏式账簿。

两栏式账簿是指只有借方和贷方两个基本金额栏目的账簿。各种收入、费用类账户都可以采用两栏式账簿。

（2）三栏式账簿。

三栏式账簿是设有借方、贷方和余额三个基本栏目的账簿。各种日记账、总分类账以及实收资本或股本、债权、债务明细账都可采用三栏式账簿。三栏式账簿又分为设对方科目和不设对方科目两种，区别是在摘要栏和借方科目栏之间是否有一栏“对方科目”。有“对方科目”栏的，称为设对方科目的三栏式账簿；没有该栏的，称为不设对方科目的三栏式账簿。

（3）多栏式账簿。

多栏式账簿是在账簿的两个基本栏目借方和贷方按需要分设若干专栏的账簿。收入、成本、费用、利润和利润分配明细账一般均采用这种格式的账簿。

（4）数量金额式账簿。

数量金额式账簿的借方、贷方和余额三个栏目内，都分设数量、单价和金额三小栏，借以反映财产物资的实物数量和价值量。原材料、库存商品、在产品等存货明细账一般都采用数量金额式账簿。

（5）横线登记式账簿。

横线登记式账簿，又称平行式账簿，是指将前后密切相关的经济业务登记在同一行上，以便检查每笔业务的发生和完成情况的账簿。

2. 按外形特征分类

账簿按其外形特征，可以分为订本式账簿、活页式账簿和卡片式账簿三种。

（1）订本账。

订本账是启用之前就已将账页装订在一起，并对账页进行了连续编号的账簿。订本账的优点是可以避免账页散失，防止账页被抽换，安全性高。一般适用于总分类账、现金日记账、银行存款日记账。

（2）活页账。

活页账是在账簿登记完毕之前并不固定装订在一起，而是装在活页账夹中。当账簿登记完毕之后（通常是一个会计年度结束之后），才将账页予以装订，加具封面，并给各账页连续编号。

（3）卡片账。

卡片账是将账户所需格式印刷在硬卡上，由若干零散的、具有专门格式的硬纸卡片组成的账簿。在我国，单位一般只对固定资产明细账采用卡片账形式。

2.6.3 企业常用科目账页

企业常用科目的账页格式，见表 2-22。

表 2-22　企业常用科目的账页格式

总账科目	明细分类账页格式	总账科目	明细分类账页格式
库存现金	日记账	其他应付款	三栏式
银行存款	日记账	长期借款	三栏式
其他货币资金	三栏式	实收资本	三栏式
应收票据	三栏式	资本公积	三栏式
应收账款	三栏式	盈余公积	三栏式
其他应收款	三栏式	本年利润	不设明细账
材料采购	三栏式（专用多栏式）	利润分配	三栏式
原材料	数量金额式	生产成本	专用多栏式
库存商品	数量金额式	制造费用	普通多栏式
长期待摊费用	三栏式	主营业务收入	普通多栏式
固定资产	卡片	其他业务收入	普通多栏式
累计折旧	不设明细账	营业外收入	普通多栏式
短期借款	三栏式	主营业务成本	普通多栏式
应付票据	三栏式	其他业务成本	普通多栏式
应付账款	三栏式	税金及附加	普通多栏式
其他应付款	三栏式	销售费用	普通多栏式
应付职工薪酬	三栏式	管理费用	普通多栏式
应交税费	应交增值税为专用多栏式	财务费用	普通多栏式
	其他明细账户为三栏式	营业外支出	普通多栏式
应付利息	三栏式	所得税费用	不设明细账
应付股利	三栏式		

2.7 日记账的登记

日记账是根据经济业务发生时间的先后顺序，逐日逐笔进行登记的会计账簿，主要包括现金日记账和银行存款日记账。为了加强对企业现金和银行存款的监管，现金和银行存款日记账采用订本式账簿，不得用银行对账单或其他方法代替日记账。

2.7.1 现金日记账的登记

现金日记账是用来核算和监督库存现金每天的收入、支出和结存情况的账簿。由出纳人员根据与现金收付有关的记账凭证，如现金收款、现金付款、银行付款（提现业务）凭证，逐笔进行登记，并随时结记余额。

登记现金日记账时，除了遵循账簿登记的基本要求外，还应注意以下栏目的填写方法：

（1）日期栏：与记账凭证日期一致，记账凭证的日期要与现金实际收付日期一致。

（2）凭证栏：据以入账的凭证种类及编号，如企业采用通用凭证格式，根据记账凭证登记现金日记账时，填入“记 × 号”；企业采用专用凭证格式，根据现金收款凭证登记现金日记账时，填入“收 × 号”。

（3）摘要栏：简要说明入账经济业务的内容，力求简明扼要。

（4）对方科目栏：是指与现金对应的会计科目。

①对应科目只填总账科目，不需填明细科目；

②当对应科目有多个时，应填入主要对应科目，如销售产品收到现金，则“库存现金”的对应科目有“主营业务收入”和“应交税费”，此时可在对应科目栏中填入“主营业务收入”，在借方金额栏中填入取得的现金总额，而不能将一笔现金增加业务拆分成两个对应科目金额填入两行；

③当对应科目有多个且不能从科目上划分出主次时，可在对应科目栏中填入其中金额较大的科目，并在其后加上“等”字。如用现金 800 元购买零星办公用

品，其中 300 元由车间负担，500 元由行政管理部门负担，则在现金日记账“对应科目”栏中填入“管理费用等”，在贷方金额栏中填入支付的现金总额 800 元。

（5）“借方金额”栏、“贷方金额”栏：应根据相关凭证中记录的“库存现金”科目的借贷方向及金额记入。收入、支出、结余栏：是指现金收、支及当期结余额。

（6）“余额”栏应根据“本行余额 = 上行余额 + 本行借方 − 本行贷方”公式计算填入。

正常情况下库存现金不允许出现贷方余额，因此，现金日记账余额栏前未印有借贷方向，其余额方向默认为借方。若在登记现金日记账过程中，由于登账顺序等特殊原因出现了贷方余额，则在余额栏用红字登记，表示贷方余额。

【例 2-6】 2019 年 1 月，雅致电子有限公司发生以下业务。

1 月 5 日，雅致电子有限公司签发支票从银行提取现金 154 000 元。如图 2-12 所示，账务处理如下。

借：库存现金　　154 000

　贷：银行存款　　154 000

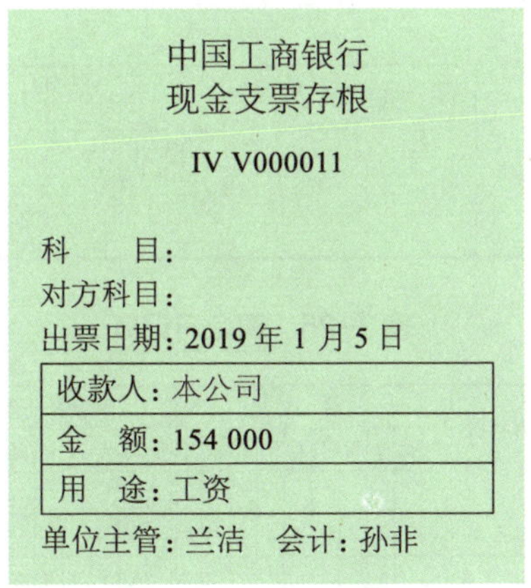
中国工商银行
现金支票存根
IV V000011

科　　目：
对方科目：
出票日期：2019 年 1 月 5 日

收款人：本公司
金　额：154 000
用　途：工资

单位主管：兰洁　会计：孙非

图 2-12　转账支票

1 月 5 日，用现金 144 000 元，支付工资。登记现金日记账，见表 2-23。

借：应付职工薪酬　　144 000

　贷：库存现金　　144 000

表 2-23　现金日记账

2019年		凭证科目代码	摘要	对方科目	借方										贷方										余额									
月	日				千	百	十	万	千	百	十	元	角	分	千	百	十	万	千	百	十	元	角	分	千	百	十	万	千	百	十	元	角	分
1	1		上年结转																										3	5	0	0	0	0
1	5	收-001	提现支0022#	银行存款			1	5	4	0	0	0	0	0													1	5	7	5	0	0	0	0
1	5	收-003	支付职工工资	应付职工薪酬													1	4	4	0	0	0	0	0			1	3	3	0	0	0	0	0
1			本日合计				1	5	4	0	0	0	0	0			1	4	4	0	0	0	0	0			1	3	3	0	0	0	0	0

职工李颖出差预借差旅费 4 000 元，以库存现金支付。借款单见表 2-24。登记现金日记账，见表 2-25。

借：其他应收款——李颖　　　　4 000

　　贷：库存现金　　　　4 000

表 2-24　借款单

资金性质：现金　　　　2019 年 1 月 14 日

借款单位（人）：李颖		
借款理由：出差		
借款数额：人民币（大写）肆仟元整　　¥4 000.00		
本单位领导人意见：马威		
主管领导意见：施宇	会计主管人员核批：陈非	付款记录：孙非

表 2-25　现金日记账

2019年		凭证科目代码	摘要	对方科目	借方										贷方										余额									
月	日				千	百	十	万	千	百	十	元	角	分	千	百	十	万	千	百	十	元	角	分	千	百	十	万	千	百	十	元	角	分
1	1		上年结转																										3	3	0	0	0	0
	5	收-001	提现支0022#	银行存款			1	5	4	0	0	0	0	0													1	5	7	3	0	0	0	0
	5	付-003	支付职工工资	应付职工薪													1	4	4	0	0	0	0	0			1	3	3	0	0	0	0	0
			本日合计				1	5	4	0	0	0	0	0			1	4	4	0	0	0	0	0			1	3	3	0	0	0	0	0
			累计				1	5	4	0	0	0	0	0			1	4	4	0	0	0	0	0			1	3	3	0	0	0	0	0
	14	付-004	李颖预借差旅费	其他应收款															4	0	0	0	0	0					9	3	0	0	0	0
			本日合计																4	0	0	0	0	0					9	3	0	0	0	0
			累计				1	5	4	0	0	0	0	0			1	4	8	0	0	0	0	0					9	3	0	0	0	0

1 月 21 日，以现金支付职工培训费 2 000 元。根据上述经济业务，企业应作如下账务处理。登记现金日记账，见表 2-26。

借：管理费用　　2 000

　贷：库存现金　　2 000

表 2-26　现金日记账

2019年		凭证科目代码	摘要	对方科目	借方										贷方										余额									
月	日				千	百	十	万	千	百	十	元	角	分	千	百	十	万	千	百	十	元	角	分	千	百	十	万	千	百	十	元	角	分
1	1		上年结转																										3	3	0	0	0	0
1	5	收-001	提现支0022#	银行存款			1	5	4	0	0	0	0	0													1	5	7	3	0	0	0	0
1	5	付-003	支付职工工资	应付职工薪酬													1	4	4	0	0	0	0	0				1	3	3	0	0	0	0
			本日合计				1	5	4	0	0	0	0	0			1	4	4	0	0	0	0	0				1	3	3	0	0	0	0
			累计				1	5	4	0	0	0	0	0			1	4	4	0	0	0	0	0				1	3	3	0	0	0	0
1	14	付-004	李颖预借差旅费	其他应收款															4	0	0	0	0	0					9	3	0	0	0	0
			本日合计																4	0	0	0	0	0					9	3	0	0	0	0
			累计				1	5	4	0	0	0	0	0			1	4	8	0	0	0	0	0					9	3	0	0	0	0
1	21	付-005	以现金支付职工活动费	管理费用															2	0	0	0	0	0					7	3	0	0	0	0
			本日合计																2	0	0	0	0	0					7	3	0	0	0	0
			累计				1	5	4	0	0	0	0	0			1	5	0	0	0	0	0	0					7	3	0	0	0	0
			本月合计				1	5	4	0	0	0	0	0			1	5	0	0	0	0	0	0					7	3	0	0	0	0
			本月累计				1	5	4	0	0	0	0	0			1	5	0	0	0	0	0	0					7	3	0	0	0	0

注：业务量少时，可不必结出“当月累计”，只结出“本日合计”，“本日合计”下可不划红线，只在“本月合计”和“本月累计”下划单红线即可。

2.7.2 银行存款日记账的登记

银行存款日记账是用来核算和监督银行存款每日的收入、支出和结余情况的账簿。由出纳人员根据与银行存款收付有关的记账凭证，如银行存款收款、银行存款付款、现金付款（存现业务）凭证，逐日逐笔进行登记，并随时结记余额。

银行存款日记账的登记方法与现金日记账的登记方法基本相同。需要说明的是，银行存款日记账中的结算凭证栏登记的是使银行存款增加或减少的结算方式。例如，委托收款凭证及号码、转账支票及号码、信汇及号码等。银行存款日记账要定期与银行转来的对账单相核对，以保证银行存款账簿记录的正确性。

【例 2-7】雅致电子有限公司为增值税一般纳税人，税率为 16%。2019 年 1 月 8 日，以银行存款支付材料款 75 284 元。原始单据见表 2-27、图 2-13。

表 2-27

深圳增值税专用发票

442018240　　发票联　　No: 221927478

开票日期：2019 年 1 月 8 日

<table>
<tr><td>购货单位</td><td colspan="5">名称：雅致电子有限公司
统一社会代码：99110132465422145H
地址、电话：深圳市龙岗区仙霞路 114 号　64326576
开户行及账号：工商银行深圳龙岗支行 332101909234217689</td><td>密码区</td><td colspan="2">略</td></tr>
<tr><td colspan="2">货物或应税劳务名称
甲材料</td><td>规格型号</td><td>单位
吨</td><td>数量
1 000</td><td>单价
649</td><td>金额
￥64 900</td><td>税率 (%)
16%</td><td>税额
￥10 384</td></tr>
<tr><td colspan="2">价税合计（大写）</td><td colspan="7">⊗柒万伍仟贰佰捌拾肆元整　　（小写）￥75 284</td></tr>
<tr><td>销货单位</td><td colspan="6">名称：南平电子元件厂
统一社会信用代码：4311341349717896547
地址、电话：深圳龙岗区亚湾路 33 号 0755-67841456
开户行及账号：中行亚湾路分理处 444180360010543</td><td>备注</td><td>南平电子元件厂 4311341349717896547 发票专用章</td></tr>
</table>

收款人：施怡和　　复核：李仁玉　　开票人：王枫　　销货单位：

中国工商银行
转账支票存根（深）

IV V004632

科　　目：
对方科目：
出票日期：2019 年 1 月 8 日

收款人：南平电子元件厂
金　额：￥75 284
用　途：购买甲材料

单位主管：张楠　会计：付晴

图 2-13　转账凭证

借：原材料　　64 900

　　应交税费——应交增值税（进项税额）　　10 384

　　贷：银行存款　　75 284

登记银行存款日记账，见表 2-28。

表 2-28　银行存款日记账

2019 年		凭证科目代码	摘　要	对方科目	借　方										贷　方										余　额									
月	日				千	百	十	万	千	百	十	元	角	分	千	百	十	万	千	百	十	元	角	分	千	百	十	万	千	百	十	元	角	分
1	1		上年结转																							3	2	1	0	0	0	0	0	0
1	8	银付 001	转账支付材料款															7	5	2	8	4	0	0		3	1	3	4	7	1	6	0	0
			本日合计															7	5	2	8	4	0	0		3	1	3	4	7	1	6	0	0

15 日，收到 X 产品销售收入 13 804 元，其中增值税额为 1 904 元。表 2-29 为进账单。

借：银行存款　　13 804

　　贷：主营业务收入　　11 900

　　　　应交税费——应交增值税（销项税额）　　1 904

表 2-29　中国工商银行进账单（回单或收账通知）

进账日期：2019 年 1 月 15 日　　　　第　　号

收款人	全称	雅致电子有限公司	付款人	全称	明球制造有限公司
	账号	332101909234217689		账号	2289001909234211567
	开户银行	工商银行深圳龙岗支行		开户银行	工商银行深圳复兴支行

人民币（大写）：⊗壹万叁仟捌佰零肆元整	千	百	十	万	千	百	十	元	角	分
			¥	1	3	8	0	4	0	0

票据种类	转账支票	收款人开户银行盖章（略）
票据张数	1	
主管 曲漫　会计 杨森　复核　记账		

此联给收款人的收账通知

登记银行存款日记账，见表 2-30。

表 2-30 银行存款日记账

2019年		凭证科目代码	摘要	对方科目	借方										贷方										余额									
月	日				千	百	十	万	千	百	十	元	角	分	千	百	十	万	千	百	十	元	角	分	千	百	十	万	千	百	十	元	角	分
1	1		上年结转																							3	2	1	0	0	0	0	0	0
1	8	银付001	转账支付材料款	原材料														7	5	2	8	4	0	0		3	1	3	4	7	1	6	0	0
			本日合计															7	5	2	8	4	0	0		3	1	3	4	7	1	6	0	0
1	15	银收001	收到销售款	主营业务收入				1	3	8	0	4	0	0												3	1	4	8	5	2	0	0	0
			本日合计					1	3	8	0	4	0	0												3	1	4	8	5	2	0	0	0
			本月合计					1	3	8	0	4	0	0				7	5	2	8	4	0	0		3	1	4	8	5	2	0	0	0

2.7.3 明细分类账的登记

不同类型经济业务的明细分类账，可根据管理需要，依据记账凭证、原始凭证或原始凭证汇总表逐笔登记或定期汇总登记。

1. 三栏式明细分类账

三栏式明细分类账适用于只进行金额核算的明细账户，一般根据记账凭证逐笔登记。三栏式账页中一般设有“日期”“凭证字号”“摘要”“借方”“贷方”和“余额”栏，登记时根据记账凭证依次填入各栏目内容，并结记余额。见表2-31。

表 2-31 明细分类账

会计科目：应收账款——金喜白酒有限公司

2019年		凭证		摘要	√	借方										贷方										借或贷	余额									
月	日	种类	号数			千	百	十	万	千	百	十	元	角	分	千	百	十	万	千	百	十	元	角	分		千	百	十	万	千	百	十	元	角	分
1	1			月初余额																						借				9	6	2	0	0	0	0
1	24	转	21	销售货款					7	8	1	5	5	0	0											借			1	7	4	3	5	5	0	0
1	30	收	12	收回货款															8	5	7	4	5	0	0	借				8	8	6	1	0	0	0
1	31			本月合计				¥	7	8	1	5	5	0	0			¥	8	5	7	4	5	0	0	借			¥	8	8	6	1	0	0	0

2. 数量金额式明细账

数量金额式账簿用于既要进行金额核算，又要进行数量核算的各项财产物资的明细分类账，如原材料、库存商品的明细分类账。

数量金额式账页格式与三栏式账页格式的差别在于：三栏式账页只进行货币量核算，设借、贷、余三个金额栏，而数量金额式账页既进行货币量核算，又进行实物量核算，设有收入、发出和结存三个栏目，并在各栏下又分设了数量、单价、金额三个项目。见表 2-32。

表 2-32　明细分类账（数量金额式）

会计科目：原材料——原料及主要材料——乙材料

存储地点：原材料 1 号库　　　　计量单位：吨

2019 年		凭证		摘要	√	收　入（借方）												发　出（贷方）												数量	单价	结存									
		种	号数			数量	单价	金额										数量	单价	金额												金额									
								千	百	十	万	千	百	十	元	角	分			千	百	十	万	千	百	十	元	角	分			千	百	十	万	千	百	十	元	角	分
5	1			期初余额																															1	4	0	0	0	0	0
5	24	材料入库单	11	购入		650	99				6	4	3	5	0	0	0																		7	8	3	5	0	0	0
5	30	收	12	本月合计																															7	8	3	5	0	0	0

数量金额式明细账一般采用简化的账簿登记流程，根据原材料、库存商品等存货的收入、发出原始凭证直接逐笔填列。

登记数量金额式明细分类账时应注意：

（1）根据原材料、库存商品收入、发出原始凭证逐笔登记数量金额式明细分类账时，账页中“日期”栏填入据以入账的原始凭证日期，“凭证字号”栏填入据以入账的原始凭证种类及编号；

（2）登记原材料、库存商品的收入、发出，以及结计结存时要同时在账簿中登记数量、单价及金额三项内容；

（3）一般来讲，原材料、库存商品不应出现负结存，因此，在数量金额式账页中未设结存方向栏，若由于特殊原因，在账面上出现负结存，则在结存栏中用红字登记。

3. 多栏式明细分类账

（1）设置借方贷方专栏的多栏账。

根据账户性质，可以设置借方专栏，如“制造费用”及“主营业务成本”、“管理费用”等成本、费用账户，由于其账户贷方发生额每月很少，发生时以红字登记在借方。也可以设置贷方专栏，如“主营业务收入”、“其他业务收入”等收入账户，由于其账户借方发生额每月很少，发生时以红字登记在贷方。

登记时应注意：

①登记方向与栏目设置方向相反时，用红字记入。

②起始栏应设为“合计”栏，用以登记本行各栏合计数。登记时一方面要记入具体的项目专栏，另一方面计算本行记入各专栏金额合计数，记入“合计栏”。

（2）在设置借方、贷方、余额栏基础上，再设专栏对当前余额构成项目进行分析。

登记时先按三栏式账簿的登记方法登记账页中借、贷、余栏目，再在相应专栏中反映当前余额的构成情况。

（3）生产成本明细账。

生产成本按成本核算对象设置明细账，在明细账中按借方以成本构成项目设置专栏，不再设置贷方及余额栏。

生产成本明细分类账一般应根据记账凭证登记。对于发生的应记入生产成本借方的直接成本，以及分配转入的制造费用，登记时首先根据其费用性质记入相应的成本构成项目栏，再计算出记入本行各成本项目栏的金额合计数，填入“合计”栏。应特别注意“合计”栏填入的是本行成本构成项目栏合计数，上下行间数据不累加。

月末，计算并结转完工产品成本，应记入生产成本明细账的贷方，由于生产成本未设有贷方金额栏，登记时用红字在各成本构成项目栏中登记应结转出的金额，并计算出结转的生产成本总额，记入合计栏。见表2-33。

表 2-33　生产成本明细账

总账科目 生产成本　　　　总第 100 页

产品名称 甲产品　　　　分第 24 页

2019 年		凭证字号	摘要	合计										成本项目																													
月	日													直接材料										直接人工										制造费用									
				千	百	十	万	千	百	十	元	角	分	千	百	十	万	千	百	十	元	角	分	千	百	十	万	千	百	十	元	角	分	千	百	十	万	千	百	十	元	角	分
1	31	记 017	分配工资费用			2	4	1	8	0	0	0	0													2	4	1	8	0	0	0	0										
1	31	记 022	领用原材料			4	8	0	3	9	0	5	0			4	8	0	3	9	0	5	0																				
1	31	记 031	分配制造费用			3	9	7	1	0	0	0	0																							3	9	7	1	0	0	0	0
			本月合计		1	1	1	9	2	9	0	5	0			4	8	0	3	9	0	5	0			2	4	1	8	0	0	0	0			3	9	7	1	0	0	0	0
			期末余额		1	1	1	9	2	9	0	5	0			4	8	0	3	9	0	5	0			2	4	1	8	0	0	0	0			3	9	7	1	0	0	0	0

（4）应交增值税明细分类账的登记。

应交增值税明细分类账，按增值税明细核算项目在借方、贷方均分设了多个专栏。其中借方设置了“合计”“进项税额”“已交税金”及“减免税款”等专栏，贷方设置了“合计”“销项税额”“出口退税”及“进项税额转出”等专栏，另外还设置了“借或贷”栏及“余额”栏。

应交增值税的明细分类账一般应根据记账凭证逐笔登记，并按以下步骤登记金额栏：

①按记账凭证中应交增值税的方向和明细科目记入账簿的相应专栏；

②结计本行记入借方或贷方各专栏的金额合计数，记入借方或贷方的合计栏；

③结计出余额填入余额栏，同时在“借或贷”栏内标明余额的借贷方向。

2.8 账务处理程序

账务处理程序就是指会计凭证、账簿、会计报表和账务处理程序相互结合的方式，也称会计核算形式、记账程序和会计核算组织程序。目前，我国常用的账务处理程序有记账凭证账务处理程序、汇总记账凭证账务处理程序、科目汇总表账务处理程序。

2.8.1 记账凭证处理程序

记账凭证处理程序是根据记账凭证逐笔登记总账，是会计核算中最基本的一种账务处理程序，其他各种账务处理程序，都是以它为基础发展演化而成的，它包含了各种账务处理程序的基本要素。

一般编制步骤，如图 2-14 所示。

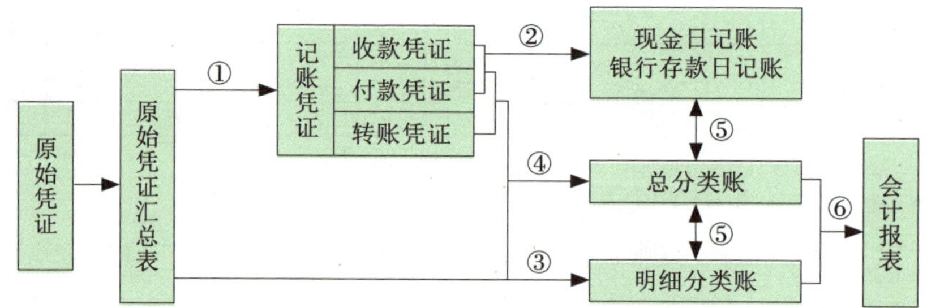

图 2-14　记账凭证账务处理程序

1. 总账的登记

当企业采用记账凭证账务处理程序时，直接根据记账凭证登记总分类。

【例 2-8】 雅致电子有限公司会计人员登记 2019 年 1 月库存现金总账。见表 2-34。

表 2-34　总账

会计科目：库存现金

编　　号：1001

2019年		凭证代码	摘要	借方										贷方										借或贷	余额									
月	日			千	百	十	万	千	百	十	元	角	分	千	百	十	万	千	百	十	元	角	分		千	百	十	万	千	百	十	元	角	分
1	1		结转上年																					借					4	4	0	0	0	0
1	10	汇1	1-10日发生额			1	2	3	8	0	0	0	0			1	0	1	2	0	0	0	0	借				2	7	0	0	0	0	0
1	20	汇2	11-20日发生额				2	1	7	8	0	0	0				2	9	3	8	0	0	0	借				1	9	4	0	0	0	0
1	31	汇3	21-31日发生额					2	4	2	0	0	0					5	8	0	0	0	0	借				1	6	0	2	0	0	0
1	31		本月合计			1	4	8	0	0	0	0	0			1	3	6	3	8	0	0	0	借				1	6	0	2	0	0	0

2. 优缺点及适用范围

（1）优点：简单明了，易于理解和运用；总分类账比较详细，便于查账。

（2）缺点：登记总分类账的工作量较大。

（3）适用范围：一般适用于规模较小、业务量较少及记账凭证数量不多的企业。

2.8.2 科目汇总表账务处理程序

科目汇总表账务处理程序又称记账凭证汇总表账务处理程序，它是根据记账凭证定期编制科目汇总表，再根据科目汇总表登记总分类账的一种账务处理程序。

一般编制步骤，如图 2-15 所示。

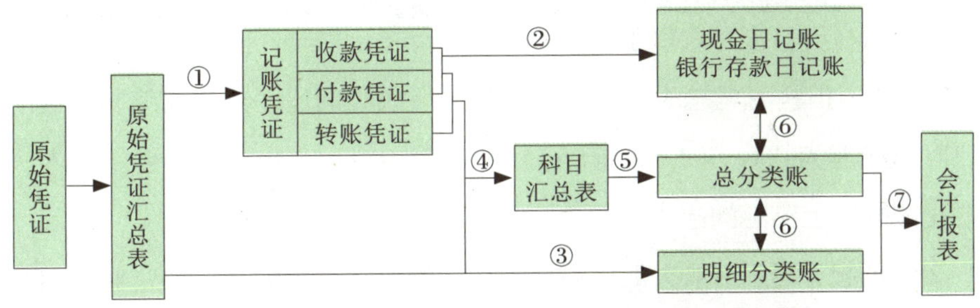

图 2-15 科目汇总表账务处理程序

1. 总账的登记

当企业采用科目汇总表账务处理程序时，定期根据记账凭证编制科目汇总表，并据以登记总分类账。科目汇总表应定期编制，间隔天数可以根据单位的业务量的多少而定，一般可按每星期、每旬或每月汇总编制一次。

（1）总账会计将所有记账凭证按顺序整理后，将凭证中分录过入工作底稿中的“T”形账户，并结计每一账户的借方发生额和贷方发生额。

（2）填制科目汇总表，见表 2-35。

表 2-35 科目汇总表

2019 年 1 月 31 日　　字第 1 号

借方										会计科目	贷方									
千	百	十	万	千	百	十	元	角	分		千	百	十	万	千	百	十	元	角	分
		1	5	4	0	0	0	0	0	库存现金			1	5	0	0	0	0	0	0
			1	3	9	2	3	0	0	银行存款				7	5	9	3	3	0	0
			1	1	0	3	3	0	0	应交税费					2	0	2	3	0	0
										主营业务收入				1	1	9	0	0	0	0
				2	0	0	0	0	0	管理费用				1	0	0	0	0	0	0
			6	4	9	0	0	0	0	原材料										
				4	0	0	0	0	0	其他应收款										
		2	4	9	8	5	6	0	0	合计			2	4	9	8	5	6	0	0

依次填写科目汇总表以下栏目内容：

①日期：指科目汇总表中本次汇总凭证所属时间段，如按旬编制科目汇总表，时间应填为“× 年 1 月 1 日至 × 年 1 月 10 日”，应注意不要填入本次汇总的记账凭证上实际的起止时间。

②凭证起讫号：指本次汇总的记账凭证的实际起止编号，如企业上旬共计编制 10 张记账凭证，据以编制的科目汇总表中此处应填入“自 001 号起至 010 号止”。

③编号：指该张科目汇总表在此类凭证中的顺序编号。注意编号时，应将科目汇总表作为一类凭证单独编号，而不能并入记账凭证中统一编号。

④根据工作底稿逐行填入各会计科目借贷方发生额。

⑤签章：编制该科目汇总表的会计人员，应在科目汇总表下方制单处签名或盖章，以明确经济责任。

（3）根据科目汇总表登记总分类账。

在对科目汇总表审核无误后，即可据以登记总分类账。如根据上旬的科目汇总表，应先在总账“银行存款”账户中登记借贷方发生额，并结计出余额，登记完毕后，在科目汇总表借贷记账栏中做出记账标识“√”；然后在总账“应收账款”账户中记入贷方发生额，结计出余额，并在科目汇总表记账栏做出记账标识；最后，由登记总账的会计人员在科目汇总表下方的“记账”处签名或盖章。

2. 优缺点和适用范围

（1）优点：简化了登记总分类账的工作量、科目汇总表起到试算平衡的作用。

（2）缺点：科目汇总表和总分类账中，不反映账户的对应关系。

（3）适用范围：适用于规模较大，经济业务量较多的企业。

2.8.3 汇总记账凭证账务处理程序

汇总记账凭证账务处理程序是根据原始凭证或汇总原始凭证编制记账凭证，定期根据记账凭证分类编制汇总收款凭证、汇总付款凭证和汇总转账凭证，再根据汇总记账凭证登记总分类账的一种账务处理程序。

一般编制步骤，如图 2–16 所示。

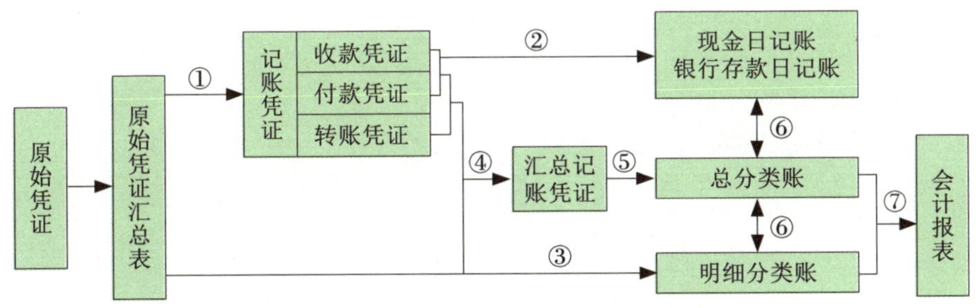

图 2–16　汇总记账凭证账务处理程序

1. 总账的登记

当企业采用汇总记账凭证账务处理程序时，定期根据记账凭证编制汇总记账凭证，并据以登记总分类账。汇总记账凭证应定期编制，间隔天数可以根据单位的业务量的多少而定，一般可按每星期、每旬或每月汇总编制一次。

汇总收款凭证样式，见表 2–36。

表 2-36 汇总收款凭证

借方账户：银行存款　　2019 年 1 月 31 日　　第 002 号

贷方科目	金额				总账页次	
	1 日至 10 日收款凭证第 1 号至第 20 号	11 日至 20 日收款凭证第 21 号至第 40 号	21 日至 31 日收款凭证第 40 号至第 60 号	合　计	借　方	贷　方
主营业务收入	11 900	25 600	546 390	583 890	12	13
应交税费	14 900			14 900	2	3
合计	26 800	25 600	546 390	598 790		

2. 优缺点与适用范围

（1）优点：简化了登记总分类账的工作量、总账账户对应关系明确。

（2）缺点：不利于会计核算的日常分工、转账凭证较多时，编制汇总转账凭证的工作量较大。

（3）适用范围：一般适用于规模较大，业务较多的企业。

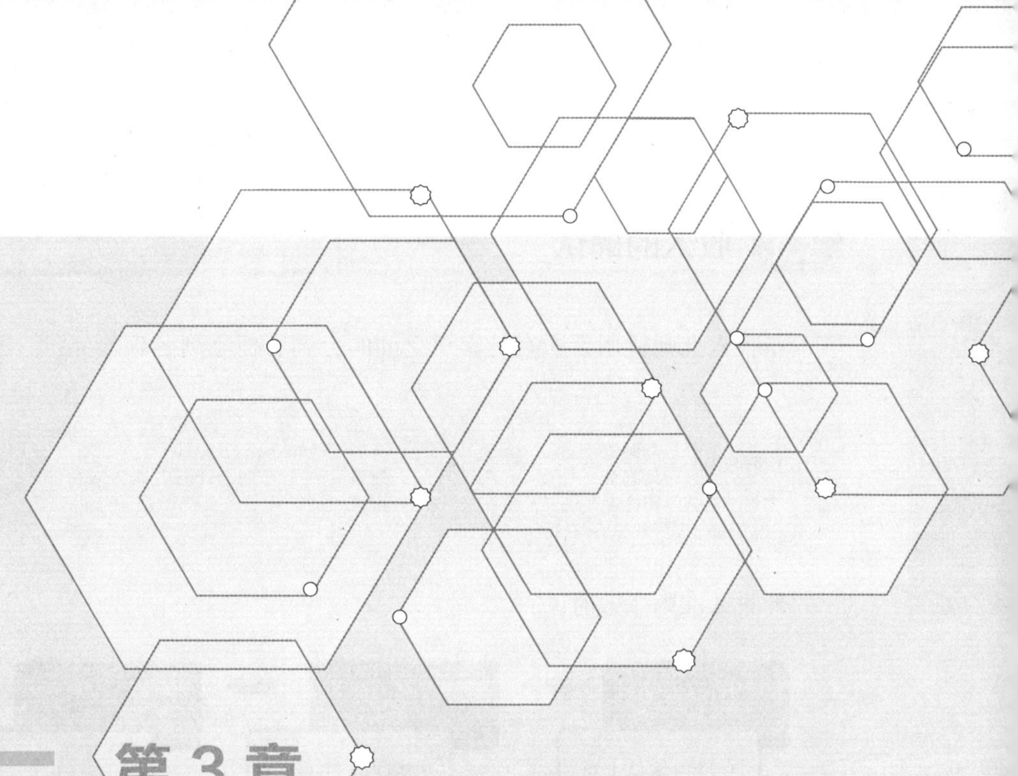

第 3 章 图解新收入准则

财政部《企业会计准则第 14 号——收入》财会〔2017〕22 号（以下简称“新收入准则”）的修订，改变收入确认的理念与模型：以控制权转移、客户占有并接受等作为收入确认的基础。初步看来，新收入准则将对电信、汽车、信息技术和软件、医疗和制药行业以及房地产行业等产生很大影响。

3.1 收入的确认

新收入准则适用于所有与客户之间的合同，但下列各项除外：

新收入准则生效时间：

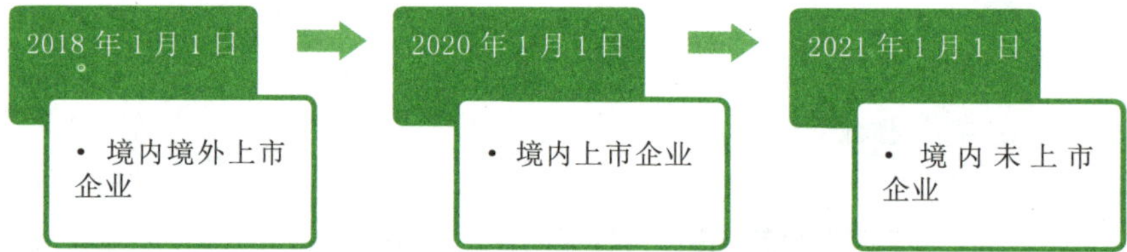

3.1.1 如何识别合同

新收入准则引进客户与合同这两个名词：

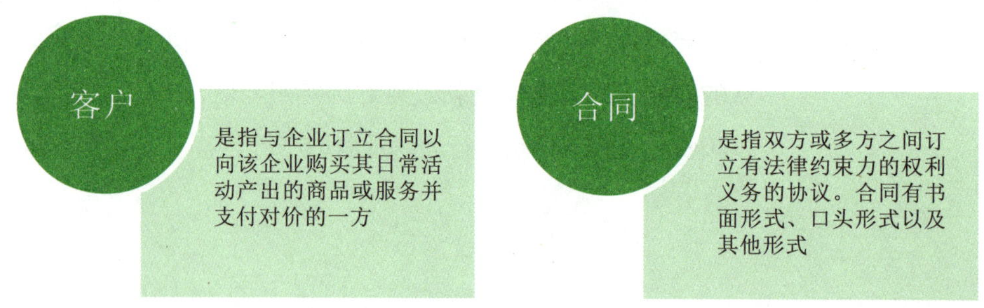

客户很好理解，客户就是上帝。那么合同呢？

1. 合同订立

当企业与客户之间的合同同时满足下列条件时，企业应当在客户取得相关商品控制权时确认收入。

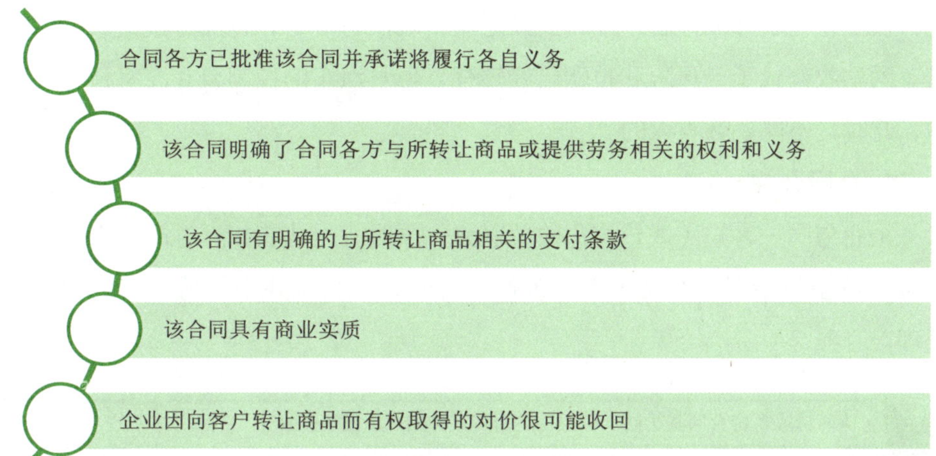

在合同开始日即满足以上条件的合同，企业在后续期间无须对其进行重新评估，除非有迹象表明相关事实和情况发生重大变化。合同开始日通常是指合同生效日。依据《合同法》第四十四条到五十一条，规定合同生效的四种情形如下：

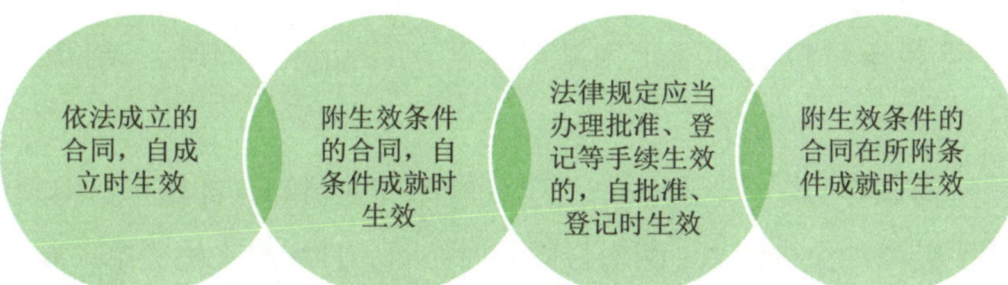

【例3-1】 某汽车网站新年推出优惠活动，张先生购买一款汽车并签订购车合同，随后交了全款并拿了提单。但并没有提车，车还在仓库里。对于该网站来讲，能否确认收入？

判断标准：
a. 客户能够主导该商品的使用并从中获得几乎全部的经济利益
b. 企业已将该商品实物转移给客户，即客户已实物占有该商品
c. 客户已接受该商品

按上述判断标准，客户并有没提走车，既没有占有，也没有接受。虽然该汽车网站收到钱了，风险和报酬已经转移，但对汽车的控制权并没有移交给客户，此时是不能确认收入的。

2. 合同合并

企业与同一客户（或该客户的关联方）同时订立或在相近时间内先后订立的两份或多份合同，在满足下列条件之一时，应当合并为一份合同进行会计处理。

1 • 该两份或多份合同基于同一商业目的而订立并构成一揽子交易

2 • 该两份或多份合同中的一份合同的对价金额取决于其他合同的定价或履行情况

3 • 该两份或多份合同中的所承诺的商品（或每份合同中所承诺的部分商品构成单项履约义务）

【例 3-2】恒升酒店与宏海装修有限公司于 2019 年 1 月 21 日签订一份室内装修合同，价款 200 万元。3 月 21 日，恒升酒店就该合同签署另外一份合同，将装修材料全部指定为某厂家生产的品牌，同时，装修价格上调 30 万元。

对于宏海装修有限公司来说，两个合同的商业目的，都是指室内装修，两份价格构成装修的全部收入；两份合同同时履行，且加起来构成单项履行义务。应该合并为一个合同。

3. 合同变更。

合同变更，是指经合同各方批准对原合同范围或价格做出的变更。合同变更既可能形成新的具有法律约束力的权利和义务，也可能是变更了合同各方现有的具有法律约束力的权利和义务。

【例 3-3】红云宾馆购入 500 张木床，每张 1 800 元，已安装 440 张木床。宾馆有 20 间贵宾房，需要木床 60 张，管理层决定换成纯实木床，每张售价 4 000 元，另外贵宾房又增加 40 套沙发，每套 2 000 元，总计 80 000 元。

本案例中，约定商品变更前后，可明确区分。红云宾馆原合同按 792 000

元（1 800×440）确认收入。旧合同终止。按新合同执行：新合同价款 =1 800 ×440+4 000×60+40×2 000=1 112 000（元）。

3.1.2 履约义务

履约义务，是指合同中企业向客户转让可明确区分商品的承诺。履约义务既包括合同中明确的承诺，也包括由于企业已公开宣布的政策、特定声明或以往的习惯做法等导致合同订立时客户合理预期企业将履行的承诺。

这是某电信企业公开宣传的资料，虽然没有书面合同，但也属于履约义务。

企业为履行合同而应开展的初始活动，通常不构成履约义务，除非该活动向客户转让了承诺的商品。

新年期间，为了完成一批价值 300 000 元水果销售订单，绿色心情农贸有限公司招聘 10 名包装员，当月发生支出 20 000 元

绿色心情农贸有限公司招聘人员属于初始活动，不构成单独履约义务，不能确认为收入

企业向客户转让一系列实质相同且转让模式相同的、可明确区分商品的承诺，也应当作为单项履约义务。

企业向客户转让一系列实质相同且转让模式相同的、可明确区分商品的承诺，也应当作为单项履约义务。

3.1.3 履约时间

新收入准则第九条规定，合同开始日，企业应当对合同进行评估，识别该合同所包含的各单项履约义务，并确定各单项履约义务是在某一时段内履行，还是在某一时点履行，然后，在履行了各单项履约义务时分别确认收入。

按照时点履行

如果是商品，转移控制权，按照时点履行

按照时间段履行

如果是服务，按照时间段履行

（1）根据新收入准则第十三条规定，对于在某一时点履行的履约义务，企业应当在客户取得相关商品控制权时点确认收入。在判断客户是否已取得商品控制权时，企业应当考虑下列迹象：

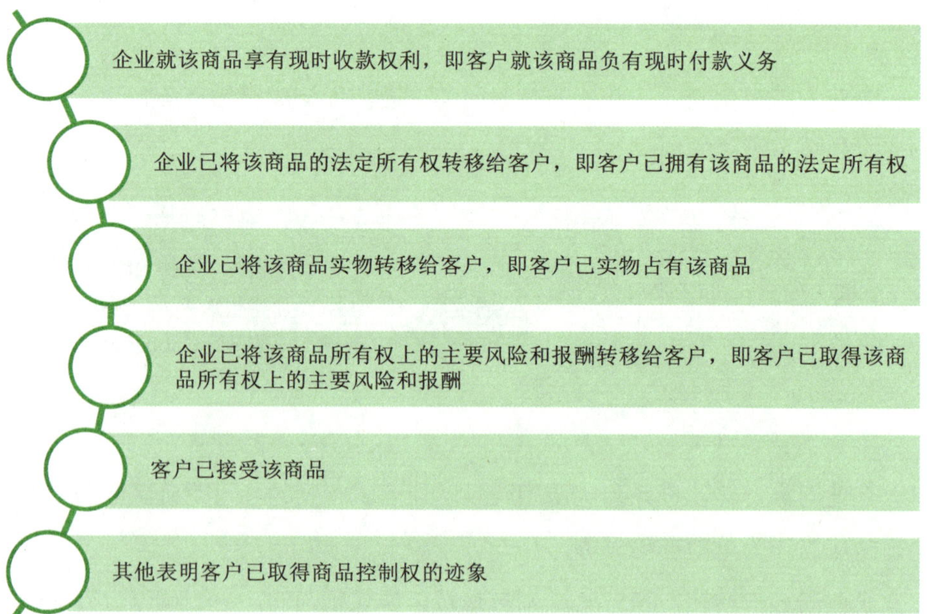

（2）根据新收入准则第十一条，满足下列条件之一的，属于在某一时段内履行履约义务；否则，属于在某一时点履行履约义务：

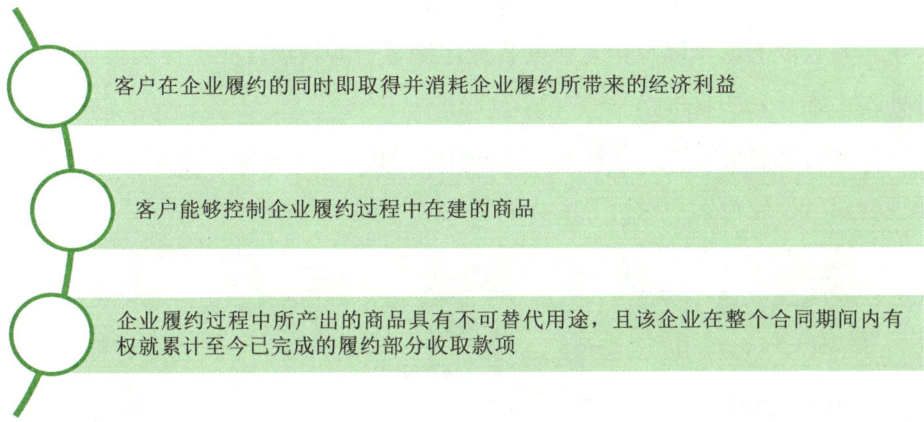

3.1.4 履约进度

新收入准则第十二条规定，对于在某一时段内履行的履约义务，企业应当在该段时间内按照履约进度确认收入，但是，履约进度不能合理确定的除外。企业应当考虑商品的性质，采用产出法或投入法确定恰当的履约进度。

产出法	投入法	履约进度不能合理确定时
• 是根据已转移给客户的商品对于客户的价值确定履约进度	• 是根据企业为履行履约义务的投入确定履约进度	• 企业已经发生的成本预计能够得到补偿的，应当按照已经发生的成本金额确认收入，直到履约进度能够合理确定为止

3.2 收入金额的计量

新收入准则规定，企业应当在履行了合同中的履约义务，即在客户取得相关商品控制权时确认收入。

3.2.1 交易价格的确认

交易价格，是指企业因向客户转让商品而预期有权收取的对价金额。企业代第三方收取的款项以及企业预期将退还给客户的款项，应当作为负债进行会计处理，不计入交易价格。

在确定交易价格时，企业应当考虑可变对价、合同中存在的重大融资成分、非现金对价、应付客户对价等因素的影响。

1. 可变对价

合同中存在可变对价的，企业应当按照期望值或最可能发生金额确定可变对价的最佳估计数，但包含可变对价的交易价格，应当不超过在相关不确定性消除时累计已确认收入极可能不会发生重大转回的金额。每一资产负债表日，企业应当重新估计应计入交易价格的可变对价金额。

履行或有事项相关义务导致经济利益流出的可能性，通常按照下列情况判断，见表 3-1。

表 3-1 最佳估计数判断

结果的可能性	对应的概率区别
基本确定	$95\% < x < 100\%$
很可能	$50\% < x \leqslant 95\%$
可能	$5\% < x \leqslant 50\%$
极小可能	$0\% < x \leqslant 5\%$

2. 重大融资成分

合同中存在重大融资成分的，企业应当按照假定客户在取得商品控制权时即以现金支付的应付金额确定交易价格。该交易价格与合同对价之间的差额，应当在合同期间内采用实际利率法摊销。

下列情形是否考虑融资成本？

融资成分	• 业务情形
否	• a. 根据合同约定，施工企业与建设方和监理方，每月末验收工程量并结算工程量，结算日起3个月之内付款。结果延迟一年才付款
是	• b. 公司采购一款集成软件，按合同约定，验收之后即支付款项，价款40万元，由于对方支付了一张不带息的6个月到期的银行承兑汇票，在原合同基础上，加价2万元
否	• c. 公司采购一款集成软件，按合同约定，验收之后即支付款项，价款10万元，由于对方支付了一张不带息的6个月到期的银行承兑汇票
否	• d. 远洋公司向大连设备制造厂定制货船，制造周期3年，每年末付款100万元，远洋公司按期支付

合同开始日，企业预计客户取得商品控制权与客户支付价款间隔不超过一年的，可以不考虑合同中存在的重大融资成分。

3. 非现金对价

客户支付非现金对价的，企业应当按照非现金对价的公允价值确定交易价格。

如果由于销售商品本身，向客户或者终端消费者支付返利或者促销费、管理费等，则全部冲销企业销售收入。如果先行支付促销费，后取得收入，则在登记促销费时作为应收款项，直接冲减收入（贷记应收款项）。如果登记收入之后再支付返利，则在实际支付返利时冲减当期销售收入

如果在成为客户之前必须优先支付的价款，如进场费，则作为购进一项权利，作为合同成本处理，不冲减收入

如果向客户支付对价，是因为从客户另外购置其他商品或服务，则作为购进处理，不冲减收入

【例 3-4】拼多多网站向蓝天床单厂采购并销售四件套床单，每套 92.80 元。本月蓝天床单厂作促销活动，零售市场价 104.40 元，促销价为 58 元。差价 46.40 元由蓝天床单厂向拼多多网站支付。经统计，1 月蓝天床单厂应支付拼多多网站四件套床单价款 11.6 万元，同时拼多多向蓝天床单厂支付销售四件套床单账款 40.60 万元。

（1）蓝天床单厂确认收入。

借：应收账款——平台	406 000	
贷：主营业务收入		350 000
应交税费——应交增值税（销项税额）		56 000

（2）蓝天床单厂支付差价，冲减收入。

借：主营业务收入	100 000	
应交税费——应交增值税（销项税额）	16 000	
贷：银行存款		116 000

4. 应付客户对价

企业应付客户对价是为了向客户取得其他可明确区分商品的，应当采用与本企业其他采购相一致的方式确认所购买的商品。企业应付客户对价超过向客户取得可明确区分商品公允价值的，超过金额应当冲减交易价格。向客户取得的可明确区分商品公允价值不能合理估计的，企业应当将应付客户对价全额冲减交易价格。

3.2.2 多项履约义务价格分摊

企业在类似环境下向类似客户单独销售商品的价格，应作为确定该商品单独售价的最佳证据。单独售价无法直接观察的，企业应当综合考虑其能够合理取得的全部相关信息，采用市场调整法、成本加成法、余值法等方法合理估计单独售价。

市场调整法：是指企业根据某商品或类似商品的市场售价考虑本企业的成本和毛利等进行适当调整后，确定其单独售价的方法

成本加成法：是指企业根据某商品的预计成本加上其合理毛利后的价格，确定其单独售价的方法

余值法：是指企业根据合同交易价格减去合同中其他商品可观察的单独售价后的余值，确定某商品单独售价的方法

【例 3-5】 东风家具有限公司 2019 年 1 月生产茶几和沙发，既可以单卖，又可以组合销售。茶几单卖 1 200 元，沙发每只 500 元，共 4 个。五件套组合售价 3 000 元。

按照企业类似环境单独销售价格分摊履约义务：

（1）计算市价分摊比 =3 000 ÷（1 200+4 × 500）=93.75%

（2）组合中单个沙发的交易价格 =500 × 93.75%=468.75（元）

（3）组合中茶几的交易价格 =3 000-（468.75 × 4）=1 125（元）

3.3 新增账户设置与主要账务处理

企业应当正确记录和反映与客户之间的合同产生的收入及相关成本费用。收入类账户有“主营业务收入”“其他业务收入”。新增的“合同资产”“合同负债”在本书其他章节中有详细介绍，此处就不赘述。本节主要介绍几个成本类账户。

3.3.1 “合同履约成本”账户

“合同履约成本”账户核算企业为履行当前或预期取得的合同所发生的、不属于其他企业会计准则规范范围且按照新收入准则，应当确认为一项资产的成本。企业因履行合同而产生的毛利不在本账户核算。本账户可按合同，分别“服务成本”“工程施工”等进行明细核算。期末借方余额，反映企业尚未结转的合同履约成本。合同履约成本的主要账务处理如下。

企业发生合同履约成本时

- 借：合同履约成本
- 　　贷：银行存款 / 应付职工薪酬 / 原材料等

对合同履约成本进行摊销时

- 借：主营业务成本 / 其他业务成本等
- 　　贷：合同履约成本

与合同成本有关的资产，其账面价值高于下列第一项减去第二项的差额的，超出部分应当计提减值准备，并确认为资产减值损失：一是企业因转让与该资产相关的商品预期能够取得的剩余对价；二是为转让该相关商品估计将要发生的成本。

与合同履约成本有关的资产发生减值的，按应减记的金额，借记“资产减值损失”账户，贷记本账户；转回已计提的资产减值准备时，做相反的会计分录。

3.3.2 “应收退货成本”账户

“应收退货成本”账户核算销售商品时预期将退回商品的账面价值，扣除收回该商品预计发生的成本（包括退回商品的价值减损）后的余额。本账户可按合同进行明细核算。期末借方余额，反映企业预期将退回商品转让时的账面价值，扣除收回该商品预计发生的成本（包括退回商品的价值减损）后的余额，在资产负债表中按其流动性计入“其他流动资产”或“其他非流动资产”项目。应收退货成本的主要账务处理如下。

企业发生附有销售退回条款的

- 借：银行存款 / 应收账款 / 应收票据 / 合同资产等
- 　　贷：主营业务收入 / 其他业务收入等
- 　　　　预计负债——应付退货款等

结转相关成本时

- 借：应收退货成本
- 　　主营业务成本 / 其他业务成本
- 　　贷：库存商品

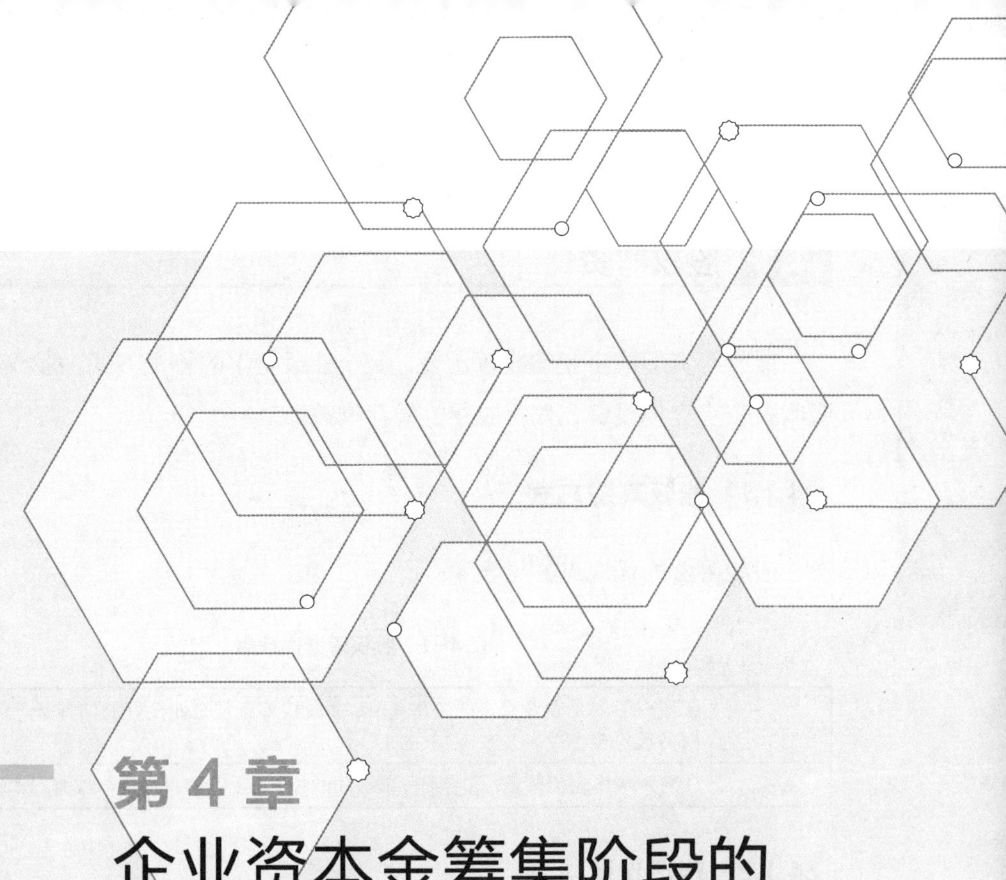

第 4 章 企业资本金筹集阶段的会计处理

企业为了满足经营活动、投资活动、资本结构管理和其他需要，运用一定的筹资方式，通过一定的筹资渠道，筹措和获取所需资金。一般来说，企业最基本的筹资方式就是两种：股权筹资和债务筹资。股权投资包括投资者的投资及其增值，这部分资本的所有者既享有企业的经营收益，也承担企业经营风险；债务筹资形成债权人的权益，主要包括向企业债权人借入的资金和结算形成的负债资金等，这部分资本的所有者享有按约收回本金和利息的权利。

4.1 股权筹资

股权筹资形成企业的股权资金，是企业最基本的筹资方式，股权筹资包括吸收投资者直接投资、发行股票、留存收益等。

4.1.1 股权筹资方式

股权筹资的优缺点，见表 4-1。

表 4-1 股权筹资优缺点

优点	①股权筹资是企业稳定的资本基础；②股权筹资是企业良好的信誉基础；③企业的财务风险较小
缺点	①资本成本负担较重；②容易分散公司的控制权；③信息沟通与披露成本较大

4.1.2 账户设置

企业通常设置以下账户对所有者权益筹资业务进行核算。

1．“实收资本（或股本）”账户

“实收资本”账户属于所有者权益类账户，用以核算企业接受投资者投入的实收资本。

该账户贷方登记所有者投入企业资本金的增加额，借方登记所有者投入企业资本金的减少额。期末余额在贷方，反映企业期末实收资本（或股本）总额。如图 4-1 所示。

借方 实收资本账户	贷方
	期初余额
本期实收资本减少额	本期实收资本增加额
本期借方发生额合计	本期贷方发生额合计
	期末余额

图 4-1 “实收资本”账户

2.“资本公积”账户

“资本公积”账户属于所有者权益类账户，用以核算企业收到投资者出资额超出其在注册资本或股本中所占份额的部分，以及直接计入所有者权益的利得和损失等。

该账户借方登记资本公积的减少额，贷方登记资本公积的增加额。期末余额在贷方，反映企业期末资本公积的结余数额。如图 4-2 所示。

借方　　　　资本公积账户	贷方
	期初余额
本期资本公积减少额	本期资本公积增加额
本期借方发生额合计	本期贷方发生额合计
	期末余额

图 4-2　“资本公积”的结构

3.“银行存款”账户

银行存款属于资产类账户，用以核算企业存入银行或其他金融机构的各项款项，但银行汇票存款、银行本票存款、信用卡存款、信用证保证金存款、存出投资款、外埠存款等，通过“其他货币资金”核算。

该账户借方登记存入的款项，贷方登记提取或支出的存款。期末余额在借方，反映企业存在银行或其他金融机构的各种款项。如图 4-3 所示。

借方　　　　银行存款账户	贷方
期初余额	
本期银行存款增加额	本期银行存款减少额
本期借方发生额合计	本期贷方发生额合计
期末余额	

图 4-3　“银行存款”账户的结构

企业可根据实际业务的需要，按照银行、存款种类等分别进行设置明细科目。见表 4-2。

表 4-2 银行存款会计科目编码的设置

科目代码	总分类科目（一级科目）	明细分类科目	
		二级明细科目	三级明细科目
1002	银行存款		
100201	银行存款	人民币	
10020101	银行存款	人民币	××银行
10020102	银行存款	人民币	××银行
10020103	银行存款	人民币	××银行
100202	银行存款	外币	
10020201	银行存款	外币	美元
10020202	银行存款	外币	日元
10020203	银行存款	外币	欧元

企业应当设置银行存款总账和银行存款日记账，分别进行银行存款的总分类核算和明细分类核算。企业可按开户银行和其他金融机构存款种类等设置“银行存款日记账”，根据收付款凭证，按照业务的发生顺序逐笔登记。每日终了，应结出余额，并对银行存款收支业务及时进行账务处理。为了反映和监督企业银行存款的收入、支出和结存情况，企业应当设置“银行存款”科目，借方登记企业银行存款的增加，贷方登记企业银行存款的减少，期末借方余额反映企业实际持有的银行存款的金额。

4.1.3 收到投资者投入资本的会计处理

实收资本（或股本）是指企业的投资者按照企业章程合同或协议的约定，实际投入企业的资本金以及按照有关规定由资本公积、盈余公积等转增资本的资金。

1. 实收资本科目的设置

实收资本账户可按投资者的不同设置明细账户，进行明细核算。具体设置见表 4-3。

表 4-3 实收资本会计科目编码的设置

科目代码	总分类科目（一级科目）	明细分类科目	
		二级明细科目	三级明细科目
4001	实收资本		

续上表

科目代码	总分类科目（一级科目）	明细分类科目	
		二级明细科目	三级明细科目
400101	实收资本	国家资本	按股东名称设置
400102	实收资本	法人资本	按股东名称设置
400103	实收资本	集体资本	按股东名称设置
400104	实收资本	个人资本	按股东名称设置

在股份有限公司中，应设置"股本"账户进行核算。股份有限公司稳定的股本总额及在核定的股份总额范围内实际发行股票的面值。

2. 接受现金资产投资的账务处理

接受现金资产投资的账务处理，如图 4-4 所示。

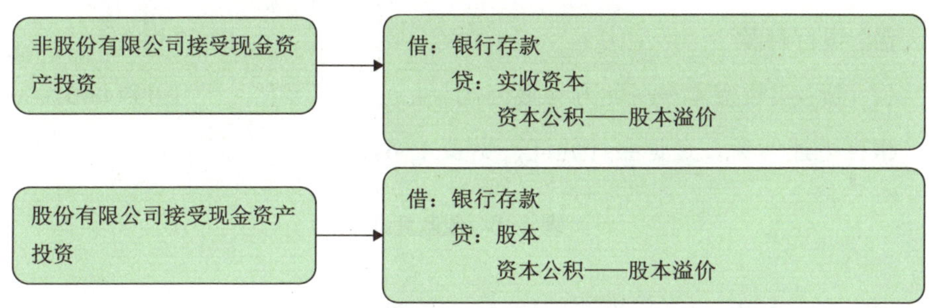

图 4-4　接受现金资产投资的账务处理

【例 4-1】 雅致电子有限公司注册资本为 7 000 000 元，2019 年 1 月 5 日，收到北方有限公司 1 007 000 元投资。见表 4-4、表 4-5。

表 4-4　投资协议书（摘要）

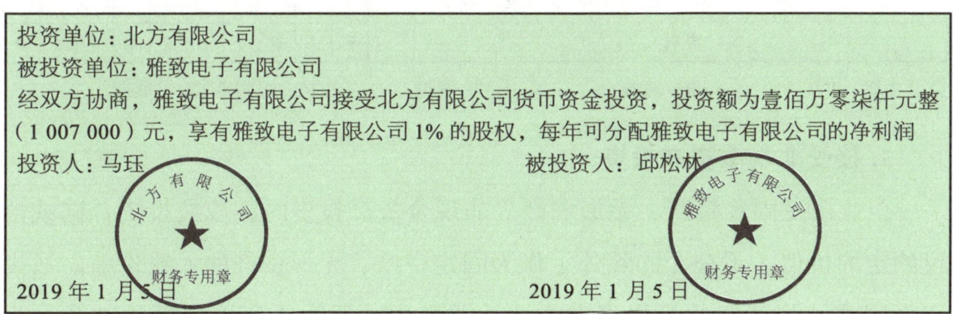
投资单位：北方有限公司
被投资单位：雅致电子有限公司
经双方协商，雅致电子有限公司接受北方有限公司货币资金投资，投资额为壹佰万零柒仟元整（1 007 000）元，享有雅致电子有限公司 1% 的股权，每年可分配雅致电子有限公司的净利润
投资人：马珏　　被投资人：邱松林
北方有限公司 财务专用章　　雅致电子有限公司 财务专用章
2019 年 1 月 5 日　　2019 年 1 月 5 日

表 4-5 中国银行进账单（回单或收账通知）

进账日期：2019 年 1 月 5 日　　　　第 13 号

收款人	全　称	雅致电子有限公司	付款人	全　称	北方有限公司
	账　号	332101909234217689		账　号	6220004309234215678
	开户银行	工商银行深圳龙岗支行		开户银行	深圳工商银行富林支行裕林路营业室
人民币（大写）：⊗壹佰万零柒仟元整				千百拾万千百十元角分	1 0 0 7 0 0 0 0 0
票据种类	1		工行深圳龙岗支行 2019.1.5 收讫		
票据张数	转账支票				
主管　会计　复核　记账				收款人开户银行盖章	

此联给收款人的收账通知

借：银行存款　　　　1 007 000

　　贷：实收资本——北方有限公司　　　　1 007 000

根据上述业务，登记会计凭证，见表 4-6。

表 4-6 收款凭证

附件：2 张

借方科目：银行存款　　　　2019 年 1 月 5 日　　　　银收字第 06 号

摘　要	贷方科目		账页	金　额									
	一级科目	二级或明细科目		千	百	十	万	千	百	十	元	角	分
收到北方有限公司投入资金 1 007 000 元	实收资本	北方有限公司			1	0	0	7	0	0	0	0	0
合计				¥	1	0	0	7	0	0	0	0	0

会计主管：洪英　　记账：蒋秦　　出纳：张健　　审核：纪明承　　填制：

3. 接受非现金资产投资

企业接受固定资产、无形资产等非现金资产投资时，应按投资合同或协议约定的价值（不公允的除外）作为固定资产、无形资产的入账价值，按投资合同或协议约定的投资者在企业注册资本或股本中所占份额的部分作为实收资本或股本入账，投资合同或协议约定的价值（不公允的除外）超过投资者在企业注册资本或股本中所占份额的部分，计入资本公积。如图 4–5 所示。

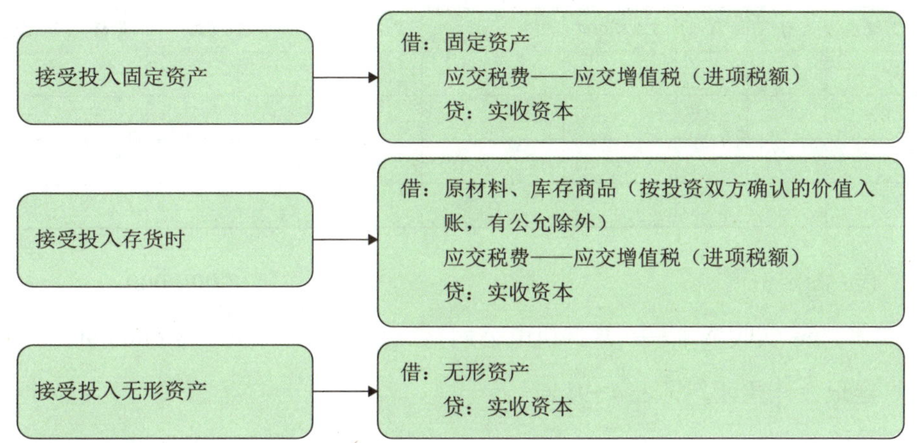

图 4–5　接受非现金资产投资账务处理

【例 4–2】 雅致电子有限公司接受蓝野机电公司的一台机器设备投资，按照协议规定，该设备的公允价值为 8 000 000 元，占雅致电子有限公司股份的 5%。原始单据见表 4–7、表 4–8。

表 4–7　投资协议书（摘要）

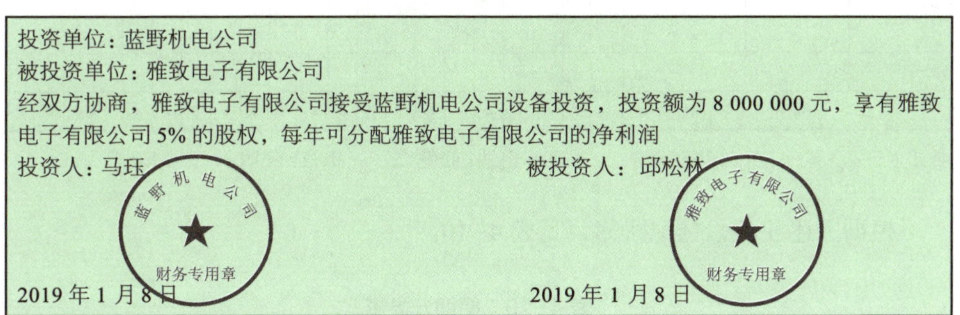

投资单位：蓝野机电公司
被投资单位：雅致电子有限公司
经双方协商，雅致电子有限公司接受蓝野机电公司设备投资，投资额为 8 000 000 元，享有雅致电子有限公司 5% 的股权，每年可分配雅致电子有限公司的净利润

投资人：马珏　　被投资人：邱松林

（印章：蓝野机电公司 财务专用章）　　（印章：雅致电子有限公司 财务专用章）

2019 年 1 月 8 日　　2019 年 1 月 8 日

固定资产验收单，见表 4–8。

表 4-8　固定资产验收单

2019 年 1 月 8 日

名　称	单位	数量	单　价	已摊销价值	账面净值（元）	评估确认价值（元）	备　注
X7 设备	台	1	8 000 000		8 000 000	8 000 000	蓝野机电公司

借：固定资产　　　　　　　　　　　　　　　　8 000 000

　　贷：实收资本——蓝野机电公司　　　　　　　　　8 000 000

登记会计凭证，见表 4-9。

表 4-9　转账凭证

附件：2 张

2019 年 1 月 8 日　　　　　　　　　　转字第 08 号

摘要	一级科目	二级或明细科目	账页	借方金额										贷方金额									
				千	百	十	万	千	百	十	元	角	分	千	百	十	万	千	百	十	元	角	分
接受蓝野机电公司设备投资	固定资产	X7 设备			8	0	0	0	0	0	0	0	0										
	实收资本	蓝野机电公司													8	0	0	0	0	0	0	0	0
合计				¥	8	0	0	0	0	0	0	0	0	¥	8	0	0	0	0	0	0	0	0

会计主管：洪英　　记账：蒋秦　　出纳：张健　　审核：纪明承　　填制：

根据上述业务，登记账簿，见表 4-10。

表 4-10　明细分类账

会计科目：实收资本
编　　号：4001

2019 年		凭证科目代码	摘　要	对方科目	借　方										贷　方										借或贷	余　额									
月	日				千	百	十	万	千	百	十	元	角	分	千	百	十	万	千	百	十	元	角	分		千	百	十	万	千	百	十	元	角	分
1	1		期初余额																						贷	3	8	2	1	0	0	0	0	0	0

续上表

2019年		凭证科目代码	摘要	对方科目	借方										贷方										借或贷	余额									
月	日				千	百	十	万	千	百	十	元	角	分	千	百	十	万	千	百	十	元	角	分		千	百	十	万	千	百	十	元	角	分
1	5	银收06	收到北方有限公司投资	银行存款												1	0	0	7	0	0	0	0	0	贷	3	9	2	1	7	0	0	0	0	0
1	8	转字08	收到蓝野机电公司投资	固定资产												8	0	0	0	0	0	0	0	0	贷	4	7	2	1	7	0	0	0	0	0

CHAPTER 4

4.1.4 资本公积的会计处理

资本公积账户可按资本公积的来源不同，分别“资本溢价（或股本溢价）”、“其他资本公积”进行明细核算。“资本溢价（或股本溢价）”核算企业收到投资者出资额超出其在注册资本或股本中所占份额的部分；“其他资本公积”核算直接计入所有者权益的利得和损失。

1. 资本公积科目的设置

股份公司设置的两个二级科目为“股本溢价”“其他资本公积”；除股份公司外的其他公司设“资本溢价”“其他资本公积”两个二级科目。资本公积科目代码为 4002，见表 4-11。

表 4-11　资本公积会计科目编码的设置

科目代码	总分类科目（一级科目）	明细分类科目	
		二级明细科目	三级明细科目
4002	资本公积		
400201	资本公积	资本溢价	
400202	资本公积	股本溢价	
400203	资本公积	其他资本公积	接受捐赠
400204	资本公积	资产评估增值	

（1）资本溢价。

除股份公司外的其他类型的企业，投资者缴付的出资额大于注册资本产生的差额计入资本公积，如图 4–6 所示。

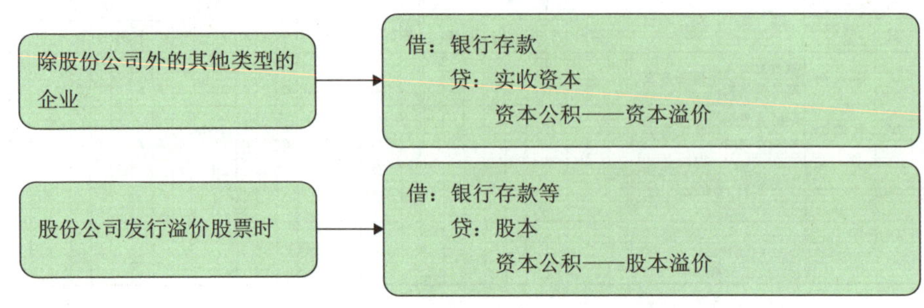

图 4–6 资本溢价的账务处理

（2）其他资本公积。

以因被投资单位除净损益、其他综合收益和利润分配以外的所有者权益的其他变动相关的资本公积核算，如图 4–7 所示。

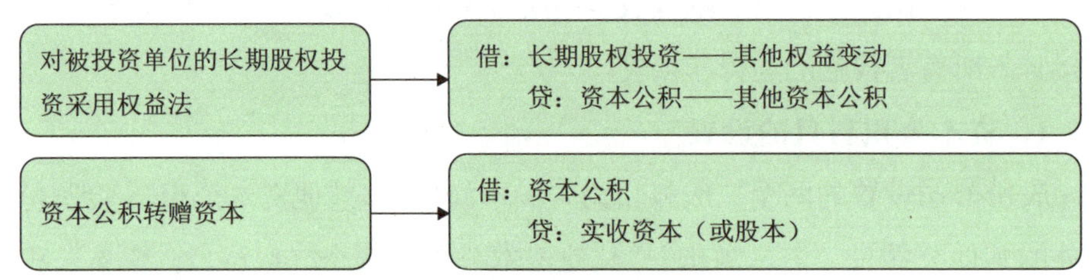

图 4–7 其他资本公积的账务处理

【例 4–3】 鑫洪有限公司向甲公司投资转出一套生产线，账面原值 1 780 000 元，累计折旧 456 000 元，重新评估确认的价值 1 970 000 元。企业转出固定资产时应编制如下会计分录。

借：长期股权投资——其他投资　　1 970 000
　　累计折旧　　456 000
　　贷：固定资产——生产线　　1 780 000
　　　　资本公积——法定资产重估增值　　646 000

登记会计凭证，见表 4–12。

表 4-12　记账凭证

2019 年 1 月 23 日　　　　　　字第 010 号

摘　要	会计科目	借方金额										贷方金额										记账
		千	百	十	万	千	百	十	元	角	分	千	百	十	万	千	百	十	元	角	分	
以一部生产线投资甲公司	长期股权投资——其他投资		1	9	7	0	0	0	0	0	0											
	累计折旧			4	5	6	0	0	0	0	0											
	固定资产——生产线												1	7	8	0	0	0	0	0	0	
	资本公积——法定资产重估增值													6	4	6	0	0	0	0	0	
合计		¥	2	4	2	6	0	0	0	0	0	¥	2	4	2	6	0	0	0	0	0	

会计主管：洪英　　记账：蒋秦　　出纳：张健　　审核：纪明承　　填制：

4.2 负债筹资的核算

企业通过银行借款、向社会发行公司债券、融资租赁、商用信用等方式筹集和取得资金。

债务筹资的优缺点，见表 4-13。

表 4-13　债务筹资的优缺点

优点	（1）筹资速度较快。 与股权筹资比，债务筹资不需要经过复杂的审批手续和证券发行程序
	（2）筹资弹性大。 利用债务筹资，可以根据企业的经营情况和财务状况，灵活地商定债务条件，控制筹资数量，安排取得资金的时间
	（3）资本成本负担较轻。 一般来说，债务筹资的资本成本要低于股权筹资
	（4）可以利用财务杠杆。 债权人从企业那里只能获得固定的利息或租金，当企业的资本报酬率高于债务利率时，债务筹资会增加普通股股东的每股收益
	（5）稳定公司的控制权。 债权人无权参加企业的经营管理，利用债务筹资不会改变和分散股东对公司的控制权

续上表

缺点	(1)不能形成企业稳定的资本基础。 债务资本有固定的到期日，到期需要偿还，只能作为企业的补充性资本来源
	(2)财务风险较大。 债务资本有固定的到期日，有固定的债息负担
	(3)筹资数额有限。 债务筹资中，除发行债券方式外，一般难以像发行股票那样一次筹集到大笔资金

负债筹资主要包括短期借款、长期借款以及结算形成的负债等。

短期借款是指企业为了满足其生产经营对资金的临时性需要而向银行或其他金融机构等借入的偿还期限在一年以内（含一年）的各种借款。

长期借款是指企业向银行或其他金融机构等借入的偿还期限在一年以上（不含一年）的各种借款。

结算形成的负债是指企业在正常的生产经营活动中形成的流动负债，既包括外部往来形成的流动负债，如应付账款、预收账款；也包括内部结算形成的流动负债，如应付职工薪酬等。

4.2.1 账户设置

企业通常设置以下账户对负债筹资业务进行会计核算。

1.“短期借款”账户

“短期借款”账户属于负债类账户，用以核算企业的短期借款。

该账户贷方登记短期借款本金的增加额，借方登记短期借款本金的减少额。期末余额在贷方，反映企业期末尚未归还的短期借款。如图 4-8 所示。

借方 短期借款账户	贷方
	期初余额
本期短期借款减少额	本期短期借款增加额
本期借方发生额合计	本期贷方发生额合计
	期末余额

图 4-8 “短期账款”账户结构

CHAPTER 4

2.“长期借款”账户

“长期借款”账户属于负债类账户，用以核算企业的长期借款。

该账户贷方登记企业借入的长期借款本金，借方登记归还的本金和利息。期末余额在贷方，反映企业期末尚未偿还的长期借款。如图 4-9 所示。

借方　　　　　长期借款账户	贷方
	期初余额
本期长期借款减少额	本期长期借款增加额
本期借方发生额合计	本期贷方发生额合计
	期末余额

图 4-9　“长期借款”账户结构

3.“应付利息”账户

“应付利息”账户属于负债类账户，用以核算企业按照合同约定应支付的利息，包括吸收存款、分期付息到期还本的长期借款、企业债券等应支付的利息。

该账户贷方登记企业按合同利率计算确定的应付未付利息，借方登记归还的利息。期末余额在贷方，反映企业应付未付的利息。如图 4-10 所示。

借方　　　　　应付利息账户	贷方
	期初余额
本期应付利息减少额	本期应付利息增加额
本期借方发生额合计	本期贷方发生额合计
	期末余额

图 4-10　“应付利息”账户结构

4.2.2 取得短期借款的核算

工商企业的短期借款主要有：经营周转借款、临时借款、结算借款、票据贴现借款、卖方信贷、预购定金借款和专项储备借款等，该账户可按借款种类、贷款人和币种进行明细核算。见表 4-14。

表 4-14 短期借款会计科目编码的设置

科目代码	总分类科目（一级科目）	明细分类科目		是否辅助核算	辅助核算项目
		二级明细科目	三级明细科目		
2001					
200101	短期借款	人民币	经营周转借款	是	贷款人
200102	短期借款	人民币	临时借款	是	贷款人
200103	短期借款	人民币	结算借款	是	贷款人
200104	短期借款	人民币	票据贴现借款	是	贷款人
200105	短期借款	人民币	卖方信贷	是	贷款人
200106	短期借款	人民币	预购定金借款	是	贷款人
200107	短期借款	人民币	专项储备借款	是	贷款人
200108	短期借款	外币	美元	是	贷款人
200109	短期借款	外币	欧元	是	贷款人
200110	短期借款	外币	其他	是	贷款人

短期借款利息较大需要计提的，在资产负债表日，按照应计的金额，借记“财务费用”账户，贷记“应付利息”账户；若利息不大无须计提，在支付利息时记入“财务费用”账户。

企业应通过“短期借款”科目，核算短期借款的取得及偿还情况。账务处理如图 4-11 所示。

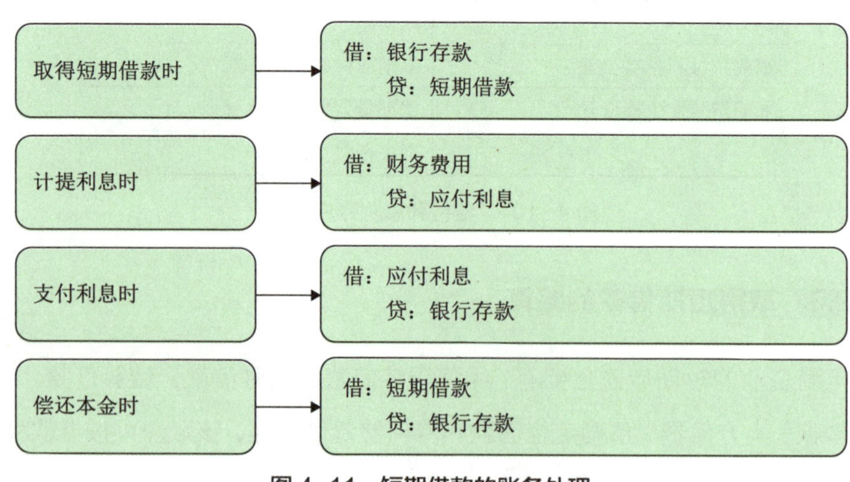

图 4-11 短期借款的账务处理

【例 4-4】 雅致电子有限公司取得短期借款 360 000 元，年利率 7%，借款期限 6 个月。利息数额较少，不进行计提，一直到期还本付息。

6 个月的利息 =360000×7%÷12×6=12600（元）

（1）2019 年 1 月 1 日，取得借款时，见表 4-15。

借：银行存款　　360 000

　贷：短期借款　　360 000

表 4-15　中国工商银行流动资金借款收据（回单）

2019 年 1 月 1 日

借款单位全称	雅致电子有限公司				存款账号			332101909234217689						
贷款种类	短期借款	年利率	7%		贷款户账号			622200190923421542						
贷款金额	人民币（大写）叁拾陆万元整				百	十	万	千	百	十	元	角	分	
					¥	3	6	0	0	0	0	0	0	
借款原因或用途：流动资金					约定还款期限			2019 年 6 月 30 日						
备注：					上列贷款已转入你单位存款户									

（印章：工行深圳龙岗支行 收讫）

根据上述业务，登记会计凭证，见表 4-16。

表 4-16　收款凭证

附件：××张

借方科目：银行存款　　2019 年 1 月 5 日　　银收字第 07 号

摘要	贷方科目		账页	金额									
	一级科目	二级或明细科目		千	百	十	万	千	百	十	元	角	分
从工行深圳龙岗支行取得短期借款 360 000 元	短期借款	工行深圳龙岗支行				3	6	0	0	0	0	0	0
合计					¥	3	6	0	0	0	0	0	0

会计主管：洪英　　记账：蒋秦　　出纳：张健　　审核：纪明承　　填制：

根据会计凭证，登记会计账簿，见表 4-17。

表 4-17　明细分类账簿

会计科目：短期借款
编　　号：2001

2019 年		凭证科目代码	摘　要	对方科目	借　方										贷　方										借或贷	余　额									
月	日				千	百	十	万	千	百	十	元	角	分	千	百	十	万	千	百	十	元	角	分		千	百	十	万	千	百	十	元	角	分
1	1	银收 07	取得短期借款	银行存款													3	6	0	0	0	0	0	0	贷			3	6	0	0	0	0	0	0

（2）2019 年 6 月 30 日，还本付息时，见表 4-18、图 4-12。

借：短期借款　　360 000

　　财务费用　　12 600

　　贷：银行存款　　372 600

表 4-18　存（贷）款利息传票

2019 年 6 月 30 日

借方	户名	雅致电子有限公司		贷方	户名	工商银行深圳龙岗支行	
	账号	332101909234217689			账号	6222001909234215412	
备注	起息日期	止息日期	积数		利率		利息
	2019.01.01	2019.06.30			7%		12 600
	调整利息：		冲正利息：				
应收（付）利息合计：壹万贰仟陆佰元整							

中国工商银行
转账支票存根

IV V000067

科　　目：
对方科目：
出票日期：2019 年 6 月 30 日

收款人：中国工商银行深圳龙岗支行
金　额：372 600
用　途：短期借款

单位主管：曲漫　会计：沙芳

图 4-12　支票存根

根据上述业务，登记会计凭证，见表 4–19。

表 4–19　付款凭证

附件：3 张

贷方科目：银行存款　　　　2019 年 6 月 30 日　　　　银付字第 08 号

摘　要	借方科目		账页	金　额								
	一级科目	二级或明细科目		百	十	万	千	百	十	元	角	分
偿还借款本金及利息 372 600 元	短期借款	工行龙岗支行			3	6	0	0	0	0	0	0
	财务费用					1	2	6	0	0	0	0
合计				￥	3	7	2	6	0	0	0	0

会计主管：洪英　　记账：蒋秦　　出纳：张健　　审核：纪明承　　填制：

根据会计凭证，登记账簿，见表 4–20。

表 4–20　明细分类簿

会计科目：短期借款
编　　号：2001

2019 年		凭证科目代码	摘　要	对方科目	借　方										贷　方										借或贷	余　额									
月	日				千	百	十	万	千	百	十	元	角	分	千	百	十	万	千	百	十	元	角	分		千	百	十	万	千	百	十	元	角	分
1	1	银收 07	取得短期借款	银行存款													3	6	0	0	0	0	0	0	贷			3	6	0	0	0	0	0	0
6	30	银付 08	偿还本金				3	6	0	0	0	0	0	0											平								0		

4.2.3 取得长期借款的核算

企业应通过“长期借款”科目核算长期借款的取得和偿还情况，并分别设置“本金”“应计利息”“利息调整”等二级科目进行明细核算。本科目期末贷方余额，反映企业尚未偿还的长期借款的摊余成本。见表 4–21。

表 4–21　长期借款会计科目编码的设置

科目代码	总分类科目（一级科目）	明细分类科目		是否辅助核算	辅助核算类别
		二级明细科目	三级明细科目		
2501	长期借款				
250101	长期借款	本金	贷款种类	是	贷款单位
250102	长期借款	利息调整	贷款种类	是	贷款单位

续上表

科目代码	总分类科目（一级科目）	明细分类科目		是否辅助核算	辅助核算类别
		二级明细科目	三级明细科目		
250103	长期借款	应计利息	贷款种类	是	贷款单位
250104	长期借款	交易费用	贷款种类	是	贷款单位
250105	长期借款	其他	贷款种类	是	贷款单位

1. 长期借款的账务处理

长期借款的账务处理，如图 4-13 所示。

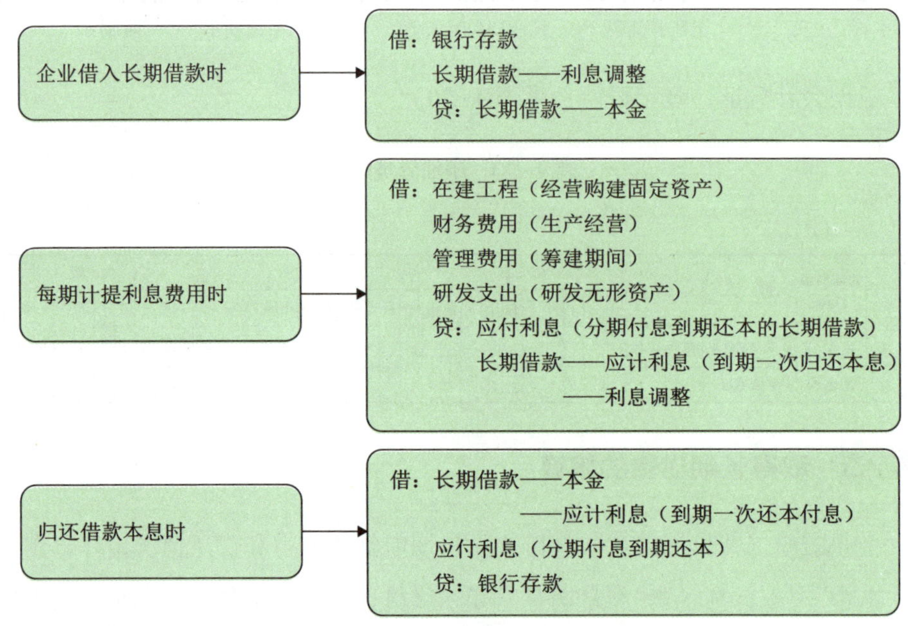

图 4-13　长期借款的账务处理

长期借款利息的计算有两种方式，即单利计算法和复利计算法两种。

单利计算法是指只按本金计算利息，其所生成利息不再加入本金重复计算利息。其计算公式为：

借款本利和 = 本金 + 本金 × 利率 × 期数

复利计算法是指不仅按本金计算利息，对尚未支付的利息也要计算应付利息。

对应计入购建固定资产成本的借款利息，一般在年末和资产交付使用并办理竣工决算时计提入账；如果年内分期支付利息，也可按付息期进行账务处理。

【例 4-5】 雅致电子有限公司向银行借入一笔 2 000 000 元的借款，银行借款利率为 8.2%，借款期限为 4 年，采用单利方式计息。则雅致电子有限公司每年应付的长期借款利息为：

每年的利息 = 本金 × 利率 × 期数 =2 000 000 × 8.2% × 1=164 000（元）

四年利息总额 =164 000 × 4=656 000（元）

四年到期时，雅致电子有限公司需偿还银行的资金总额为：

本利和 =2 000 000+656 000=2 656 000（元）

2. 复利

复利是指不仅对借款的本金计算利息，其前期所发生的利息也要加入本金重复计算利息，也就是根据本金和前期利息之和计算各期利息，俗称“利滚利”。

其计算公式为：

$$本利和 = 本金 \times (1+利率)^{期数}$$

$$利息 = 本利和 - 本金$$

$$= 本金 \times [(1+利率)^{期数} - 1]$$

【例 4-6】 雅致电子有限公司向银行借入一笔到期一次还本付息长期借款 5 000 000 元，年利率为 10%，借款期限为 5 年，采用复利方式计息。见表 4-22。则雅致电子有限公司每年应付的长期借款利息为：

借：银行存款　　5 000 000

　　贷：长期借款——工行深圳龙岗支行——本金　　5 000 000

表 4-22 中国银行 借款凭证

日期：2018 年 1 月 1 日

借款人：雅致电子有限公司　　贷款账号：
借款种类：一般企业流动性资金贷款　　利率：10%

借款用途：材料款
借款合同科目代码：No45653
担保合同科目代码：No9436
借款日期：2018 年 1 月 1 日　　到期日：2022 年 12 月 31 日
金额：人民币伍佰万元整（¥5 000 000 元）　　存款账号：332101909234217689

上述贷款已入借款人账户

中国工商银行深圳市龙岗支行 2018.01.01 业务办讫章

制单：　　复核：

根据上述业务，登记会计凭证，见表 4-23。

表 4-23 收款凭证

附件：× × 张

借方科目：银行存款　　2018 年 1 月 1 日　　银收字第 02 号

摘 要	贷方科目		账页	金额									
	一级科目	二级或明细科目		千	百	十	万	千	百	十	元	角	分
从工行深圳龙岗支行取得长期借款 5 000 000 元	长期借款	工行深圳龙岗支行			5	0	0	0	0	0	0	0	0
合计				¥	5	0	0	0	0	0	0	0	0

会计主管：洪英　　记账：蒋秦　　出纳：张健　　审核：纪明承　　填制：

根据以上会计凭证，登记会计账簿，见表 4-24。

表 4-24　明细分类账簿

会计科目：长期借款
编　　号：2501

2018 年		凭证科目代码	摘　要	对方科目	借　方										贷　方										借或贷	余　额									
月	日				千	百	十	万	千	百	十	元	角	分	千	百	十	万	千	百	十	元	角	分		千	百	十	万	千	百	十	元	角	分
1	1	银收 02	取得长期借款	银行存款												5	0	0	0	0	0	0	0	0	贷		5	0	0	0	0	0	0	0	0

第一年的利息 =5 000 000×10%=500 000（元）

第二年的利息 =（5 000 000+500 000）×10%=550 000（元）

第三年的利息 =（5 000 000+500 000+550 000）×10%=605 000（元）

第四年的利息 =（5 000 000+500 000+550 000+605 000）×10%=665 500（元）

第五年的利息 =（5 000 000+500 000+550 000+605 000+665 500）×10%=732 050（元）

5 年借款利息计提表，见表 4-25。

表 4-25　借款利息计提表

年份	贷款银行	借款金额	年利率	年利息金额
2018	中国工商银行	5 000 000	10%	500 000
2019		5 000 000	10%	550 000
2020		5 000 000	10%	605 000
2021		5 000 000	10%	665 500
2022		5 000 000	10%	732 050
合计		5 000 000		3 052 550

审核　　　　　　　　　　制单

5 年到期时雅致电子有限公司需偿还银行的资金总额为：

本利和 =5 000 000×（1+10%）^{5}=5 000 000×1.610 51=8 052 550（元）

五年利息总额 =8 052 550−5 000 000=3 052 550（元）

=500 000+550 000+605 000+665 500+732 050=3 052 550（元）

还款付息凭证，见表 4-26。

表 4-26　中国银行存（贷）款利息凭证

币种：人民币（本位币）　　2022 年 12 月 31 日　　单位：元

付款人	户名	雅致电子有限公司		收款人	户名	普通长期贷款利息收入
	账号	332101909234217689			账号	211565435678512341
金额				计息账号		211565435678517621
借据科目代码				借据序号		
备注	起息日	止息日	积数		利率	利息
	2018.01.01	2022.12.31			10%	3 052 550
	调整利息：		冲正利息：			

银行章　　经办人

借：长期借款——本金　　5 000 000

　　长期借款——应计利息　　3 052 550

　　贷：银行存款　　8 052 550

根据上述业务，登记会计凭证，见表 4-27。

表 4-27　付款凭证

附件：2 张

贷方科目：银行存款　　2022 年 12 月 31 日　　银付字第 09 号

摘要	借方科目 一级科目	借方科目 二级或明细科目	账页	千	百	十	万	千	百	十	元	角	分
偿还借款本金及利息 8 052 550 元	长期借款——本金	工行龙岗支行			5	0	0	0	0	0	0	0	0
	长期借款——应计利息				3	0	5	2	5	5	0	0	0
合计				¥	8	0	5	2	5	5	0	0	0

会计主管：洪英　　记账：蒋秦　　出纳：张健　　审核：纪明承　　填制：

根据会计凭证，登记账簿，见表 4-28。

表 4-28　明细分类账簿

会计科目：长期借款
编　　号：2001

2022 年		凭证科目代码	摘　要	对方科目	借　方										贷　方										借或贷	余　额									
月	日				千	百	十	万	千	百	十	元	角	分	千	百	十	万	千	百	十	元	角	分		千	百	十	万	千	百	十	元	角	分
			结转上年													5	0	0	0	0	0	0	0	0	贷		5	0	0	0	0	0	0	0	0
12	31	银付 09	偿还本金	银行存款		5	0	0	0	0	0	0	0	0											平								0		

4.2.4 支付利息的核算

应付利息科目按贷款单位和贷款种类进行明细核算。见表 4-29。

表 4-29　应付利息会计科目编码的设置

科目代码	会分类科目（一级科目）	明细分类科目		是否辅助核算	辅助核算类别
		二级科目	三级科目		
2231	应付利息				
223101	应付利息	吸收存款	项目	是	存款人或债权人
223102	应付利息	分期付息到期还本的长期借款	项目	是	存款人或债权人
223103	应付利息	公司债券	项目	是	存款人或债权人
223104	应付利息	其他	项目	是	存款人或债权人

应付利息的账务处理，见表 4-30。

表 4-30　应付利息的账务处理

业务情景	账务处理
资产负债表日，对于分期付息、一次还本的长期借款	借：在建工程 / 制造费用 / 财务费用 / 研发支出 　贷：应付利息 　　　长期借款——利息调整（借或贷）
对于一次还本付息的长期借款	借：在建工程 / 制造费用 / 财务费用 / 研发支出 　贷：长期借款——应计利息 　　　　　　　——利息调整

【例 4-7】 兴达造纸厂借入 5 年期到期还本每年付息的长期借款 9 000 000 元，合同约定年利率为 7%。该企业的会计分录如下：

CHAPTER 4

（1）每年计算确定利息费用时。

借：财务费用　　　　　　　　　　　　630 000

　　贷：应付利息　　　　　　　　　　　　630 000

登记会计凭证，见表 4-31。

表 4-31　转账凭证

附件：2 张

2018 年 1 月 8 日　　　　转字第 008 号

摘要	一级科目	二级或明细科目	账页	借方金额										贷方金额									
				千	百	十	万	千	百	十	元	角	分	千	百	十	万	千	百	十	元	角	分
计提长期借款利息费用	财务费用	利息				6	3	0	0	0	0	0	0										
	应付利息	长期借款														6	3	0	0	0	0	0	0
合计					￥	6	3	0	0	0	0	0	0		￥	6	3	0	0	0	0	0	0

会计主管：洪英　　记账：蒋秦　　出纳：张健　　审核：纪明承　　填制：

企业每年应支付的利息 =9 000 000 × 7%=630 000（元）

（2）每年实际支付利息时。

借：应付利息　　　　　　　　　　　　630 000

　　贷：银行存款　　　　　　　　　　　　630 000

根据上述业务，登记会计凭证，见表 4-32。

表 4-32　付款凭证

附件：1 张

贷方科目：银行存款　　　　2018 年 6 月 30 日　　　　银付字第 012 号

摘要	借方科目		账页	金额									
	一级科目	二级或明细科目		千	百	十	万	千	百	十	元	角	分
支付长期借款利息 630 000 元	应付利息	长期借款				6	3	0	0	0	0	0	0
合计					￥	6	3	0	0	0	0	0	0

会计主管：洪英　　记账：蒋秦　　出纳：张健　　审核：纪明承　　填制：

根据会计凭证，登记账簿，见表 4-33。

表 4-33　明细分类账簿

会计科目：应付利息
编　　号：2231

2018 年		凭证科目代码	摘　要	对方科目	借　方										贷　方										借或贷	余　额									
月	日				千	百	十	万	千	百	十	元	角	分	千	百	十	万	千	百	十	元	角	分		千	百	十	万	千	百	十	元	角	分
1	1	转 008	计提利息	财务费用													6	3	0	0	0	0	0	0	贷			6	3	0	0	0	0	0	0
12	31	银付 12	偿还利息	银行存款			6	3	0	0	0	0	0	0											平								0		

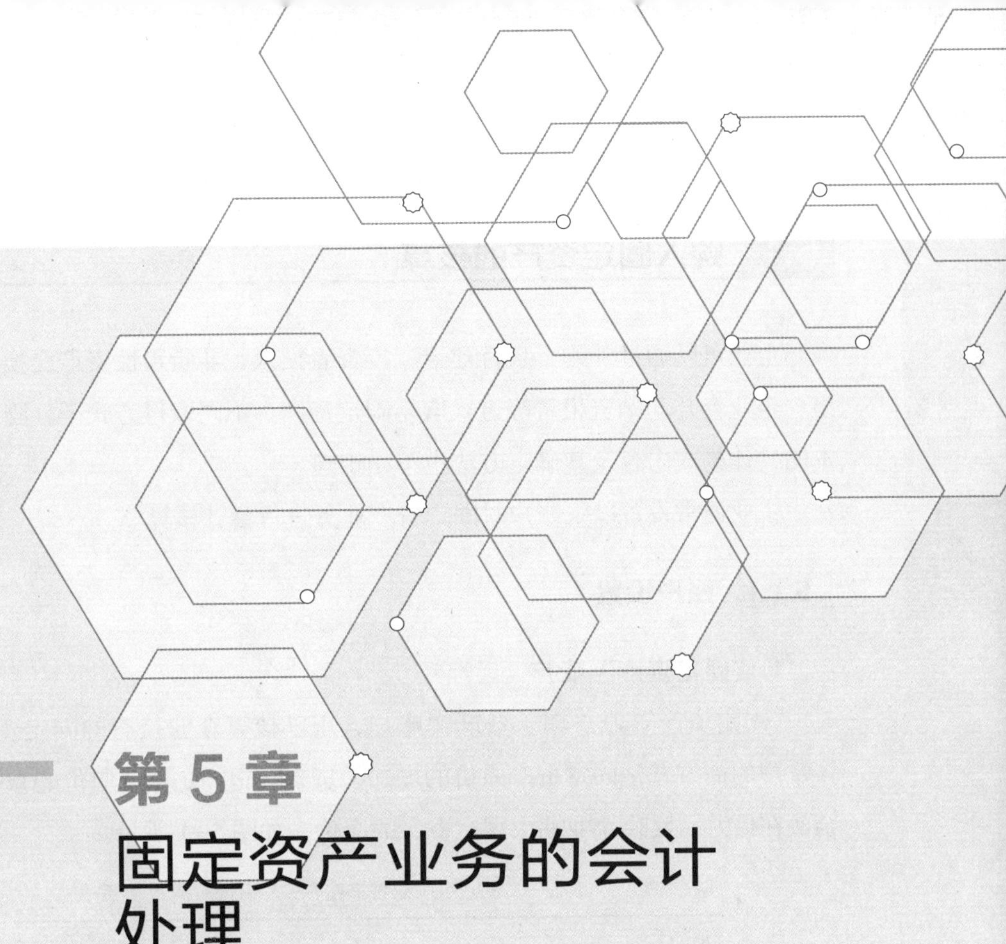

第 5 章 固定资产业务的会计处理

固定资产是指为生产商品、提供劳务、出租或者经营管理而持有、使用寿命超过一个会计年度的有形资产。

固定资产同时具有以下特征：①属于一种有形资产；②为生产商品、提供劳务、出租或者经营管理而持有；③使用寿命超过一个会计年度。

5.1 购入固定资产的核算

企业可以通过外购、自行建造、投资者投入、非货币性资产交换、债务重组、企业合并和融资租赁等方式取得固定资产。不同取得方式下，固定资产成本的具体构成内容及其确定方法也不尽相同。

企业通常设置以下账户对固定资产业务进行会计核算。

5.1.1 账户设置

1.“固定资产”账户

“固定资产”账户属于资产类账户，用以核算企业持有的固定资产原价。该账户的借方登记固定资产原价的增加，贷方登记固定资产原价的减少。期末余额在借方，反映企业期末固定资产的原价。如图 5-1 所示。

借方　　　　　　　固定资产账户	贷方
期初余额	
本期固定资产增加额	本期固定资产减少额
本期借方发生额合计	本期贷方发生额合计
期末余额	

图 5-1 “固定资产”账户结构

2.“累计折旧”账户

“累计折旧”账户属于资产类备抵账户，用以核算企业固定资产计提的累计折旧。

该账户贷方登记按月提取的折旧额，即累计折旧的增加额，借方登记因减少固定资产而转出的累计折旧。期末余额在贷方，反映期末固定资产的累计折旧额。如图 5-2 所示。

借方	累计折旧账户 贷方
	期初余额
本期累计折旧减少额	本期累计折旧增加额
本期借方发生额合计	本期贷方发生额合计
	期末余额

图 5-2 “累计折旧”账户结构

3.“在建工程”账户

“在建工程”账户属于资产类账户，用以核算企业基建、更新改造等在建工程发生的支出。

该账户借方登记企业各项在建工程的实际支出，贷方登记工程达到预定可使用状态时转出的成本等。期末余额在借方，反映企业期末尚未达到预定可使用状态的在建工程的成本。如图 5-3 所示。

购入需安装的固定资产取得成本的基础上加上安装调试成本等，确认固定资产初始成本。先通过“在建工程”科目核算，待安装完毕后达到预定可使用状态，转入“固定资产”科目。

借方	在建工程账户 贷方
期初余额	
本期在建工程增加额	本期在建工程减少额
本期借方发生额合计	本期贷方发生额合计
期末余额	

图 5-3 “在建工程”账户结构

4.“固定资产清理”账户

“固定资产清理”账户是资产类账户，用来核算公司因出售、报废和毁损等原因转入清理的固定资产净值以及在清理过程中所发生的清理费用和清理收入。其借方反映转入清理的固定资产净值以及在清理过程中所发生的清理费用和结转清理收入，贷方反映清理固定资产的变价收入和应由保险公司或过失人承担的损失等。该账户余额一般在借方，表示清理过程中固定资产的损失，清理完毕后应将其贷方或借方余额转入“营业外收入”或“营业外支出”账户。如图 5-4 所示。

借方 固定资产清理账户	贷方
期初余额	
本期固定资产清理增加额	本期固定资产清理减少额
本期借方发生额合计	本期贷方发生额合计
期末余额	

图 5-4 “固定资产清理”账户结构

5.1.2 外购不动产的会计处理

“固定资产”科目一般分为三级，企业除了应设置“固定资产”总账科目，还应设置“固定资产登记簿”和“固定资产卡片”，按固定资产类别、使用部门和每项固定资产进行明细核算。见表 5-1。

表 5-1 固定资产会计科目编码的设置

科目代码	总分类科目（一级科目）	明细分类科目		是否辅助核算	辅助核算类别
		二级明细科目	三级明细科目		
1601	固定资产				
160101	固定资产	房屋及建筑物	项目	是	部门
160102	固定资产	厨房设备	项目	是	部门
160103	固定资产	运输车辆	项目	是	部门
160104	固定资产	办公设备	项目	是	部门
160105	固定资产	电子设备	项目	是	部门
160106	固定资产	融资租入固定资产	项目	是	部门

根据《不动产进项税额分期抵扣暂行办法》规定：增值税一般纳税人（以下称纳税人）2016 年 5 月 1 日后取得并在会计制度上按固定资产核算的不动产，以及 2016 年 5 月 1 日后发生的（财税〔2016〕36 号文件中是“取得”）不动产在建工程，其进项税额应按照本办法有关规定分两年从销项税额中抵

扣，第一年抵扣比例为 60%，第二年抵扣比例为 40%。

取得的不动产，包括以直接购买、接受捐赠、接受投资入股以及抵债等各种形式取得的不动产。

纳税人新建、改建、扩建、修缮、装饰不动产，属于不动产在建工程。

房地产开发企业自行开发的房地产项目，融资租入的不动产，以及在施工现场修建的临时建筑物、构筑物，其进项税额不适用上述分 2 年抵扣的规定。

第一，“不动产”，是指不能移动或者移动后会引起性质、形状改变的财产，包括建筑物、构筑物等。建筑物，包括住宅、商业营业用房、办公楼等可供居住、工作或者进行其他活动的建造物；构筑物，包括道路、桥梁、隧道、水坝等建造物。

第二，“取得”，是指包括以直接购买、接受捐赠、接受投资入股以及抵债等各种形式取得的不动产，并在会计制度上按固定资产核算的不动产，注意这里不包括“自建”。

第三，“固定资产”，是指必须在会计制度上计入固定资产核算的不动产，包括以“固定资产”核算的土地使用权，但是不包括“投资性房地产”，也不包括机器设备等有形动产。

购入资产分期抵扣账务处理，如图 5–5 所示。

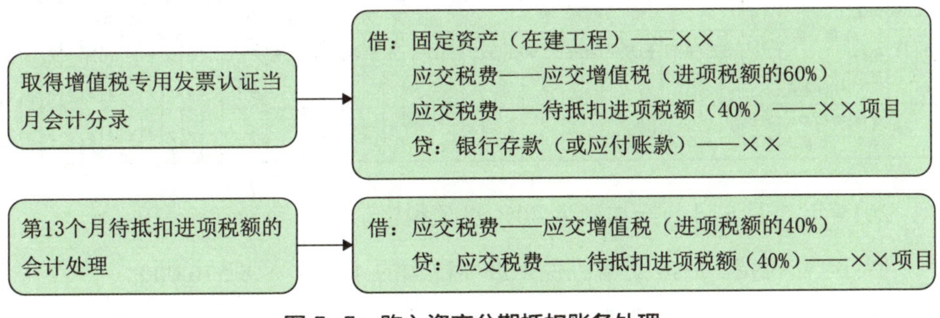

图 5–5　购入资产分期抵扣账务处理

【例 5–1】 新都有限公司是一般纳税人，2018 年 5 月 3 日，以银行存款购入一幢办公大楼，支付买价 134 000 000 元，增值税 21 440 000 元。账务处理如下：

借：固定资产——办公大楼　　134 000 000

　　应交税费——应交增值税（进项税额）　　12 864 000

　　　　　　——待抵扣进项税额　　8 576 000

　　贷：银行存款　　155 440 000

根据上述业务，登记会计凭证，见表 5-2。

表 5-2　付款凭证

附件：× × 张

贷方科目：银行存款　　2018 年 5 月 3 日　　银付字第 010 号

摘　要	借方科目		账页	金　额											
	一级科目	二级或明细科目		十	万	千	百	十	万	千	百	十	元	角	分
购入办公大楼	固定资产	办公大楼			1	3	4	0	0	0	0	0	0	0	0
	应交税费	应交增值税（进项税额）				1	2	8	6	4	0	0	0	0	0
	应交税费	待抵扣进项税额					8	5	7	6	0	0	0	0	0
合计				¥	1	5	5	4	4	0	0	0	0	0	0

会计主管：洪英　　记账：蒋秦　　出纳：张健　　审核：纪明承　　填制：

根据会计凭证，登记账簿，见表 5-3。

表 5-3　明细分类账簿

会计科目：固定资产

编　　号：1601

2018 年		凭证科目代码	摘　要	对方科目	借　方												贷　方												借或贷	余　额											
月	日				十	万	千	百	十	万	千	百	十	元	角	分	十	万	千	百	十	万	千	百	十	元	角	分		十	万	千	百	十	万	千	百	十	元	角	分
			结转上年																										借			4	3	8	8	1	3	4	0	0	0
5	3	银付 010	购入办公大楼	银行存款		1	3	4	0	0	0	0	0	0	0	0													借		1	7	7	8	8	1	3	4	0	0	0

2019 年 5 月 5 日，抵扣剩余 40% 进项税额。

借：应交税费——应交增值税（进项税额的 40%）　　8 576 000

　　贷：应交税费——待抵扣进项税额——办公大楼　　8 576 000

5.1.3　购入需要安装的固定资产

购入需安装的固定资产取得成本的基础上加上安装调试成本等，确认固定资产初始成本。先通过“在建工程”科目核算，待安装完毕后达到预定可使用状态，转入“固定资产”科目。

设置“在建工程”总账科目。在“在建工程”总账科目下按照“建筑工程（自营）”、“建筑工程（出包）”、“安装工程（自营）”、“安装工程（出包）”、“装修工程（自营）”、“装修工程（出包）”等二级科目。见表 5-4。

表 5-4　在建工程会计科目编码的设置

科目代码	总分类科目（一级科目）	明细分类科目		是否辅助核算	辅助核算类别
		二级科目	三级科目		
1604	在建工程				
160401	在建工程	自营工程	建筑工程	是	项目
160402	在建工程	自营工程	安装工程	是	项目
160403	在建工程	自营工程	装修工程	是	项目
160404	在建工程	自营工程	其他	是	项目
160405	在建工程	发包工程	建筑工程	是	项目
160406	在建工程	发包工程	安装工程	是	项目
160407	在建工程	发包工程	装修工程	是	项目
160408	在建工程	发包工程	其他	是	项目

企业购入固定资产时，按实际支付的价款，借记“在建工程”科目，按照可抵扣的增值税进项税额，借记“应交税费——应交增值税（进项税额）”科目，贷记“银行存款”等科目；支付安装费用时，借记“在建工程”科目，贷记“银行存款”等科目；待安装完毕达到预定可使用状态时，按在建工程的累计成本，从“在建工程”科目转入“固定资产”科目，借记“固定资产”科目，贷记“在建工程”科目。

【例 5-2】 2018 年 6 月 1 日，雅致电子有限公司从嘉兴设备厂购入一台需要安装的甲设备，设备买价 30 000 元，增值税 4 800 元，运杂费 550 元（运输公司增值税率为 10%）。按合同约定，设备由供货方安装，安装费 3 000 元。全部款项中买价和增值税尚未支付，其余以用银行存款付讫，设备安装并交付使用。

（1）购入设备时。

采购成本 =30 000+550 ÷ （1+10%）=30 500（元）

运费的进项增值税额 =500 × 10%=50（元）

借：在建工程　　30 500

　　应交税费——应交增值税（进项税额）（4 800+50）　　4 850

　　贷：应付账款　　34 800

　　　　银行存款　　550

根据上述业务，登记会计凭证，见表 5-5、表 5-6。

表 5-5　转账凭证

附件：× × 张

2018 年 6 月 1 日　　转字第 016 号

摘　要	一级科目	二级或明细科目	账页	借方金额									贷方金额								
				百	十	万	千	百	十	元	角	分	百	十	万	千	百	十	元	角	分
购入需要安装的设备	在建工程	甲设备				3	0	0	0	0	0	0									
	应交税费	应交增值税（进项税额）					4	8	0	0	0	0									
	应付账款	嘉兴设备厂													3	4	8	0	0	0	0
合计					¥	3	4	8	0	0	0	0		¥	3	4	8	0	0	0	0

会计主管：洪英　　记账：蒋秦　　出纳：张健　　审核：纪明承　　填制：

表 5-6　付款凭证

附件：× × 张

贷方科目：银行存款　　2018 年 6 月 2 日　　银付字第 014 号

摘　要	借方科目		账页	金　额									
	一级科目	二级或明细科目		千	百	十	万	千	百	十	元	角	分
支付甲设备运费 550 元	在建工程	甲设备							5	0	0	0	0
	应交税费	应交增值税（进项税额）								5	0	0	0
合计								¥	5	5	0	0	0

会计主管：洪英　　记账：蒋秦　　出纳：张健　　审核：纪明承　　填制：

（2）支付安装费用时。

借：在建工程　　3 000

　　贷：银行存款　　3 000

根据上述业务，登记会计凭证，见表 5-7。

表 5-7　付款凭证

附件：× × 张

贷方科目：银行存款　　2018 年 6 月 3 日　　银付字第 015 号

摘　要	借方科目		账页	金　额									
	一级科目	二级或明细科目		千	百	十	万	千	百	十	元	角	分
支付甲设备安装费 3 000 元	在建工程	甲设备						3	0	0	0	0	0
合计							¥	3	0	0	0	0	0

会计主管：洪英　　记账：蒋秦　　出纳：张健　　审核：纪明承　　填制：

（3）2018 年 6 月 26 日，设备安装完毕并交付使用时

借：固定资产——甲设备（30 000+500+3 000）　　33 500

　　贷：在建工程　　33 500

根据上述业务，登记会计凭证，见表 5-8。

表 5-8　转账凭证

附件：× × 张

2018 年 6 月 16 日　　转字第 009 号

摘　要	一级科目	二级或明细科目	账页	借方金额									贷方金额								
				百	十	万	千	百	十	元	角	分	百	十	万	千	百	十	元	角	分
结转设备成本 33 900.90 元	固定资产	甲设备				3	3	5	0	0	0	0									
	在建工程														3	3	5	0	0	0	0
合计					¥	3	3	5	0	0	0	0		¥	3	3	5	0	0	0	0

会计主管：洪英　　记账：蒋秦　　出纳：张健　　审核：纪明承　　填制：

根据上述业务，登记账簿，见表 5-9。

表 5-9 明细分类账簿

会计科目：在建工程
编　　号：1604

2018年		凭证科目代码	摘要	对方科目	借方												贷方												借或贷	余额											
月	日				十	万	千	百	十	万	千	百	十	元	角	分	十	万	千	百	十	万	千	百	十	元	角	分		十	万	千	百	十	万	千	百	十	元	角	分
			结转上年																										借										0		
6	1	转016	购入设备	应付账款						3	0	0	0	0	0	0													借						3	0	0	0	0	0	0
6	2	银付014	结转固定资产	银行存款								5	0	0	0	0													借						3	0	5	0	0	0	0
6	3	银付015	支付安装费	银行存款							3	0	0	0	0	0													借						3	3	0	5	0	0	0
6	2	转009	结转固定资产	固定资产																		3	3	5	0	0	0	0	平										0		

5.2 固定资产累计折旧的核算

固定资产折旧方法可以采用年限平均法、工作量法、双倍余额递减法、年数总和法等。固定资产折旧方法一经确定，不得随意变更。（企业将能分清经营部门的折旧费列入各部门；分不清使用部门的折旧费在管理费用中核算。）

根据财税〔2018〕54 号《关于设备 器具扣除有关企业所得税政策的通知》规定，企业在 2018 年 1 月 1 日至 2020 年 12 月 31 日期间新购进的设备、器具（是指除房屋、建筑物以外的固定资产），单位价值不超过 500 万元的，允许一次性计入当期成本费用在计算应纳税所得额时扣除，不再分年度计算折旧；单位价值超过 500 万元的，仍按《企业所得税法实施条例》《财政部 国家税务总局关于完善固定资产加速折旧企业所得税政策的通知》（财税〔2014〕75 号）、《财政部 国家税务总局关于进一步完善固定资产加速折旧企业所得税政策的通知》（财税〔2015〕106 号）等相关规定执行。

累计折旧账户可按“建筑工程”“安装工程”“在安装设备”“待摊支出”以及单项工程等进行明细核算。科目的具体设置，见表 5-10。

表 5-10　累计折旧会计科目编码的设置

科目代码	总分类科目（一级科目）	明细分类科目		是否辅助核算	辅助核算类别
		二级科目	三级科目		
1602	累计折旧				
160201	累计折旧	房屋及建筑物	项目	是	部门
160202	累计折旧	机器设备	项目	是	部门
160203	累计折旧	运输设备	项目	是	部门
160204	累计折旧	办公设备	项目	是	部门
160205	累计折旧	电子设备	项目	是	部门
160206	累计折旧	其他	项目	是	部门

5.2.1 年限平均法

年限平均法又称直线法，是将固定资产的应计折旧额在固定资产使用寿命内平均分摊到各期的一种方法。采用这种方法各期计算的折旧额相等。年限平均法的计算公式如下：

年折旧率 =（1− 预计净残值率）÷ 规定使用年限 ×100%

月折旧率 = 年折旧率 ÷12

月折旧额 = 固定资产原值 × 月折旧率

【例 5-3】 某企业有一台设备，原值为 300 000 元，预计可使用 10 年，按照有关规定，该设备报废时的净残值率为 2%。该设备的折旧率和折旧额计算如下：

年折旧率 =（1−2%）÷10×100%=9.8%

月折旧率 =9.8%÷12≈0.82%

月折旧额 =300 000×0.82%=2 460（元）

5.2.2 工作量法

工作量法是将固定资产的应计提折旧额，在固定资产的使用寿命内按各期完成的工作量进行分摊的一种方法。工作量法的计算公式如下：

单位工作量折旧率 = 固定资产原值 ×（1− 净残值率）÷ 预计总工作量

某项固定资产月折旧额 = 该项固定资产当月工作量 × 单位工作量折旧率

【例 5-4】 久久大饭店购入一辆汽车，原值 240 000 元，预计总行驶 250 000 千米，预计净残值率为 5%。该汽车本月实际行驶 5 000 千米，本月折旧计算如下：

每公里折旧率 =240 000 ×（1−5%）÷ 250 000=0.91（元 / 千米）

本月折旧额 =5 000 × 0.91=4 550（元）

5.2.3 双倍余额递减法

双倍余额递减法是指在不考虑固定资产预计净残值的情况下，根据每期期初固定资产原价减去累计折旧后的金额和双倍的直线法折旧率计算固定资产折旧的一种方法。计算公式如下：

年折旧率 =2 ÷ 预计使用年限 × 100%

月折旧率 = 年折旧率 ÷ 12

月折旧额 = 每月月初固定资产账面净值 × 月折旧率

【例 5-5】 小久矿山制造厂购入一台设备，原值为 380 000 元，预计使用年限为 5 年，预计净残值 5 000 元，采用双倍余额递减法计提折旧。

年折旧率 =2 ÷ 5 × 100%=40%

第一年折旧额 =380 000 × 40%=152 000（元）

第二年折旧额 =（380 000−152 000）× 40%=91 200（元）

第三年折旧额 =（380 000−152 000−91 200）× 40%=54 720（元）

第四年折旧额 =（380 000−152 000−91 200−54 720）÷ 2=41 040（元）

第五年折旧额 =（380 000−152 000−91 200−54 720）÷ 2=41 040（元）

注意：为简化计算，每年各月折旧额可根据年折旧额除以 12 个月计算。

5.2.4 年数总和法

年数总和法又称年限合计法，是指将固定资产的原值减去预计净残值后的余额，乘以一个以固定资产尚可使用寿命为分子、以预计使用寿命逐年数字之和为分母的逐年递减的分数计算每年的折旧额。计算公式如下：

年折旧率 = 尚可使用年限 ÷ 预计使用寿命的年数总和 ×100%

月折旧率 = 年折旧率 ÷12

月折旧额 =（固定资产原价 − 预计净残值）× 月折旧率

【例 5-6】 新天地有限公司一项机器设备原值为 440 000 元，预计使用年限为 4 年，预计净残值 5 000 元，采用年数总和法计提折旧。

第一年折旧额 =（440 000−5 000）×4 ÷ 10=174 000（元）

第二年折旧额 =（440 000−5 000）×3 ÷ 10=130 500（元）

第三年折旧额 =（440 000−5 000）×2 ÷ 10=87 000（元）

第四年折旧额 =（440 000−5 000）×1 ÷ 10=43 500（元）

5.2.5 固定资产折旧的实例核算

固定资产按月计提折旧，企业通过编制“固定资产折旧计算表”作为固定资产折旧账务处理的依据，每月计提折旧时，可以在上月计提的折旧额的基础上，根据上月固定资产的增减变动情况调整计算出当月应计提的折旧额，计算方法如下：

当月应计提折旧额 = 上月计提的折旧额 + 上月增加固定资产应计提的折旧额 − 上月减少固定资产应计提的折旧额

每月计提的折旧额应按固定资产用途计入相关资产的成本或者当期损益费用。

固定资产应当按月计提折旧，计提的折旧应通过“累计折旧”科目核算，并根据用途计入相关资产的成本或者当期损益。见表 5-11。

表 5-11　固定资产折旧

形　式	记入科目
企业自行建造固定资产过程中使用的固定资产	计提的折旧计入在建工程成本
基本生产车间	计提的折旧应计入制造费用
管理部门	计提的折旧应计入管理费用

续上表

形　式	记入科目
销售部门	计提的折旧应计入销售费用
经营租出的固定资产	计提的折旧应计入其他业务成本

【例 5-7】 新华联商场 2018 年 2 月 28 日编制的固定资产折旧计算表，见表 5-12。

表 5-12　固定资产折旧计算表

使用部门	上月折旧额	上月增加固定资产应提折旧额	上月减少固定资产应提折旧额	本月折旧额
卖场	97 400	20 900	19 000	99 300
行政管理部门	34 000	9 780	6 700	37 080
经营性租出	20 120	3 500	6 000	17 620
合计	151 520	34 180	31 700	154 000

借：销售费用——卖场　　　　99 300

　　管理费用　　　　37 080

　　其他业务成本　　　　17 620

　　贷：累计折旧　　　　154 000

登记会计凭证，见表 5-13。

表 5-13　转账凭证

2018 年 2 月 28 日　　　　转字第 011 号

摘　要	会计科目	借方金额										贷方金额										记账
		千	百	十	万	千	百	十	元	角	分	千	百	十	万	千	百	十	元	角	分	
计提各部门折旧费用	销售费用——卖场				9	9	3	0	0	0	0											
	管理费用				3	7	0	8	0	0	0											
	其他业务成本				1	7	6	2	0	0	0											
	累计折旧													1	5	4	0	0	0	0	0	
合计			￥	1	5	4	0	0	0	0	0		￥	1	5	4	0	0	0	0	0	

会计主管：洪英　　记账：蒋秦　　出纳：张健　　审核：纪明承　　填制：

根据会计凭证，登记账簿，见表 5-14。

表 5-14　明细分类账簿

会计科目：累计折旧
编　　号：1602

2018 年		凭证科目代码	摘要	借方												贷方												借或贷	余额											
月	日			十	万	千	百	十	万	千	百	十	元	角	分	十	万	千	百	十	万	千	百	十	元	角	分		十	万	千	百	十	万	千	百	十	元	角	分
2	1		期初余额																									贷					1	8	2	6	4	0	0	0
2	28	转字 011	计提折旧																	1	5	4	0	0	0	0	0	贷					3	3	6	6	4	0	0	0
2	28		本月合计																	1	5	4	0	0	0	0	0	贷					3	3	6	6	4	0	0	0

5.3 固定资产减值的核算

资产负债表日，固定资产可收回金额低于其账面价值的，企业应将该固定资产的账面价值减记至可收回金额，同时确认为资产减值损失，计提固定资产减值准备。固定资产减值损失一经确认，在以后会计期间不得转回。账务处理如图 5-6 所示。

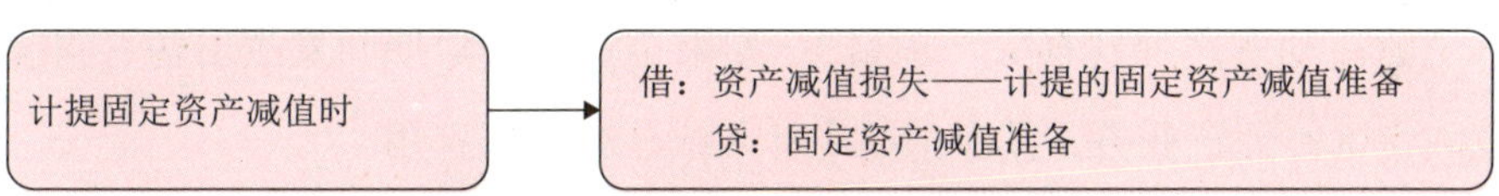

图 5-6　固定资产减值的账务处理

账面净值 = 固定资产的折余价值 = 固定资产原价 − 计提的累计折旧

账面价值 = 固定资产的账面原价 − 计提的累计折旧 − 计提的减值准备

【例 5-8】 江阳商业大厦 2016 年 12 月购入设备价值 886 000 元，预计使用 5 年，预计净残值 5 400 元，采用年限平均法计提折旧。2018 年末清查时发现，该设备市价大幅度下跌且近期内无望恢复。经计算该设备可回收金额为 256 900 元，此前未计提过减值准备。

已计提折旧额 =（886 000−5 400）÷ 5 × 2=352 240（元）

2018 年末应计提固定资产减值准备 =（886 000−352 240）−256 900=276 860（元）

借：资产减值损失——固定资产减值损失　　276 860

　　贷：固定资产减值准备　　276 860

自 2019 年起，每年计提折旧额应调整为（276 860−5 400）÷3=90 487（元）。

5.4 固定资产的处置

所谓固定资产处置，通常就是指企业固定资产的出售和对报废、毁损固定资产的处理。此外，企业因对外投资、非货币性资产交换、债务重组等原因转出固定资产，也属于固定资产处置。

5.4.1 固定资产清理账户设置

企业对出售、报废或毁损的固定资产，应设置“固定资产清理”账户进行核算。出售、报废和毁损固定资产所得净收益，应计入营业外收入（“非流动资产处置利得”项目），如为净损失应计入营业外支出（属于正常的处理损失，计入“非流动资产处置损失”项目）。如果企业在筹建期间发生出售、报废和毁损固定资产处置业务，其净损益应计入或冲减管理费用。

固定资产清理科目具体设置，见表 5-15。

表 5-15　固定资产清理会计科目编码的设置

科目代码	总分类科目（一级科目）	明细分类科目		是否辅助核算	辅助核算类别
		二级科目	三级科目		
1606	固定资产清理				
160601	固定资产清理	房屋及建筑物	项目	是	部门
160602	固定资产清理	机器设备	项目	是	部门
160603	固定资产清理	运输设备	项目	是	部门
160604	固定资产清理	办公设备	项目	是	部门
160605	固定资产清理	电子设备	项目	是	部门
160606	固定资产清理	其他	项目	是	部门

5.4.2 固定资产清理的账务处理

固定资产清理的账务处理，见表 5-16。

表 5-16　固定资产清理的账务处理

财务情况		账务处理
企业因出售、转让、报废和毁损等原因处置固定资产		借：固定资产清理 累计折旧 固定资产减值准备 贷：固定资产
收回出售固定资产的价款、残料价值和变价收入等		借：银行存款、原材料等科目 贷：固定资产清理
应由保险公司或过失人赔偿的损失		借：其他应收款 贷：固定资产清理
若是有使用价值或具有一定商业目的	净收益	借：固定资产清理 贷：资产处置损益
	净损失	借：资产处置损益 贷：固定资产清理
固定资产清理完成后，本科目的借方余额	属于筹建期间的	借：管理费用 贷：固定资产清理
	属于生产经营期间由于自然灾害等非正常原因造成的损失	借：营业外支出——非常损失 贷：固定资产清理
	属于生产经营期间正常的处理损失	借：营业外支出——处置非流动资产损失 贷：固定资产清理
固定资产清理完成后，本科目的贷方余额	属于筹建期间的	借：固定资产清理 贷：管理费用
	属于生产经营期间的	借：固定资产清理 贷：营业外收入——处置非流动资产利得

【例 5-9】 2019 年 1 月 1 日，雅致电子有限公司有一辆汽车报废，原值为 460 000 元，已计提折旧 250 000 元，转入清理。

（1）经批准报废清理时，登记会计凭证，见表 5-17。

借：固定资产清理　　210 000

　　累计折旧　　250 000

　　贷：固定资产　　460 000

表 5-17 转账凭证

2019 年 1 月 1 日　　　　转字第 028 号

摘　要	会计科目	借方金额										贷方金额										记账
		千	百	十	万	千	百	十	元	角	分	千	百	十	万	千	百	十	元	角	分	
2019 年 1 月 1 日，结转固定资产清理费用	固定资产清理			2	1	0	0	0	0	0	0											
	累计折旧			2	5	0	0	0	0	0	0											
	固定资产													4	6	0	0	0	0	0	0	
合计			¥	4	6	0	0	0	0	0	0		¥	4	6	0	0	0	0	0	0	

会计主管：洪英　　记账：蒋秦　　出纳：张健　　审核：纪明承　　填制：

（2）以银行存款支付清理费 2 300 元。登记会计凭证，见表 5-18。

借：固定资产清理　　2 300

　　贷：银行存款　　2 300

表 5-18 付款凭证

贷方科目：银行存款　　2019 年 1 月 1 日　　银付字第 028 号

摘　要	借方科目	金额									
		千	百	十	万	千	百	十	元	角	分
2019 年 1 月 1 日，以银行存款支付清理费用	固定资产清理					2	3	0	0	0	0
合计					¥	2	3	0	0	0	0

会计主管：洪英　　记账：蒋秦　　出纳：张健　　审核：纪明承　　填制：

（3）收回残料价值 21 500 元，残料变价收入 65 000 元。登记会计凭证，见表 5-19、表 5-20。

借：银行存款　　65 000

　　原材料　　21 500

贷：固定资产清理　　　　　　　　　　　　　　86 500

表 5-19　收账凭证

附件：2 张

借方科目：银行存款　　　　2019 年 1 月 4 日　　　　银收字第 029 号

摘　要	贷方科目	金额										记账
		千	百	十	万	千	百	十	元	角	分	
2019 年 1 月 4 日，收回残料及变卖残料的价款	固定资产清理				6	5	0	0	0	0	0	
合计				¥	6	5	0	0	0	0	0	

会计主管：洪英　　记账：蒋秦　　出纳：张健　　审核：纪明承　　填制：

表 5-20　转账凭证

附件：1 张

2019 年 1 月 4 日　　　　转字第 029 号

摘要	一级科目	二级或明细科目	账页	借方金额									贷方金额								
				百	十	万	千	百	十	元	角	分	百	十	万	千	百	十	元	角	分
2019 年 1 月 4 日，收回残料及变卖残料的价款	原材料					2	1	5	0	0	0	0									
	固定资产清理														2	1	5	0	0	0	0
合计					¥	2	1	5	0	0	0	0		¥	2	1	5	0	0	0	0

会计主管：洪英　　记账：蒋秦　　出纳：张健　　审核：纪明承　　填制：

结转清理净损失，登记会计凭证，见表 5-21。

210 000+2 300−86 500=125 800（元）

借：营业外支出——非流动资产处置损失　　　　125 800

　　贷：固定资产清理　　　　　　　　　　　　　125 800

表 5-21 转账凭证

2019 年 1 月 10 日　　　　转字第 029 号

摘　要	会计科目	借方金额										贷方金额										记账
		千	百	十	万	千	百	十	元	角	分	千	百	十	万	千	百	十	元	角	分	
2018 年 1 月 10 日，固定清理费用转入营业外支出	营业外支出 / 非流动资产处置损失			1	2	5	8	0	0	0	0											
	固定资产清理													1	2	5	8	0	0	0	0	
合计			￥	1	2	5	8	0	0	0	0		￥	1	2	5	8	0	0	0	0	

会计主管：洪英　　记账：蒋秦　　出纳：张健　　审核：纪明承　　填制：

根据会计凭证，登记账簿，见表 5-22。

表 5-22 明细分类账簿

会计科目：固定资产清理
编　　号：1606

2019 年		凭证科目代码	摘　要	对方科目	借　方										贷　方										借或贷	余　额									
月	日				千	百	十	万	千	百	十	元	角	分	千	百	十	万	千	百	十	元	角	分		千	百	十	万	千	百	十	元	角	分
1	1	转 028	结转固定资产清理	固定资产			2	1	0	0	0	0	0	0											借			2	1	0	0	0	0	0	0
1	1	银付 28	支付清理费用	银行存款					2	3	0	0	0	0											借			2	1	2	3	0	0	0	0
1	4	银收 029	变卖残料收入	银行存款														8	6	5	0	0	0	0	贷			1	2	5	8	0	0	0	0
1	10	转 029	转清理净损失	营业外支出													1	2	5	8	0	0	0	0	平								0		
			本月合计				2	1	2	3	0	0	0	0			2	1	2	3	0	0	0	0	平								0		

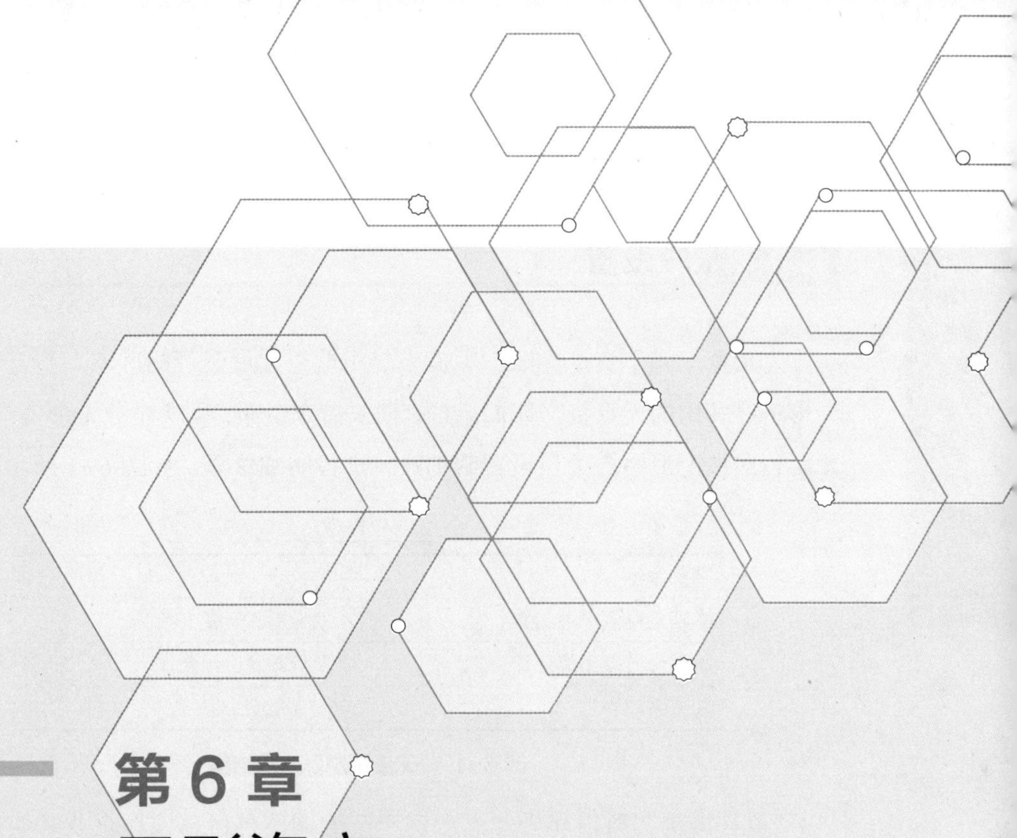

第 6 章 无形资产

无形资产，是指企业为生产商品或者提供劳务、出租给他人，或为管理目的而持有的、没有实物形态的非货币性长期资产。企业设置无形资产科目以核算企业持有的无形资产成本，包括专利权、非专利技术、商标权、著作权、土地使用权等。

无形资产同时满足下列条件的，才能予以确认。

（1）与该无形资产有关的经济利益很可能流入企业。

（2）该无形资产的成本能够可靠地计量。

6.1 账户设置

无形资产属于资产类账户，借方登记取得无形资产的成本，贷方登记出售无形资产转出的无形资产账面余额，期末借方余额，反映企业无形资产的成本。本科目应按无形资产项目设置明细账，进行明细核算。如图 6–1 所示。

借方 无形资产账户	贷方
期初余额	
本期无形资产增加额	本期无形资产减少额
本期借方发生额合计	本期贷方发生额合计
期末余额	

图 6–1 “无形资产”账户结构

“累计摊销”科目属于“无形资产”的调整科目，核算企业对使用寿命有限的无形资产计提的累计摊销，贷方登记企业计提的无形资产摊销，借方登记处置无形资产转出的累计摊销，期末贷方余额，反映企业无形资产的累计摊销额。如图 6–2 所示。

借方 累计摊销账户	贷方
	期初余额
本期累计摊销减少额	本期累计摊销增加额
本期借方发生额合计	本期贷方发生额合计
	期末余额

图 6–2 “累计摊销”账户结构

6.2 取得无形资产的核算

无形资产科目的设置，见表 6–1。

表 6-1　无形资产会计科目编码的设置

科目代码	总分类科目（一级科目）	明细分类科目		是否辅助核算	辅助核算类别
		二级科目	三级科目		
1701	无形资产				
170101	无形资产	土地使用权	项目	是	部门
170102	无形资产	著作权	项目	是	部门
170103	无形资产	商标权	项目	是	部门
170104	无形资产	非专利技术	项目	是	部门
170105	无形资产	特许使用权	项目	是	部门
170106	无形资产	其他	项目	是	部门

【例 6-1】 2017 年 1 月 1 日，亚龙科技有限公司开始自行研究开发一项新技术，截至当年年末该项目研究各项工作已经完成，共发生 215 400 元（假定均以银行存款支付）。2018 年 1 月进入开发阶段，共发生 596 000 元，并符合开发支出予以资本化的条件，其中材料费用 320 000 元、研发人员薪酬 189 000 元、以银行存款支付相关费用 87 000 元。2018 年 3 月末，研发的新技术达到预定使用用途，形成一项非专利技术，确认为企业的无形资产。

（1）2017 年 12 月 30 日，项目研发阶段发生的支出。

借：研发支出——费用化支出　　215 400

　　贷：银行存款　　215 400

根据上述业务，登记会计凭证，见表 6-2。

表 6-2　付款凭证

附件：5 张

贷方科目：银行存款　　2017 年 12 月 30 日　　银付字第 013 号

摘　要	借方科目		账页	金　额									
	一级科目	二级或明细科目		千	百	十	万	千	百	十	元	角	分
支付研制无形资产发生的费用	研发支出	费用化支出				2	1	5	4	0	0	0	0
合计					¥	2	1	5	4	0	0	0	0

会计主管：洪英　　记账：蒋秦　　出纳：张健　　审核：纪明承　　填制：

（2）2017 年 12 月 30 日，结转项目费用化支出。

借：管理费用　　　　　　　　　　　　　　　　215 400

　　贷：研发支出——费用化支出　　　　　　　　　　215 400

根据上述业务，登记会计凭证，见表 6–3。

表 6–3　转账凭证

附件：× × 张

2017 年 12 月 30 日　　　　转字第 011 号

摘　要	一级科目	二级或明细科目	账页	借方金额									贷方金额								
				百	十	万	千	百	十	元	角	分	百	十	万	千	百	十	元	角	分
结转无形资产费用化支出	管理费用	工资			2	1	5	4	0	0	0	0									
	研发支出	费用化												2	1	5	4	0	0	0	0
合计				￥	2	1	5	4	0	0	0	0	￥	2	1	5	4	0	0	0	0

会计主管：洪英　　记账：蒋秦　　出纳：张健　　审核：纪明承　　填制：

（3）2018 年 2 月 5 日，项目开发阶段发生的、符合资本化条件的支出。

借：研发支出——资本化支出　　　　　　　　　　596 000

　　贷：原材料　　　　　　　　　　　　　　　　　　320 000

　　　　应付职工薪酬　　　　　　　　　　　　　　　189 000

　　　　银行存款　　　　　　　　　　　　　　　　　87 000

根据上述业务，登记会计凭证，见表 6–4、表 6–5。

表 6–4　转账凭证

附件：× × 张

2018 年 2 月 16 日　　　　转字第 009 号

摘　要	一级科目	二级或明细科目	账页	借方金额									贷方金额								
				百	十	万	千	百	十	元	角	分	百	十	万	千	百	十	元	角	分
结转无形资产 509 000 元	研发支出	资本化支出			5	0	9	0	0	0	0	0									
	原材料													3	2	0	0	0	0	0	0
	应付职工薪酬	工资												1	8	9	0	0	0	0	0

续上表

摘　要	一级科目	二级或明细科目	账页	借方金额									贷方金额								
				百	十	万	千	百	十	元	角	分	百	十	万	千	百	十	元	角	分
合计				¥	5	0	9	0	0	0	0	0	¥	5	0	9	0	0	0	0	0

会计主管：洪英　　记账：蒋秦　　出纳：张健　　审核：纪明承　　填制：

表 6-5　付款凭证

附件：1 张

贷方科目：银行存款　　2018 年 6 月 30 日　　银付字第 017 号

摘　要	借方科目		账页	金　额									
	一级科目	二级或明细科目		千	百	十	万	千	百	十	元	角	分
结转无形资产 87 000 元	研发支出	资本化支出					8	7	0	0	0	0	0
合计						¥	8	7	0	0	0	0	0

会计主管：洪英　　记账：蒋秦　　出纳：张健　　审核：纪明承　　填制：

（4）2018 年 3 月 31 日，研究开发的新技术达到预定用途。

借：无形资产——非专利技术　　596 000

　　贷：研发支出——资本化支出　　596 000

根据上述业务，登记会计凭证，见表 6-6。

表 6-6　转账凭证

附件：2 张

2018 年 3 月 31 日　　转字第 018 号

摘　要	一级科目	二级或明细科目	账页	借方金额									贷方金额								
				百	十	万	千	百	十	元	角	分	百	十	万	千	百	十	元	角	分
结转无形资产 596 000 元	无形资产				5	9	6	0	0	0	0	0									
	研发支出	资本化支出												5	9	6	0	0	0	0	0

续上表

摘　要	一级科目	二级或明细科目	账页	借方金额									贷方金额								
				百	十	万	千	百	十	元	角	分	百	十	万	千	百	十	元	角	分
合计				¥	5	9	6	0	0	0	0	0	¥	5	9	6	0	0	0	0	0

会计主管：洪英　　记账：蒋秦　　出纳：张健　　审核：纪明承　　填制：

根据会计凭证，登记账簿，见表 6-7。

表 6-7　明细分类账簿

会计科目：无形资产
编　　号：1701

2018年		凭证科目代码	摘　要	对方科目	借　方										贷　方										借或贷	余　额									
月	日				千	百	十	万	千	百	十	元	角	分	千	百	十	万	千	百	十	元	角	分		千	百	十	万	千	百	十	元	角	分
			结转上年																						借		2	1	4	0	0	0	0	0	0
3	31	转18号	结转无形资产成本	研发支出			5	9	6	0	0	0	0	0											借		2	7	3	6	0	0	0	0	0

6.3 无形资产的摊销

企业应当按月对无形资产进行摊销。

无形资产的摊销额一般应当计入当期损益。企业自用的无形资产，其摊销金额计入管理费用，出租的无形资产，其摊销金额计入其他业务成本，某项无形资产包含的经济利益通过所生产的产品或其他资产实现的，其摊销金额应当计入相关资产成本。如图 6-3 所示。

账面净值 = 账面余额 − 累计摊销

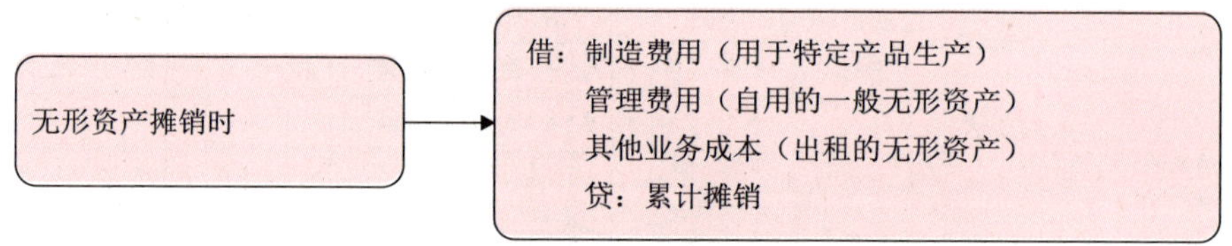

图 6-3　无形资产摊销的账务处理

【例 6-2】 2018 年 1 月 26 日，经典软件有限公司从其他公司购入一项商标权，以银行存款支付买价和有关费用合计 319 800 元。估计该项商标权的使用寿命为 10 年。假定这项无形资产的净残值均为零，并按直线法摊销。

假定按年进行摊销时：

借：管理费用（319800 ÷ 10）　　　　31 980

　贷：累计摊销　　　　　　　　　　　　31 980

根据上述业务，登记会计凭证，见表 6-8。

表 6-8　转账凭证

附件：　张

2018 年 1 月 31 日　　　　转字第 020 号

摘　要	一级科目	二级或明细科目	账页	借方金额									贷方金额								
				百	十	万	千	百	十	元	角	分	百	十	万	千	百	十	元	角	分
计提商标权摊销	管理费用	摊销				3	1	9	8	0	0	0									
	累计摊销														3	1	9	8	0	0	0
合计					¥	3	1	9	8	0	0	0		¥	3	1	9	8	0	0	0

会计主管：洪英　　记账：蒋秦　　出纳：张健　　审核：纪明承　　填制：

根据会计凭证，登记账簿，见表 6-9。

表 6-9　明细分类账簿

会计科目：累计摊销

编　　号：1702

2018 年		凭证科目代码	摘　要	对方科目	借　方										贷　方										借或贷	余　额									
月	日				千	百	十	万	千	百	十	元	角	分	千	百	十	万	千	百	十	元	角	分		千	百	十	万	千	百	十	元	角	分
1	31	转 020	计提商标权摊销	管理费用														3	1	9	8	0	0	0	贷				3	1	9	8	0	0	0

6.4 无形资产的处置

企业报废无形资产，应将所得价款与该项无形资产的账面价值之间的差额，计入当期损益（营业外收入或营业外支出）。如图 6-4 所示。

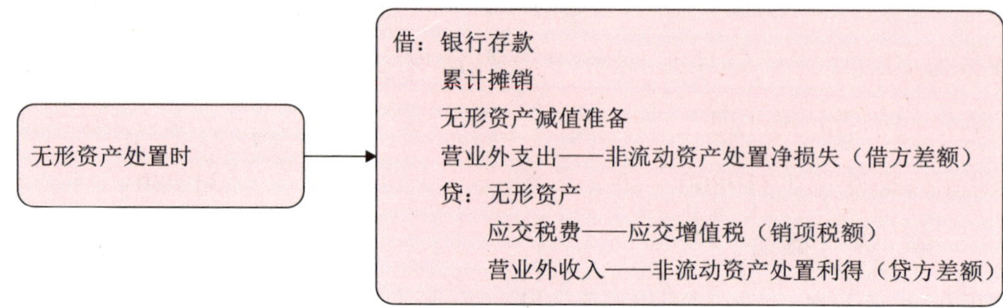

图 6-4 无形资产的处置账务处理

若是出售无形资产，计入资产处置损益。

借：资产处置损益（或贷）

　　贷：固定资产清理（或借）

【例 6-3】 经典软件有限公司拥有 A 专利技术，根据市场调查，因用这项专利技术生产的产品已没有市场，决定应予转销。转销时，该项专利技术的账面余额为 896 400 元，摊销期限为 10 年，采用直线法进行摊销，已累计摊销 514 900 元，假定该项专利权的残值为零，已累计计提的减值准备为 265 000 元，假定不考虑其他相关因素。

借：累计摊销　　514 900

　　无形资产减值准备　　265 000

　　营业外支出——处置非流动资产损失　　116 500

　　贷：无形资产——专利权　　896 400

根据上述业务，登记会计凭证，见表 6-10。

表 6-10 转账凭证

附件：4 张

2018 年 2 月 16 日　　转字第 023 号

摘 要	一级科目	二级或明细科目	账页	借方金额									贷方金额								
				百	十	万	千	百	十	元	角	分	百	十	万	千	百	十	元	角	分
转销无形资产账面价值	累计摊销				5	1	4	9	0	0	0	0									

续上表

摘　要	一级科目	二级或明细科目	账页	借方金额									贷方金额								
				百	十	万	千	百	十	元	角	分	百	十	万	千	百	十	元	角	分
	无形资产减值准备				2	6	5	0	0	0	0	0									
	营业外支出	处置非流动性资产损失			1	1	6	5	0	0	0	0									
	无形资产	专利权												8	9	6	4	0	0	0	0
合计				￥	8	9	6	4	0	0	0	0	￥	8	9	6	4	0	0	0	0

会计主管：洪英　　记账：蒋秦　　出纳：张健　　审核：纪明承　　填制：

根据会计凭证，登记账簿，见表6-11。

表6-11　明细分类账簿

会计科目：无形资产

编　　号：1701

2018年		凭证科目代码	摘　要	对方科目	借　方										贷　方										借或贷	余　额									
月	日				千	百	十	万	千	百	十	元	角	分	千	百	十	万	千	百	十	元	角	分		千	百	十	万	千	百	十	元	角	分
1	26	转023	转销无形资产	累计摊销等													8	9	6	4	0	0	0	0	贷			8	9	6	4	0	0	0	0

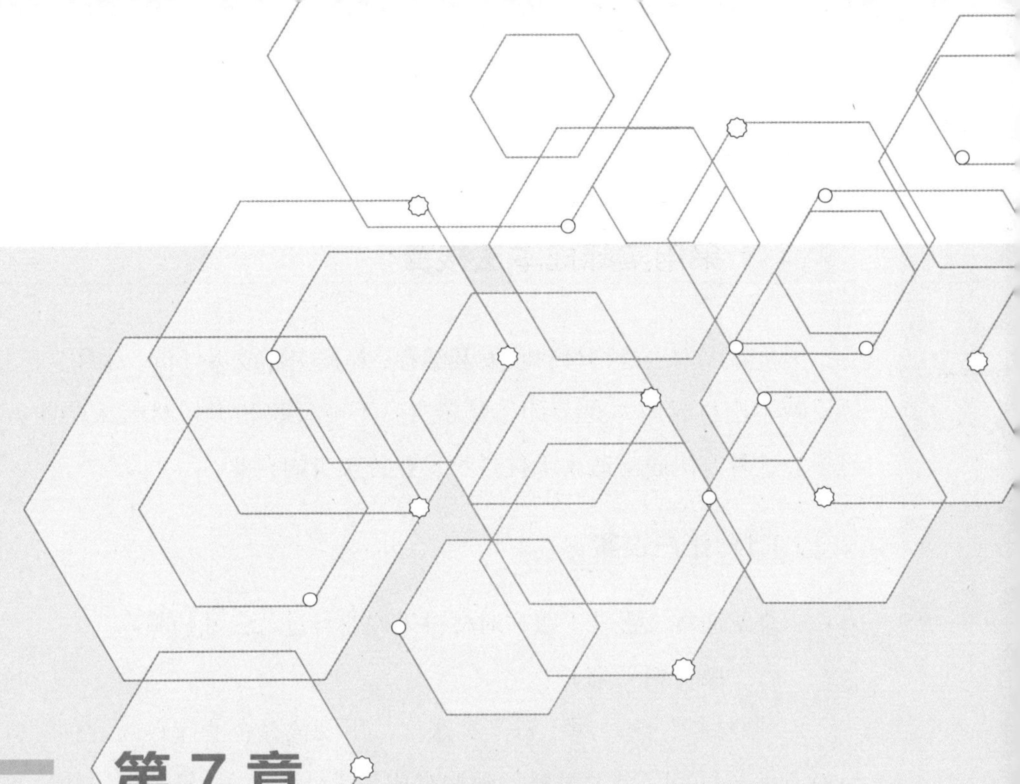

第 7 章 材料采购业务的会计处理

材料的采购成本是指企业物资从采购到入库前所发生的全部支出，包括购买价款、相关税费、运输费、装卸费、保险费以及其他可归属于采购成本的费用。在实务中，企业也可以将发生的运输费、装卸费、保险费以及其他可归属于采购成本的费用等先进行归集。期末，按照所购材料的存销情况进行分摊。

7.1 采用实际成本法核算

实际成本法是指材料收发及结存，均按实际成本计价。采用实际成本核算，反映不出材料成本是节约还是超支，不能反映和考核材料采购业务的经营成果。这种方法通常适用于材料收发业务较少的企业。

7.1.1 账户设置

企业通常设置以下账户对材料采购业务进行会计核算。

1.“原材料”账户

“原材料”账户属于资产类账户，用以核算企业库存的各种材料，包括原料及主要材料、辅助材料、外购半成品（外购件）、修理用备件（备品备件）、包装材料、燃料等的计划成本或实际成本。企业收到来料加工装配业务的原料、零件等，应当设置备查簿进行登记。

“原材料”科目的借方用于核算已办验收入库材料的实际成本；贷方用于核算发出材料的实际成本；期末借方余额为库存原材料的实际成本。账户结构如图 7-1 所示。

借方	原材料账户　　　　贷方
期初余额	
本期原材料增加额	本期原材料减少额
本期借方发生额合计	本期贷方发生额合计
期末余额	

图 7-1 “原材料”账户结构

2.“在途物资”账户

“在途物资”属于资产类账户，用以核算企业采用实际成本（或进价）进行材料、商品等物资的日常核算、货款已付尚未验收入库的在途物资的采购成本。

“在途物资”账户借方登记购入材料、商品等物资的买价和采购费用（采购实际成本），贷方登记已验收入库材料、商品等物资应结转的实际采购成本。期末余额在借方，反映企业期末在途材料、商品等物资的采购成本。账户结构如图 7–2 所示。

借方　　在途物资账户	贷方
期初余额	
本期在途物资增加额	本期在途物资减少额
本期借方发生额合计	本期贷方发生额合计
期末余额	

图 7–2 “在途物资”账户结构

7.1.2 取得原材料的账务处理

材料按实际成本法核算时，材料的收发与结存，均按实际成本计价。应设置“原材料”“在途物资”会计科目。

原材料账户可按材料的保管地点（仓库）、材料的类别、品种和规格等进行明细核算。见表 7–1。

表 7–1　原材料会计科目编码的设置

科目代码	总分类科目（一级科目）	明细分类科目		是否辅助核算	辅助核算类别
		二级科目	三级科目		
1403	原材料				
140301	原材料	原料及主要材料	品种和规格	是	按存放地点
140302	原材料	辅助材料	品种和规格	是	按存放地点
140303	原材料	外购半成品	品种和规格	是	按存放地点
140304	原材料	包装材料	品种和规格	是	按存放地点
140305	原材料	备件	品种和规格	是	按存放地点
140306	原材料	燃料	品种和规格	是	按存放地点

在途物资科目可按照供应单位和物资品种进行明细核算。见表 7–2。

表 7-2 在途物资会计科目编码的设置

科目代码	会计科目名称	二级科目名称	明细科目名称
1402	在途物资		
140201	在途物资	物资品种	生产厂家
140202	在途物资	物资品种	生产厂家
140203	在途物资	物资品种	生产厂家

在途物资的主要账务处理，如图 7-3 所示。

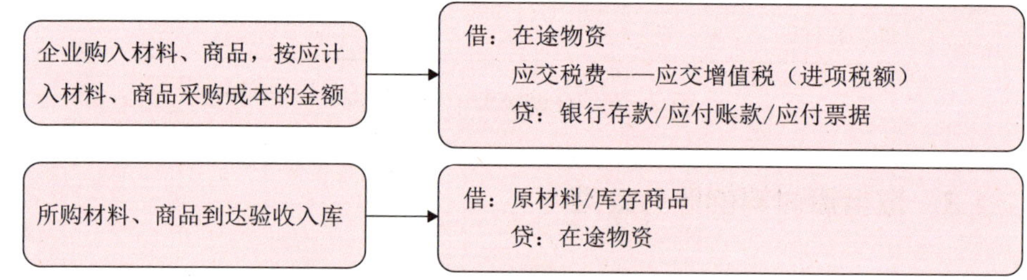

图 7-3 在途物资的主要账务处理

实际成本构成：买价、运输费、保险费、装卸费、相关税费（不包括可抵增值税）、运输过程中材料合理损耗等运杂费用；即购买材料过程所发生费用（不包括出差人员差旅费），都构成采购成本。

【例 7-1】 2019 年 1 月 20 日，雅致电子有限公司购入 A 材料，单价 180 元 / 公斤，企业购入 2 400 公斤，增值税专用发票注明增值税率 16%，运输费为 1 320 元，消费税 22 000 元。款项已付，A 材料尚未验收入库。

计算 A 材料实际成本 =180 × 2 400+[1 320 ÷（1+10%）]+22 000=455 200（元）

运费的增值税 =[1 320 ÷（1+10%）] × 10%=120（元）

（1）企业购进材料，且尚未验收入库。

借：在途物资　　455 200

　应交税费——应交增值税（进项税额）[（180 × 2 400）× 16%+120]

　　69 240

　贷：银行存款　　524 440

根据上述业务，登记会计凭证，见表 7-3。

表 7-3　付款凭证

附件：3 张

贷方科目：银行存款　　2019 年 1 月 20 日　　银付字第 012 号

摘要	借方科目		账页	金额									
	一级科目	二级或明细科目		千	百	十	万	千	百	十	元	角	分
支付 A 材料款	在途物资	A 材料				4	5	5	2	0	0	0	0
	应交税费	应交增值税（进项税额）					6	9	2	4	0	0	0
合计					¥	5	2	4	4	4	0	0	0

会计主管：洪英　　记账：蒋秦　　出纳：张健　　审核：纪明承　　填制：

（2）2019 年 1 月 23 日，公司进行对材料验收入库。

借：原材料——A 材料　　455 200

　　贷：在途物资——A 材料　　455 200

根据上述业务，登记会计凭证，见表 7-4。

表 7-4　转账凭证

附件：2 张

2019 年 1 月 23 日　　转字第 022 号

摘要	一级科目	二级或明细科目	账页	借方金额									贷方金额								
				百	十	万	千	百	十	元	角	分	百	十	万	千	百	十	元	角	分
A 材料入库	原材料	A 材料			4	5	5	2	0	0	0	0									
	在途物资	A 材料												4	5	5	2	0	0	0	0
合计				¥	4	5	5	2	0	0	0	0	¥	4	5	5	2	0	0	0	0

会计主管：洪英　　记账：蒋秦　　出纳：张健　　审核：纪明承　　填制：

根据会计凭证，登记账簿，见表 7-5。

表 7-5 明细分类账簿

会计科目：原材料
编　　号：1403

2019 年		凭证科目代码	摘　要	对方科目	借　方										贷　方										借或贷	余　额									
月	日				千	百	十	万	千	百	十	元	角	分	千	百	十	万	千	百	十	元	角	分		千	百	十	万	千	百	十	元	角	分
1	1		期初余额																						借			2	4	0	0	0	0	0	0
1	23	转 22	A 材料入库				4	5	5	2	0	0	0	0											借			6	9	5	2	0	0	0	0

1. 单货同到

单货同到是指发票已到，材料验收入库。

【例 7-2】 2019 年 1 月 11 日，雅致电子有限公司从四方公司购入 50 吨乙材料，增值税专用发票注明原料价款 52 000 元，增值税 8 320 元，四方公司代垫运费 200 元。雅致电子有限公司收到物资并验收入库，由于银行存款不足而暂未支付货款（假设不考虑运费的税费）。增值税专用发票见表 7-6。

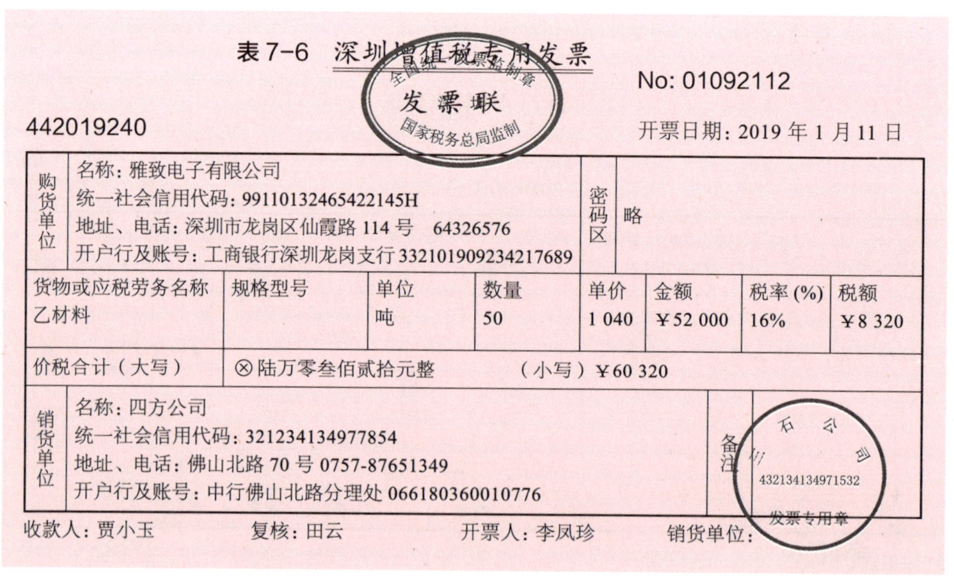

表 7-6 深圳增值税专用发票

全国统一发票监制章 发票联 国家税务总局监制

No: 01092112

442019240

开票日期：2019 年 1 月 11 日

购货单位	名称：雅致电子有限公司 统一社会信用代码：99110132465422145H 地址、电话：深圳市龙岗区仙霞路 114 号　64326576 开户行及账号：工商银行深圳龙岗支行 332101909234217689					密码区	略	
货物或应税劳务名称	规格型号	单位	数量	单价	金额	税率（%）	税额	
乙材料		吨	50	1 040	￥52 000	16%	￥8 320	
价税合计（大写）	⊗陆万零叁佰贰拾元整　　（小写）￥60 320							
销货单位	名称：四方公司 统一社会信用代码：321234134977854 地址、电话：佛山北路 70 号 0757-87651349 开户行及账号：中行佛山北路分理处 066180360010776					备注	432134134971532 发票专用章	

收款人：贾小玉　　复核：田云　　开票人：李凤珍　　销货单位：

借：原材料——乙材料　　52 200

　　应交税费——应交增值税（进项税额）　　8 320

贷：应付账款　　　　　　　　　　　　　　60 520

根据上述业务，登记会计凭证，见表 7-7。

表 7-7　转账凭证

附件：4 张

2019 年 1 月 11 日　　　　转字第 22 号

摘　要	一级科目	二级或明细科目	账页	借方金额									贷方金额								
				百	十	万	千	百	十	元	角	分	百	十	万	千	百	十	元	角	分
入库乙材料	原材料	乙材料				5	2	2	0	0	0	0									
	应交税费	应交增值税（销项税额）					8	3	2	0	0	0									
	应付账款	四方公司													6	0	5	2	0	0	0
合计					¥	6	0	5	2	0	0	0		¥	6	0	5	2	0	0	0

会计主管：洪英　　记账：蒋秦　　出纳：张健　　审核：纪明承　　填制：

2. 单到货未到

单到货未到指发票已到，材料未验收入库。如货款已经支付，借方记入“在途物资”“应交税费”等账户，贷方记入“银行存款”账户；如货款尚未支付，则暂不需处理，待支付货款或收到材料时进行处理。

【例 7-3】 承上例，企业通过银行进行结算，但到月末尚未收到材料。转账支票存根如图 7-4 所示。

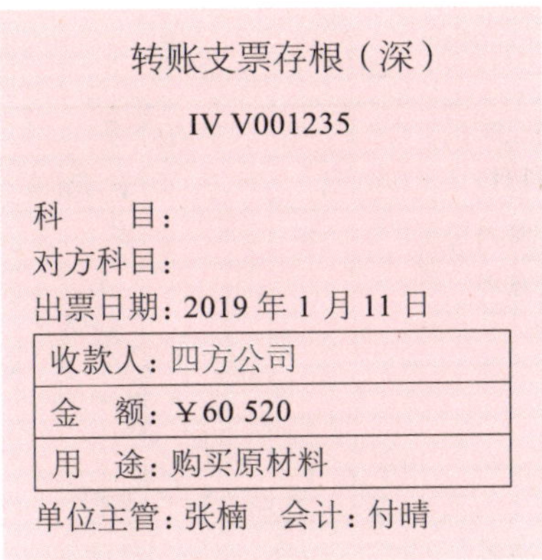

转账支票存根（深）

IV V001235

科　　目：

对方科目：

出票日期：2019 年 1 月 11 日

收款人：四方公司
金　额：¥60 520
用　途：购买原材料

单位主管：张楠　会计：付晴

图 7-4　转账支票存根

借：在途物资　　52 200

　应交税费——应交增值税（进项税额）　　8 320

　贷：银行存款　　60 520

根据上述业务，登记会计凭证，见表 7–8。

表 7–8　付款凭证

附件：3 张

贷方科目：银行存款　　2019 年 1 月 11 日　　银付字第 023 号

摘　要	借方科目		账页	金　额									
	一级科目	二级或明细科目		千	百	十	万	千	百	十	元	角	分
支付A材料款	在途物资	A材料					5	2	2	0	0	0	0
	应交税费	应交增值税（进项税额）						8	3	2	0	0	0
合计						￥	6	0	5	2	0	0	0

会计主管：洪英　　记账：蒋秦　　出纳：张健　　审核：纪明承　　填制：

若 2018 年 2 月 25 日，上述材料到达验收入库，编制会计分录。

借：原材料——乙材料　　52 200

　贷：在途物资——乙材料　　52 200

根据上述业务，登记会计凭证，见表 7–9。

表 7–9　转账凭证

附件：　张

2019 年 2 月 25 日　　转字第 024 号

摘　要	一级科目	二级或明细科目	账页	借方金额									贷方金额								
				百	十	万	千	百	十	元	角	分	百	十	万	千	百	十	元	角	分
乙材料入库	原材料	乙材料				5	2	2	0	0	0	0									
	在途物资	乙材料													5	2	2	0	0	0	0
合计					￥	5	2	2	0	0	0	0		￥	5	2	2	0	0	0	0

会计主管：洪英　　记账：蒋秦　　出纳：张健　　审核：纪明承　　填制：

表 7-10　材料入库单

2019 年 2 月 25 日

材料名称	规格型号	数量		单位	单价	金额									
		交库	实收			千	百	十	万	千	百	十	元	角	分
A 材料		50	50	吨	1 044				5	2	2	0	0	0	0
合计								¥	5	2	2	0	0	0	0

根据会计凭证，登记账簿，见表 7-11。

表 7-11　明细分类账簿

会计科目：原材料——乙材料
编　　号：1403

2019 年		凭证科目代码	摘要	对方科目	借方										贷方										借或贷	余额									
月	日				千	百	十	万	千	百	十	元	角	分	千	百	十	万	千	百	十	元	角	分		千	百	十	万	千	百	十	元	角	分
1	1		期初余额																						借			2	0	1	9	8	0	0	0
1	25	转 024	乙材料验收入库	在途物资				5	2	2	0	0	0	0											借			2	5	4	1	8	0	0	0

3. 货到单未到

货到单未到是指发票未到，材料已验收入库。在月份内，一般暂不进行处理，待有关发票到达、支付货款时，再按正常程序进行处理。如果到月末发票还未到达，为了使账实相符，应按材料的暂估价款入账，下月初用红字冲回，以便下个月收到发票时按正常处理。

7.2 采用计划成本法核算

材料按计划成本法核算时，材料的收发与结存，均按计划成本计价。应设置“材料采购”“材料成本差异”会计账户。

7.2.1 账户设置

1.“材料采购”账户

“材料采购”账户，属资产类科目，核算企业采用计划成本进行材料日常核算而购入材料的采购成本。企业从国内采购或国外进口的各种商品，不论是否进入本企业仓库，凡是通过本企业结算货款的，都在本科目进行核算。账户结构如图 7–5 所示。

借方　　　　材料采购账户	贷方
期初余额	
本期材料采购增加额	本期材料采购减少额
本期借方发生额合计	本期贷方发生额合计
期末余额	

图 7–5 “材料采购”账户结构

2.“材料成本差异”账户

“材料成本差异”账户的明细分类核算，可按材料类别进行，也可按全部材料合并进行。按材料类别进行明细分类核算，可使成本中材料费的计算比较精确，但要相应多设材料成本差异明细分类账，增加核算工作量。如果将全部材料合并一起核算，虽可简化核算工作，但会影响成本计算的正确性。因此在决定材料成本差异的明细分类核算时，既要考虑到成本计算的正确性，又要考虑核算时人力上的可能性。材料成本差异的分配，根据发出耗用材料的计划价格成本和材料成本差异分配率进行计算。账户结构如图 7–6 所示。

借方　　　　材料成本差异账户	贷方
期初余额	
本期材料成本差异增加额	本期材料成本差异减少额
本期借方发生额合计	本期贷方发生额合计
期末余额	

图 7–6 “材料成本差异”账户结构

7.2.2 采用计划成本法核算的账务处理

1. 材料采购会计科目编码的设置

材料采购科目应当按照供应单位和物资品种进行明细核算。按照供货单位、商品类别等设置明细账，企业经营进出口商品的，可根据需要分别按进口材料采购和出口材料采购进行明细核算。见表 7-12。

表 7-12　材料采购会计科目编码的设置

科目代码	总分类科目（一级科目）	明细分类科目		是否辅助核算	辅助核算类别
		二级科目	三级科目		
1401	材料采购				
140101	材料采购	材料品种	材料名称	是	部门
140102	材料采购	材料品种	材料名称	是	部门
140103	材料采购	材料品种	材料名称	是	部门
140104	材料采购	材料品种	材料名称	是	部门

2. 材料成本差异会计科目编码的设置

企业也可以在“原材料”“周转材料”等科目设置“材料成本差异”明细科目。 按照类别或品种进行明细核算。材料成本差异科目设置，见表 7-13。

表 7-13　材料成本差异会计科目编码的设置

科目代码	总分类科目（一级科目）	明细分类科目		是否辅助核算	辅助核算类别
		二级科目	三级科目		
1404	材料成本差异				
140401	材料成本差异	原材料	材料类别	是	部门
140402	材料成本差异	周转材料	材料类别	是	部门
140403	材料成本差异	其他	材料类别	是	部门

3. 购入材料核算流程

购入材料时，按实际成本通过“材料采购”科目核算，材料的实际成本与计划成本的差异，通过“材料成本差异”科目核算。月末，计算本月发出材料应负担的成本差异并进行分摊。根据领用材料的用途计入相关资产的成本或当期损益，从而将发出材料的计划成本调整为实际成本。如图 7-7 所示。

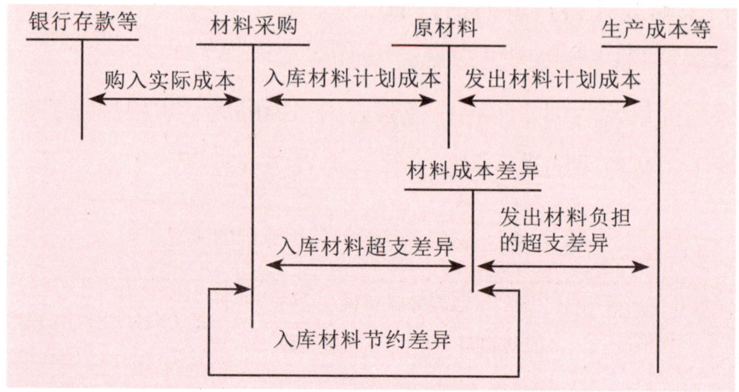

图 7-7 材料采购计划成本示意图

计划成本法下，相关的计算公式如下：

本期材料成本差异率 =（期初材料成本差异 + 本期入库材料成本差异）÷（期初原材料计划成本 + 本期入库材料计划成本）×100%

本月发出材料应负担的成本差异 = 本月发出材料的计划成本 × 材料成本差异率

本月发出材料的实际成本 = 本月发出材料的计划成本 + 本月发出材料应负担的成本差异

本月结存材料的实际成本 = 本月结存材料的计划成本 + 本月结存材料应负担的成本差异

本月结存材料的实际成本 =（月初结存材料的计划成本 + 本月增加材料的计划成本 − 本月发出材料的计划成本）×（1+ 材料成本差异率）

说明：结存材料的计划成本 = 期初计划成本 + 本期入库计划成本 − 发出材料计划成本

①对于购入的材料只有在实际成本、计划成本已定并已验收入库的条件下计算购入材料的成本差异，材料成本差异的结转可在入库时结转，也可以在月末汇总时结转。

②材料成本差异率的计算中超支或借方余额用“正号”表示，节约或贷方余额用“负号”表示；发出材料承担的成本差异，始终计入材料成本差异的贷方，只不过超支差异用蓝字表示，节约用红字表示，最终计入成本费用的材料还是实际成本。

4. 采用计划成本核算时的账务处理

采用计划成本核算时的账务处理，如图 7-8 所示。

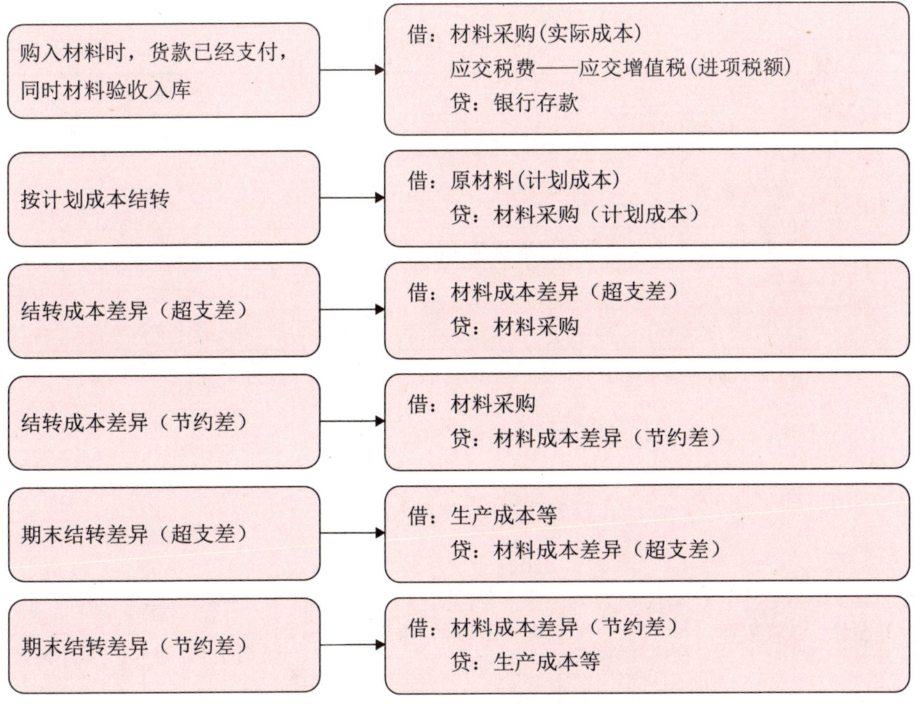

图 7-8　采用计划成本核算时的账务处理

计划成本法下的购入核算，主要包括三个方面：一是反映物资采购成本的发生；二是按计划成本反映材料验收入库；三是结转入库材料成本差异。

【例 7-4】 2019 年 1 月 21 日，雅致电子有限公司从乙公司购入一批甲材料，增值税专用发票注明价款 34 600 元，增值税 5 536 元，乙公司代垫运费 300 元。企业收到物资并验收入库。计划成本 33 000 元，货款通过银行进行结算。

（1）支付货款时，根据发票、银行结算单据编制分录。

借：材料采购——角钢　　　　34 900（34 600+300）

　　应交税费——应交增值税（进项税额）　　5 536

　　贷：银行存款　　　　40 436

根据上述业务，登记会计凭证，见表 7–14。

表 7–14　付款凭证

附件：× × 张

贷方科目：银行存款　　　　2019 年 1 月 21 日　　　　银付字第 012 号

摘　要	借方科目		账页	金　额									
	一级科目	二级或明细科目		千	百	十	万	千	百	十	元	角	分
从乙公司购入甲材料	材料采购	甲材料					3	4	9	0	0	0	0
	应交税费	应交增值税（进项税额）						5	5	3	6	0	0
合计						¥	4	0	4	3	6	0	0

会计主管：洪英　　记账：蒋秦　　出纳：张健　　审核：纪明承　　填制：

（2）材料入库时，根据收料单编制分录。见表 7–15。

表 7–15　材料入库单

2019 年 1 月 22 日

材料名称	规格型号	数　量		单　位	单　价	金　额									
		交库	实收			千	百	十	万	千	百	十	元	角	分
甲材料		100	100	吨	349				3	4	9	0	0	0	0
合计								¥	3	4	9	0	0	0	0

借：原材料——甲材料　　　　33 000

　　材料成本差异　　　　1 900

　　贷：材料采购——甲材料　　　　34 900

根据上述业务，登记会计凭证，见表 7–16。

表 7-16　转账凭证

附件：× × 张

2019 年 1 月 22 日　　　　转字第 024 号

摘　要	一级科目	二级或明细科目	账页	借方金额									贷方金额								
				百	十	万	千	百	十	元	角	分	百	十	万	千	百	十	元	角	分
甲材料入库	原材料	甲材料				3	3	0	0	0	0	0									
	材料成本差异	甲材料					1	9	0	0	0	0									
	材料采购	甲材料													3	4	9	0	0	0	0
合计					¥	3	4	9	0	0	0	0		¥	3	4	9	0	0	0	0

会计主管：洪英　　记账：蒋秦　　出纳：张健　　审核：纪明承　　填制：

根据上述业务，登记明细分类账簿，见表 7-17。

表 7-17　明细分类账簿

会计科目：材料采购——甲材料

编　　号：1401

2019 年		凭证科目代码	摘　要	对方科目	借　方										贷　方										借或贷	余　额									
月	日				千	百	十	万	千	百	十	元	角	分	千	百	十	万	千	百	十	元	角	分		千	百	十	万	千	百	十	元	角	分
1	1		期初余额																														0		
1	21	银付 012	采购甲材料	银行存款等				3	4	9	0	0	0	0											借				3	4	9	0	0	0	0
1	22	转字 024	甲材料验收入库	原材料														3	4	9	0	0	0	0	平								0		

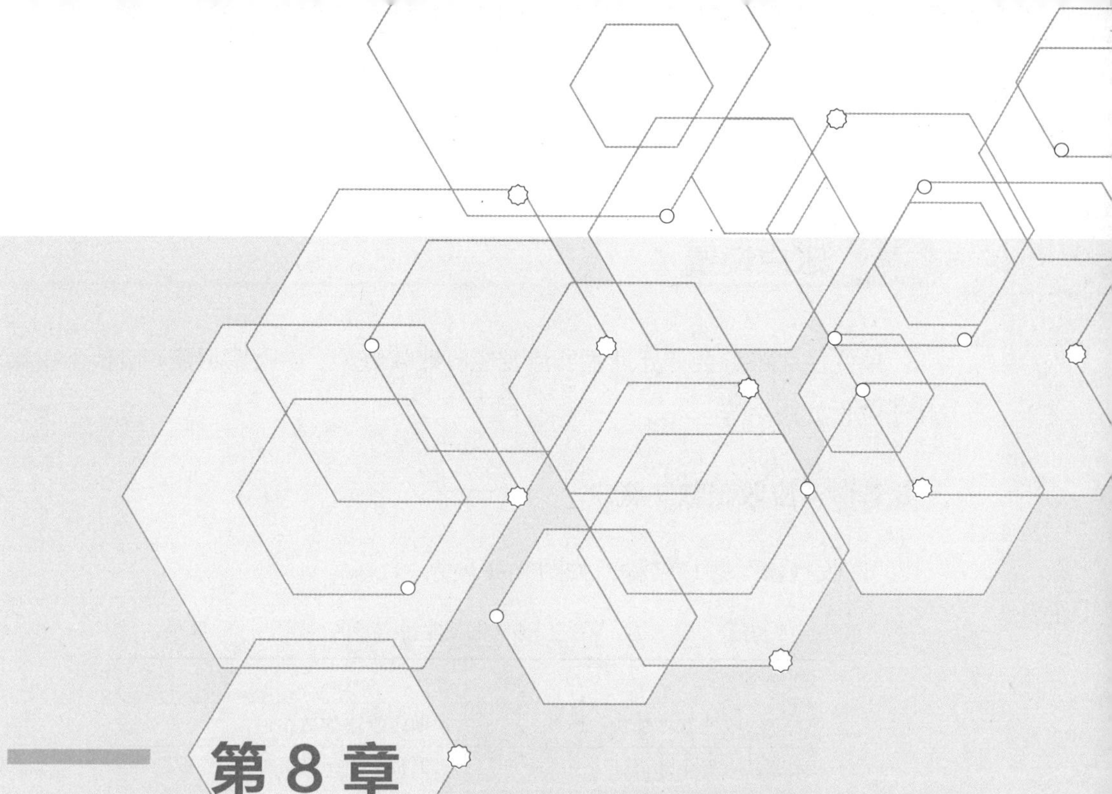

第 8 章 企业应收款项的会计处理

单位往来账务，是指因对外销售产品、材料、供应劳务及其他原因，应向购货单位或接受劳务的单位及其他单位收取的款项，包括应收销售款、其他应收款、应收票据等，是企业因销售商品、产品或提供劳务而形成的债权。

8.1 账户设置

单位往来账务会计处理主要涉及应收账款账户、应收票据账户、预付账款、其他应收款账户等。

8.1.1 “应收账款”账户

“应收账款”账户结构，如图 8-1 所示。

借方	应收账款账户　　　　贷方
期初余额	
本期应收账款增加额	本期应收账款减少额
本期借方发生额合计	本期贷方发生额合计
期末余额	

图 8-1　“应收账款”账户结构

8.1.2 “应收票据”账户

“应收票据”账户借方登记企业收到购买单位开出并承兑汇票或银行承兑汇票的商业汇票，贷方登记票据到期收回的款项，期末借方如有余额，表示尚未到期的票据应收款项的结余额。

“应收票据”账户不设置明细账户，但为了解每一张应收票据的结算情况，企业应设置应收票据备查簿，逐笔登记应收票据的详细资料。

“应收票据”账户结构，如图 8-2 所示。

借方	应收票据账户　　　　贷方
期初余额	
本期应收票据增加额	本期应收票据减少额
本期借方发生额合计	本期贷方发生额合计
期末余额	

图 8-2　“应收票据”账户结构

8.1.3 “合同资产”账户

“合同资产”科目核算企业已向客户转让商品而有权收取对价的权利。仅取决于时间流逝因素的权利不在本科目核算。（与发出商品类似）本科目应按合同进行明细核算。

“合同资产”账户结构，如图 8-3 所示。

借方合同资产账户	贷方
期初余额	
反映增加的合同资产	反映减少的合同资产
本期借方发生额合计	本期贷方发生额合计
期末余额	

图 8-3 “预付账款”账户结构

8.1.4 “其他应收款”账户

其他应收款，属于资产类，借方表示债权增加，贷方表示债权减少；而其他应付账款是债务类，借方表示债务减少，贷方表示债务增加。

“其他应收款”账户结构，如图 8-4 所示。

借方　　　　其他应收款账户	贷方
期初余额	
本期其他应收款增加额	本期其他应收款减少额
本期借方发生额合计	本期贷方发生额合计
期末余额	

图 8-4 “其他应收款”账户结构

8.2 应收账款

应收账款是企业由于销售商品或提供劳务而享有的向顾客收取款项的权利。主要包括应向购货单位收取的购买商品、材料等账款；代垫的装卸费、运杂费；已冲减坏账准备而又收回的坏账损失；已贴现的承兑汇票，因承兑企业无力支付的票款；已转销而又收回的坏账损失等。但不包括应收职工欠款、应收债务人利息等的其他应收款；购买长期债券等的长期债权；投标保证金和租入包装物等各类存出保证金。

8.2.1 应收账款科目的具体运用

应收账款科目的具体运用，见表 8-1。

表 8-1 应收账款会计科目编码的设置

科目代码	总分类科目（一级科目）	明细分类科目		是否辅助核算	辅助核算类别
		二级科目	三级科目		
1122	应收账款				
112201	应收账款	××公司			
11220101	应收账款	××公司	应收商品款	是	客户 / 债务人
11220102	应收账款	××公司	应收工程款	是	客户 / 债务人
11220103	应收账款	××公司	应收质保金	是	客户 / 债务人

根据新收入准则的要求，企业应当首先确定合同的交易价格，再按照分摊至各单项履约义务的交易价格计量收入。

交易价格，是指企业因向客户转让商品而预期有权收取的对价金额。企业代第三方收取的款项（例如增值税）以及企业预期将退还给客户的款项，应当作为负债进行会计处理，不计入交易价格。合同标价并不一定代表交易价格，企业应当根据合同条款，并结合以往的习惯做法确定交易价格。在确定交易价格时，企业应当考虑可变对价、合同中存在的重大融资成分、非现金对价以及应付客户对价等因素的影响，并应当假定将按照现有合同的约定向客户转移商品，且该合同不会被取消、续约或变更。

计价时还要考虑商业折扣、现金折扣及奖励积分、返利等因素。

商业折扣
- 应当在各单项履约义务之间按比例分摊

现金折扣
- 企业必须要确定被期望收到的金额

8.2.2 一般应收账款的会计核算

正常的应收账款是以商业信用为基础，以购销合同、商品出库单、发票和发运单等书面文件为依据而确认的，按照历史成本计价原则，应收账款应当按照实际发生的交易价格入账，主要包括发票销售价格、增值税和代垫运杂费等。一般应收账款的账务处理，如图 8-5 所示。

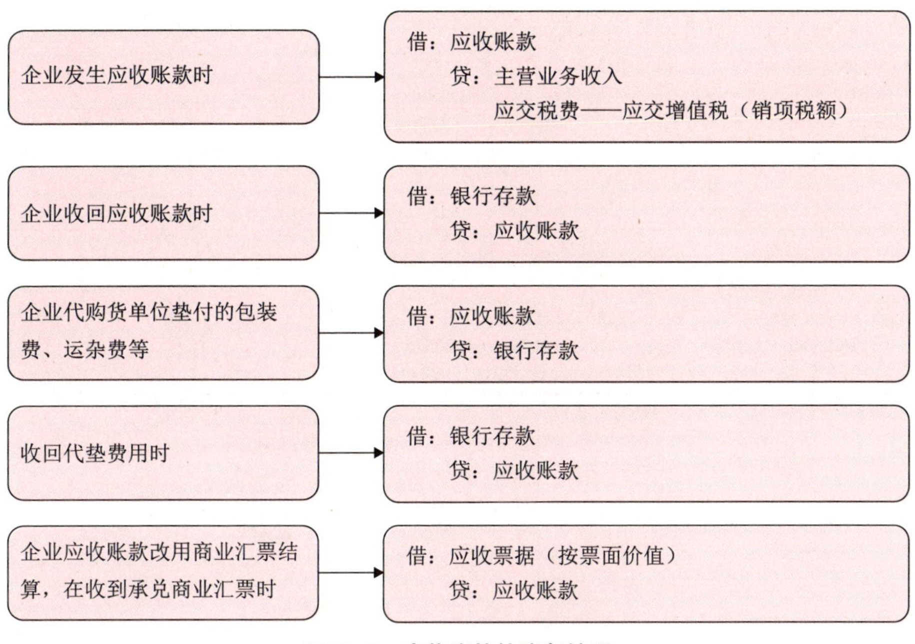

图 8-5　应收账款的账务处理

【例 8-1】 2019 年 1 月 2 日，雅致电子有限公司向顺风百货公司销售 XY 型耳机 1 000 个，货款 264 000 元，增值税税率 16%。该批商品已运抵顺风百货公司，并验收入库。雅致电子有限公司已办理了托收手续。原始凭证见表 8-2、表 8-3。

表 8-2 产品出库单

2019 年 1 月 2 日

产品名称	型号规格	计量单位	数 量	单位成本	总成本
XY 型耳机		个	1 000	180	180 000
合计			1 000	180	180 000

表 8-3 深圳增值税专用发票

442018240 记账联 No: 221927478

开票日期：2019 年 1 月 2 日

购货单位	名称：顺风百货公司 统一社会信用代码：341234134971789 6545 地址、电话：深圳龙岗区亚湾路 39 号 0755-67841432 开户行及账号：中行亚湾路分理处 622280360016512				密码区	略	
货物或应税劳务名称	规格型号	单位	数量	单价	金额	税率 (%)	税额
XY 型耳机		个	1 000	264	￥264 000	16%	￥42 240
价税合计（大写）	⊗叁拾万零陆仟贰佰肆拾元整			（小写）￥306 240			
销货单位	名称：雅致电子有限公司 统一社会信用代码：99110132465422145H 地址、电话：深圳市龙岗区仙霞路 114 号 64326576 开户行及账号：工商银行深圳龙岗支行 332101909234217689				备注		

收款人：施怡和 复核：李仁玉 开票人：王枫 销货单位：

表 8-4　托收凭证（受理回单）

进账日期：2019 年 1 月 6 日　　　　第 012 号

业务类型		委托收款（□邮划□电划）　托收承付（□邮划☑电划）			
收款人	全　称	雅致电子有限公司	付款人	全　称	顺风百货大楼
	账　号	332101909234217689		账　号	6222001909234215464
	开户银行	工商银行深圳龙岗支行		开户银行	工商银行深圳复兴支行
人民币（大写）：⊗叁拾万零陆仟贰佰肆拾元整				千百十万千百十元角分	¥306240.00
款项内容	销货款	托收凭据	购销合同	附寄单证张数	4
商品及发运情况	已发出	合同名称号码			07386907
备注：（雅致电子有限公司 财务专用章）	款项收妥日期	（工行深圳龙岗支行 2019.01.06 收讫）收款人开户银行盖章 2019 年 1 月 6 日			

此联给收款人的收账通知

借：应收账款——顺风百货公司　　306 240

　　贷：主营业务收入——XY 型耳机　　264 000

　　　　应交税费——应交增值税（销项税额）　　42 240

根据上述业务，登记会计凭证，见表 8-5。

表 8-5　转账凭证

附件：3 张

2019 年 1 月 2 日　　　　转字第 024 号

摘　要	一级科目	二级或明细科目	账页	借方金额									贷方金额								
				百	十	万	千	百	十	元	角	分	百	十	万	千	百	十	元	角	分
向顺风百货公司销售XY型耳机1000个	应收账款	顺风百货公司			3	0	6	2	4	0	0	0									
	主营业务收入	XY型耳机												2	6	4	0	0	0	0	0
	应交税费	应交增值税（销项税额）													4	2	2	4	0	0	0
合计				¥	3	0	6	2	4	0	0	0	¥	3	0	6	2	4	0	0	0

会计主管：洪英　　记账：蒋秦　　出纳：张健　　审核：纪明承　　填制：

收到顺风百货公司货款时：

借：银行存款　　306 240

　　贷：应收账款——顺风百货公司　　306 240

根据上述业务，登记会计凭证，见表 8-6。

表 8-6　收款凭证

附件：2 张

借方科目：银行存款　　2019 年 1 月 7 日　　银收字第 013 号

摘 要	贷方科目		账页	金额									
	一级科目	二级或明细科目		千	百	十	万	千	百	十	元	角	分
收到顺风百货公司货款	应收账款	顺风百货公司				3	0	6	2	4	0	0	0
合计					¥	3	0	6	2	4	0	0	0

会计主管：洪英　　记账：蒋秦　　出纳：张健　　审核：纪明承　　填制：

根据上述业务，登记明细分类账簿，见表 8-7。

表 8-7　明细分类账簿

会计科目：应收账款——顺风百货公司

编　　号：1122

2019 年		凭证科目代码	摘 要	对方科目	借方										贷方										借或贷	余额									
月	日				千	百	十	万	千	百	十	元	角	分	千	百	十	万	千	百	十	元	角	分		千	百	十	万	千	百	十	元	角	分
1	2	转字 024	应收顺风百货公司货款	主营业务收入			3	0	6	2	4	0	0	0											借			3	0	8	8	8	0	0	0
1	5	银收 013	收到顺风百货公司货款	银行存款													3	0	6	2	4	0	0	0	平								0		

8.2.3 有商业折扣的应收账款的会计处理

商业折扣，是指企业根据市场供需情况，或针对不同的客户，在商品标价上给予的扣除。商业折扣是企业最常用的促销手段。企业为了扩大销售、占领市场，对于批发商往往给予商业折扣，采用销量越多、价格越低的促销策略，即通常所说的“薄利多销”。

商业折扣一般在交易发生时即已确定，它仅仅是确定实际销售价格的一种手段，不需在买卖双方任何一方的账上反映，所以商业折扣对应收账款的入账价值没有什么实质性的影响。因此，在存在商业折扣的情况下，企业应收账款入账金额应按扣除商业折扣以后的实际售价确认。

【例 8-2】 承上例，雅致电子有限公司给予购货方 5%的商业折扣，适用的增值税税率为 16%。编制会计分录如下：

① 销售方应当确认的收入金额为 306 240×（1−5%）=290 928（元）。

借：应收账款　　290 928

　贷：主营业务收入　　250 800

　　　应交税费——应交增值税（销项税额）　　40 128

② 实际收到货款时。

借：银行存款　　290 928

　贷：应收账款　　290 928

8.2.4 有现金折扣的应收账款的会计处理

现金折扣，是指债权人为鼓励债务人在规定的期限内付款，而向债务人提供的债务扣除。现金折扣通常发生在以赊销方式销售商品及提供劳务的交易中。

企业为了鼓励客户提前偿付货款，通常与债务人达成协议，债务人在不同期限内付款可享受不同比例的折扣。现金折扣一般用符号“折扣 / 付款期限”表示。例如，买方在 10 天内付款可按售价给予 2%的折扣，用符号“2/10”表示；在 20 天内付款按售价给予 1%的折扣，用符号“1/20”表示；在 30 天内付款，则不给折扣优惠，用符号“n/30”表示。

存在现金折扣的情况下，我国的会计实务中通常采用总价法确认应收账款入账金额，即将未减去现金折扣前的金额作为实际售价，记作应收账款的入账价值。现金折扣只有客户在折扣期内支付货款时，才予以确认。在这种方法下，企业把给予客户的现金折扣视为融资的理财费用，会计上作为财务费用处理。

【例 8-3】 2019 年 1 月，义德有限公司销售一批原材料，价格为 33 200 元，规定的现金折扣条件为 2/10，n/30，适用的增值税税率为 16%，产品交付并办妥托收手续。编制会计分录如下：

借：应收账款　　38 512

　　贷：主营业务收入　　33 200

　　　　应交税费——应交增值税（销项税额）　　5 312

收到货款时，根据购货企业是否得到现金折扣的情况入账。如果上述货款在 10 天内收到，义德公司采用总价法入账，编制会计分录如下：

借：银行存款　　37 741.76

　　财务费用（38 512 × 2%）　　770.24

　　贷：应收账款　　38 512

如果超过了现金折扣的最后期限，则编制会计分录如下：

借：银行存款　　38 512

　　贷：应收账款　　38 512

8.3 应收票据

应收票据是企业因销售商品、提供劳务等而收到的商业汇票。商业汇票是一种由出票人签发的，委托付款人在指定日期无条件支付确定金额给收款人或者持票人的票据。商业汇票的付款期限，最长不得超过 6 个月。根据承兑人不同，商业汇票分为商业承兑汇票和银行承兑汇票两种。

8.3.1 应收票据的具体运用

企业应当按照开出、承兑商业汇票的单位进行明细核算。见表 8-8。

表 8-8　应收票据会计科目编码的设置

科目代码	总分类科目（一级科目）	明细分类科目	
		二级科目	三级科目
1121	应收票据		

续上表

科目代码	总分类科目（一级科目）	明细分类科目	
		二级科目	三级科目
112101	应收票据	银行承兑汇票	×× 公司
112102	应收票据	商业承兑汇票	×× 公司

8.3.2 应收票据取得的会计处理

为了反映和监督应收票据的取得、票款收回等经济业务，企业应当设置“应收票据”科目。该账户借方登记应收票据收到时的面值；贷方登记到期应收票据的收回金额，或承兑人到期无力支付而被退回的商业承兑汇票金额，或未到期票据的贴现或转让情况；余额在借方，表示已收尚未到期或未贴现的应收票据的面额总数。

应收票据取得的原因不同，其会计处理亦有所区别。其具体处理如图 8-6 所示。

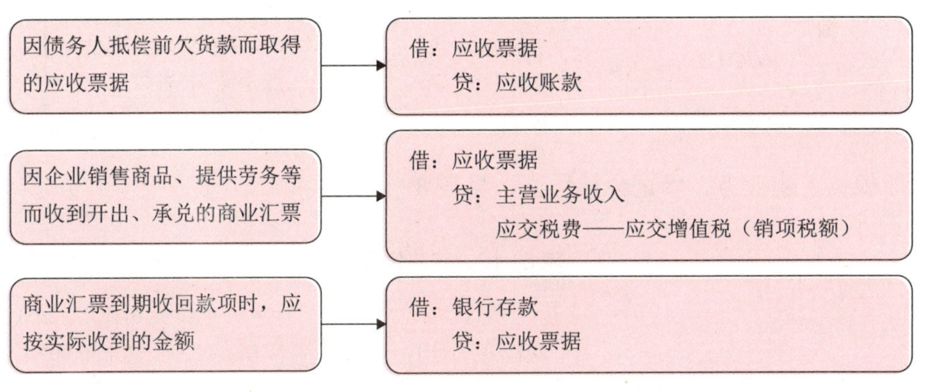

图 8-6　应收票据取得的会计处理

【例 8-4】 雅致电子有限公司 2019 年 5 月 10 日向四方公司销售一批商品，开具的增值税专用发票注明价款为 98 400 元，税款为 15 744 元。四方公司开出为期 3 个月的商业汇票抵付货款。

（1）雅致电子有限公司收到票据时，见表 8-9。

借：应收票据　　114 144

　贷：主营业务收入　　98 400

　　应交税费——应交增值税（销项税额）　　15 744

表 8-9

商业承兑汇票（存根）

签发日期：2019 年 5 月 10 日　　第 0065 号

<table>
<tr><td rowspan="3">收款人</td><td>全　称</td><td colspan="3">四方公司</td><td rowspan="3">付款人</td><td>全　称</td><td colspan="3">雅致电子有限公司</td></tr>
<tr><td>账　号</td><td colspan="3">020000190923428976 5</td><td>账　号</td><td colspan="3">332101909234217689</td></tr>
<tr><td>开户银行</td><td>工行</td><td>行号</td><td>12</td><td>开户银行</td><td>工商银行深圳龙岗支行</td><td>行号</td><td>32</td></tr>
<tr><td colspan="2">汇票金额</td><td colspan="5">人民币
（大写）⊗壹拾壹万肆仟壹佰肆拾肆元整</td><td colspan="3">千 百 十 万 千 百 十 元 角 分
　 ¥ 1 1 4 1 4 4 0 0</td></tr>
<tr><td colspan="2">汇票到期日</td><td colspan="3">2019 年 8 月 9 日</td><td colspan="5"></td></tr>
<tr><td colspan="5" rowspan="2">本汇票已经承兑，到期无条件支付票款
四方公司 财务专用章
承兑人签章
承兑日期　年　月　日
张龙</td><td colspan="2">承兑协议科目代码</td><td></td><td>交易合同号码</td><td></td></tr>
<tr><td colspan="5">负责人：邱林　　经办人：秦明</td></tr>
</table>

此联签发人存查

根据上述业务，登记会计凭证，见表 8-10。

表 8-10　转账凭证

附件：× × 张

2019 年 5 月 10 日　　转字第 009 号

摘要	一级科目	二级或明细科目	账页	借方金额 百	十	万	千	百	十	元	角	分	贷方金额 百	十	万	千	百	十	元	角	分
向四方公司销售产品	应收票据	四方公司			1	1	4	1	4	4	0	0									
	主营业务收入	产品													9	8	4	0	0	0	0
	应交税费	应交增值税（销项税额）													1	5	7	4	4	0	0

续上表

摘　要	一级科目	二级或明细科目	账页	借方金额									贷方金额								
				百	十	万	千	百	十	元	角	分	百	十	万	千	百	十	元	角	分
合计				￥	1	1	4	1	4	4	0	0	￥	1	1	4	1	4	4	0	0

会计主管：洪英　　记账：蒋秦　　出纳：张健　　审核：纪明承　　填制：

（2）8 月 9 日，票据到期，对方付款时。

借：银行存款　　114 144

　　贷：应收票据——四方公司　　114 144

根据上述业务，登记会计凭证，见表 8-11。

表 8-11　收款凭证

附件：× × 张

借方科目：银行存款　　2019 年 8 月 9 日　　银收字第 014 号

摘　要	贷方科目		账页	金　额									
	一级科目	二级或明细科目		千	百	十	万	千	百	十	元	角	分
收到四方公司货款	应收票据	四方公司				1	1	4	1	4	4	0	0
合计					￥	1	1	4	1	4	4	0	0

会计主管：洪英　　记账：蒋秦　　出纳：张健　　审核：纪明承　　填制：

【例 8-5】 雅致电子有限公司将一张带息的银行承兑汇票于到期日到银行办理收款，票面金额为 140 000 元，年利率为 10%，期限为 90 天。

到期值为：140 000 ×（1+10% × 90/360）=143 500（元）

借：银行存款　　143 500

　　贷：应收票据　　140 000

　　　　财务费用　　3 500

根据上述业务，登记会计凭证，见表 8-12。

表 8-12　收款凭证

附件：3 张

借方科目：银行存款　　　　2019 年 5 月 21 日　　　　银收字第 016 号

摘　要	贷方科目		账页	金　额									
	一级科目	二级或明细科目		千	百	十	万	千	百	十	元	角	分
应收票据到期	应收票据	四方公司				1	4	0	0	0	0	0	0
	财务费用							3	5	0	0	0	0
合计					¥	1	4	3	5	0	0	0	0

会计主管：洪英　　记账：蒋秦　　出纳：张健　　审核：纪明承　　填制：

8.3.3 应收票据贴现的会计处理

“贴现”，就是指票据持有人将未到期的票据在背书后送交银行，银行受理后从票据到期值中扣除按银行贴现率计算确定的贴现息，然后将余额付给持票人，作为银行对企业的短期贷款。

对于应收票据贴现的核算，首先要计算贴现息和贴现净额（或称贴现所得额），其计算公式如下：

贴现息 = 票据到期价值 × 贴现率 × 贴现期

贴现净额 = 票据到期价值 − 贴现息

贴现期是指从票据贴现日到票据到期前一日的时间间隔。应收票据的银行贴现率由银行统一规定，一般用年利率来表示。如图 8-7 所示。

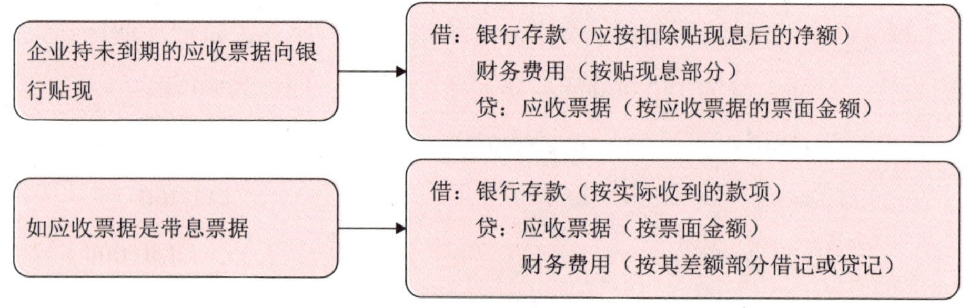

图 8-7　应收票据的账务处理

【例 8-6】雅致电子有限公司急需资金，将一张面值为 180 000 元，3 个月期的无息票据提前两个月向银行办理贴现，出票日为 3 月 11 日，到期日为 6 月

11 日，假设银行贴现利率为 8%，该票据的到期值、贴现息和贴现净额计算为：

票据到期价值 = 票据面值 =180 000（元）

贴现息 =180 000 × 8% × 2/12=2 400（元）

贴现净额 =180 000−2 400=177 600（元）

借：银行存款　　177 600

　　财务费用——票据贴现　　2 400

　　贷：应收票据　　180 000

根据上述业务，登记会计凭证，见表 8-13。

表 8-13　收款凭证

附件：3 张

借方科目：银行存款　　2019 年 4 月 11 日　　银收字第 013 号

摘　要	贷方科目		账页	金　额									
	一级科目	二级或明细科目		千	百	十	万	千	百	十	元	角	分
应收票据办理贴现	应收票据					1	7	7	6	0	0	0	0
合计					¥	1	7	7	6	0	0	0	0

会计主管：洪英　　记账：蒋秦　　出纳：张健　　审核：纪明承　　填制：

根据上述业务，登记会计凭证，见表 8-14。

表 8-14　转账凭证

附件：1 张

2019 年 4 月 11 日　　转字第 012 号

摘　要	一级科目	二级或明细科目	账页	借方金额									贷方金额								
				百	十	万	千	百	十	元	角	分	百	十	万	千	百	十	元	角	分
应收票据办理贴现	财务费用	票据贴现					2	4	0	0	0	0									
	应收票据															2	4	0	0	0	0
合计						¥	2	4	0	0	0	0			¥	2	4	0	0	0	0

会计主管：洪英　　记账：蒋秦　　出纳：张健　　审核：纪明承　　填制：

将带息应收票据向银行贴现时，票据到期的本息之和扣除贴现息的余额，就是贴现所得额。

【例 8-7】 雅致电子有限公司持一张 6 个月期限，面值为 84 000 元的带息银行承兑汇票向银行贴现，该汇票年息为 5%，出票日为 3 月 30 日，到期日为 9 月 30 日，公司于 5 月 30 日向银行贴现，贴现率为 8%。见表 8-15。

应收票据到期利息 =84 000 × 5% × 6/12=2 100（元）

应收票据到期本息 =84 000+2 100=86 100（元）

贴现息 =86 100 × 8% × 4/12=2 296（元）

贴现净额 =86 100−2 296=83 804（元）

借：银行存款　　83 804

　　财务费用　　2 296

　贷：应收票据　　86 100

表 8-15 贴现凭证（收账通知） 4

填写日期：2019 年 5 月 30 日　　第 ×× 号

<table>
<tr><td rowspan="3">贴现汇票</td><td>种　类</td><td colspan="11">带息银行承兑汇票</td><td>号码</td><td>324</td><td rowspan="3">申请人</td><td colspan="2">全　称</td><td colspan="10">扬子材料厂</td></tr>
<tr><td>发票日</td><td colspan="13">2019 年 3 月 31 日</td><td colspan="2">账　号</td><td colspan="10">6224001909234212234</td></tr>
<tr><td>到期日</td><td colspan="13">2019 年 9 月 30 日</td><td colspan="2">开户银行</td><td colspan="10">工商银行深圳福田支行</td></tr>
<tr><td colspan="2">汇票承兑人（或银行）</td><td>名　称</td><td colspan="11">雅致电子有限公司</td><td>账号</td><td>3321019092 34217689</td><td>开户银行</td><td colspan="10">工商银行深圳龙岗支行</td></tr>
<tr><td colspan="2" rowspan="2">汇票金额（即贴现金额）</td><td colspan="15" rowspan="2">人民币（大写）⊗捌万肆仟元整</td><td>千</td><td>百</td><td>十</td><td>万</td><td>千</td><td>百</td><td>十</td><td>元</td><td>角</td><td>分</td></tr>
<tr><td></td><td></td><td>¥</td><td>8</td><td>4</td><td>0</td><td>0</td><td>0</td><td>0</td><td>0</td></tr>
<tr><td rowspan="2">贴现率</td><td rowspan="2">5%</td><td rowspan="2">贴现利息</td><td>千</td><td>百</td><td>十</td><td>万</td><td>千</td><td>百</td><td>十</td><td>元</td><td>角</td><td>分</td><td colspan="3" rowspan="2">实付贴现金额</td><td>千</td><td>百</td><td>十</td><td>万</td><td>千</td><td>百</td><td>十</td><td>元</td><td>角</td><td>分</td></tr>
<tr><td></td><td></td><td></td><td>¥</td><td>2</td><td>2</td><td>9</td><td>6</td><td>0</td><td>0</td><td></td><td></td><td>¥</td><td>8</td><td>3</td><td>8</td><td>0</td><td>4</td><td>0</td><td>0</td></tr>
<tr><td colspan="9">上述款项已入你单位账户。此致
银行盖章（略）
2019 年 5 月 30 日</td><td colspan="19">备注</td></tr>
</table>

根据上述业务，登记会计凭证，见表 8-16。

表 8-16　收款凭证

附件：3 张

借方科目：银行存款　　　2019 年 5 月 30 日　　　银收字第 017 号

摘　要	贷方科目		账页	金　额									
	一级科目	二级或明细科目		千	百	十	万	千	百	十	元	角	分
应收票据办理贴现	应收票据						8	3	8	0	4	0	0
合计						¥	8	3	8	0	4	0	0

会计主管：洪英　　记账：蒋秦　　出纳：张健　　审核：纪明承　　填制：

根据上述业务，登记会计凭证，见表 8-17。

表 8-17　转账凭证

附件：1 张

2019 年 5 月 30 日　　　转字第 029 号

摘　要	一级科目	二级或明细科目	账页	借方金额									贷方金额								
				百	十	万	千	百	十	元	角	分	百	十	万	千	百	十	元	角	分
应收票据办理贴现	财务费用	票据贴现					2	2	9	6	0	0									
	应收票据															2	2	9	6	0	0
合计						¥	2	2	9	6	0	0			¥	2	2	9	6	0	0

会计主管：洪英　　记账：蒋秦　　出纳：张健　　审核：纪明承　　填制：

根据会计凭证，登记账簿，见表 8-18。

表 8-18　明细分类账簿

会计科目：应收票据
编　　号：1121

2019 年		凭证科目代码	摘　要	对方科目	借　方										贷　方										借或贷	余　额									
月	日				千	百	十	万	千	百	十	元	角	分	千	百	十	万	千	百	十	元	角	分		千	百	十	万	千	百	十	元	角	分
5	1		期初余额																						借			4	0	4	0	0	0	0	0
5	30	银收 017	票据贴现	银行存款														8	3	8	0	4	0	0	借			3	2	0	1	9	6	0	0
5	30	转 029	票据贴现	财务费用															2	2	9	6	0	0	借			3	1	7	9	0	0	0	0

续上表

2019年		凭证科目代码	摘 要	对方科目	借 方										贷 方										借或贷	余 额									
月	日				千	百	十	万	千	百	十	元	角	分	千	百	十	万	千	百	十	元	角	分		千	百	十	万	千	百	十	元	角	分
5	31		本月合计															8	6	1	0	0	0	0	借			3	1	7	9	0	0	0	0

8.4 合同资产

根据新收入准则的规定，合同资产科目核算企业已向客户转让商品而有权收取对价的权利。仅取决于时间流逝因素的权利不在本科目核算，在“应收账款”科目核算。合同资产科目应按合同进行明细核算。

8.4.1 合同资产科目的具体运用

合同资产科目设置，见表 8-19。

表 8-19　合同资产会计科目编码的设置

总分类科目（一级科目）	明细分类科目		是否辅助核算	辅助核算类型
	二级科目	三级科目		
合同资产				
合同资产	××项目	××公司	是	单位名称
合同资产	××项目	××公司	是	单位名称
合同资产	××项目	××公司	是	单位名称
合同资产	××项目	××公司	是	单位名称

8.4.2 合同资产的账务处理

合同资产的主要账务处理，如图 8-8 所示。

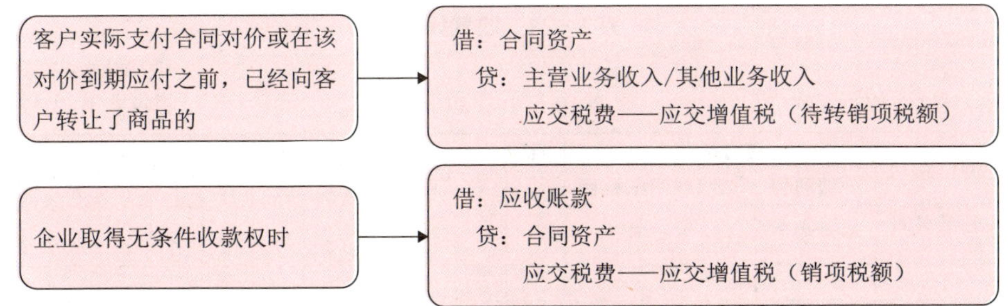

图 8-8　合同资产的账务处理

【例 8-8】　2019 年 1 月 10 日，雅致电子有限公司向甲公司出售电子产品，未取得无条件收款权利。全部货款为 105 000 元，税金为 16 800 元。

借：合同资产——甲公司　　121 800

　　贷：主营业务收入　　105 000

　　　　应交税费——应交增值税（待转销项税额）　　16 800

根据上述业务，登记会计凭证，见表 8-20。

表 8-20　转账凭证

附件：4 张

2019 年 1 月 10 日　　转字第 34 号

摘要	一级科目	二级或明细科目	账页	借方金额									贷方金额								
				百	十	万	千	百	十	元	角	分	百	十	万	千	百	十	元	角	分
销售电子产品 121 800 元	合同资产	甲公司			1	2	1	8	0	0	0	0									
	主营业务收入													1	0	5	0	0	0	0	0
	应交税费	应交增值税（待转销项税额）													1	6	8	0	0	0	0
合计				¥	1	2	1	8	0	0	0	0	¥	1	2	1	8	0	0	0	0

会计主管：洪英　　记账：蒋秦　　出纳：张健　　审核：纪明承　　填制：

1 月 20 日，雅致电子有限公司发出的电子产品对方已验收，并付款。

借：银行存款　　121 800

　　贷：合同资产　　121 800

根据上述业务，登记会计凭证，见表 8-21。

表 8-21 收款凭证

附件：3 张

借方科目：银行存款　　　　2019 年 1 月 20 日　　　　银收字第 21 号

摘 要	借方科目		账页	金额									
	一级科目	二级或明细科目		千	百	十	万	千	百	十	元	角	分
收到甲公司贷款	合同资产	甲公司				1	2	1	8	0	0	0	0
合计					¥	1	2	1	8	0	0	0	0

会计主管：洪英　　记账：蒋秦　　出纳：张健　　审核：纪明承　　填制：

借：应交税费——应交增值税（待转销项税额）

　贷：应交税费——应交增值税（销项税额）

根据上述业务，登记会计凭证，见表 8-22。

表 8-22 转账凭证

附件：2 张

2019 年 1 月 20 日　　　　转字第 35 号

摘 要	一级科目	二级或明细科目	账页	借方金额										贷方金额									
				千	百	十	万	千	百	十	元	角	分	千	百	十	万	千	百	十	元	角	分
增值税结转	应交税费	应交增值税（待转销项税额）					1	6	8	0	0	0	0										
	应交税费	应交增值税（待转项税额）															1	6	8	0	0	0	0
合计						¥	1	6	8	0	0	0	0			¥	1	6	8	0	0	0	0

会计主管：洪英　　记账：蒋秦　　出纳：张健　　审核：纪明承　　填制：

根据会计凭证，登记账簿，见表 8-23。

表 8-23 明细分类账簿

会计科目：合同资产

2019 年 月	日	凭证科目代码	摘 要	对方科目	借方 千	百	十	万	千	百	十	元	角	分	贷方 千	百	十	万	千	百	十	元	角	分	借或贷	余额 千	百	十	万	千	百	十	元	角	分
1	1		期初余额																						借								0		
1	10	转 34	销售货物	主营业务收入			1	2	1	8	0	0	0	0											借			1	2	1	8	0	0	0	0

续上表

2019 年		凭证科目代码	摘　要	对方科目	借　方										贷　方										借或贷	余　额									
月	日				千	百	十	万	千	百	十	元	角	分	千	百	十	万	千	百	十	元	角	分		千	百	十	万	千	百	十	元	角	分
1	20	银收 21	结转	银行存款													1	2	1	8	0	0	0	0	平								0		

合同资产与应收账款的区别有以下两点：

（1）权利内涵不同。合同资产是应收账款的前置科目，是尚有条件未成就时的收款权利，而该条件与时间无关；应收账款或长期应收款则是除了时间之外所有条件都已成就的收款权利。

（2）减值准备计提的原因不同。合同资产计提减值时，适用“资产减值损失”，而应收账款计提减值时，适用“信用减值损失”。前者由于资产本身减值产生，后者则由于交易对方信用低劣产生。

8.5 其他应收款

其他应收款是指除应收票据、应收账款和预付账款以外的其他各种应收、暂付款项。主要包括应收的各种赔款、罚款；经营租赁的各种租金；存出的保证金；备用金预付账款转入；其他各种应收、暂付款项。

8.5.1 其他应收款的核算范围

其他应收款主要内容如下。

1 • 应收的各种赔款。如因企业财产等遭受意外损失而应向有关保险公司收取的赔款等

2 • 应收的各种罚款。如因员工失职给企业造成一定损失而应向该员工收取的罚款

3 • 存出保证金，如租入包装物支付的押金，预付账款转入及其他应收、暂付款项

4 • 备用金（向企业各职能科室、车间等拨付的备用金）

5 • 应向职工收取的各种垫付的款项，如为职工垫付的水电费，应由职工负担的医药费、房租等

8.5.2 其他应收款科目的具体运用

其他应收款科目用于核算企业除应收票据、应收账款、预付账款等以外的其他各种应收、暂付款项。在“其他应收款”账户下，应按其他应收款的项目分类，并按不同的债务人设置明细账。资产负债表中“应收利息”“应收股利”合并在该科目。具体设置见表 8-24。

表 8-24 其他应收款科目的设置

科目代码	总分类科目（一级科目）	明细分类科目	
		二级科目	三级科目
1221	其他应收款		
122101	其他应收款	备用金	按借款人设置
122102	其他应收款	应收个人款项	按借款人设置
122103	其他应收款	应收单位款项	按单位名称设置
122104	其他应收款	内部往来款项	按单位名称设置
122105	其他应收款	其他款项	按业务内容设置

企业发生其他各种应收、暂付款项时，账务处理如图 8-9 所示。

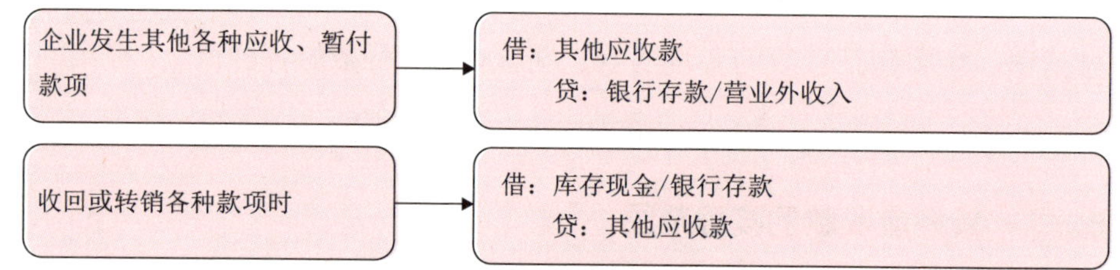

图 8-9 其他应收款账务处理

【例 8-9】 2019 年 1 月 3 日，雅致电子有限公司租入包装物一批，以银行存款向出租方支付押金 36 000 元。2019 年 2 月 10 日，租入包装物如数退回，雅致公司收到出租方退还的押金 36 000 元，已存入银行。

① 2019 年 1 月，支付押金时。

借：其他应收款——存出保证金　　36 000

　　贷：银行存款　　36 000

根据上述业务，登记会计凭证，见表 8-25。

表 8-25　付款凭证

附件：3 张

贷方科目：银行存款　　　　2019 年 1 月 3 日　　　　银付字第 010 号

摘要	借方科目		账页	金额									
	一级科目	二级或明细科目		千	百	十	万	千	百	十	元	角	分
支付押金时	其他应收款	存出保证金					3	6	0	0	0	0	0
合计						￥	3	6	0	0	0	0	0

会计主管：洪英　　记账：蒋秦　　出纳：张健　　审核：纪明承　　填制：

② 2019 年 2 月 10 日，收回押金时。

借：银行存款　　36 000

　　贷：其他应收款——存出保证金　　36 000

根据上述业务，登记会计凭证，见表 8-26。

表 8-26　收款凭证

附件：2 张

借方科目：银行存款　　　　2019 年 2 月 10 日　　　　银收字第 018 号

摘要	贷方科目		账页	金额									
	一级科目	二级或明细科目		千	百	十	万	千	百	十	元	角	分
收回押金	其他应收款	存出保证金					3	6	0	0	0	0	0
合计						￥	3	6	0	0	0	0	0

会计主管：洪英　　记账：蒋秦　　出纳：张健　　审核：纪明承　　填制：

根据会计凭证，登记账簿，见表 8-27。

表 8-27　明细分类账簿

会计科目：其他应收款

编　　号：1221

2019 年		凭证科目代码	摘要	对方科目	借方										贷方										借或贷	余额									
月	日				千	百	十	万	千	百	十	元	角	分	千	百	十	万	千	百	十	元	角	分		千	百	十	万	千	百	十	元	角	分
1	1																																		
1	3	银付 010	支付押金	银行存款				3	6	0	0	0	0	0											借				3	6	0	0	0	0	0
2	19	银收 018	收回押金	银行存款														3	6	0	0	0	0	0	平								0		

续上表

2019年		凭证科目代码	摘要	对方科目	借方										贷方										借或贷	余额									
月	日				千	百	十	万	千	百	十	元	角	分	千	百	十	万	千	百	十	元	角	分		千	百	十	万	千	百	十	元	角	分

8.6 应收款项减值

企业的各种应收款项，可能会因购货人拒付、破产、死亡等原因而无法收回。这类无法收回的应收款项就是坏账。因坏账而遭受的损失为坏账损失。企业应当在资产负债表日对应收款项的账面价值进行检查，有客观证据表明应收款项发生减值的，应当将该应收款项的账面价值减记至预计未来现金流量现值，减记的金额确认减值损失，计提坏账准备。确定应收款项减值有两种方法，即直接转销法和备抵法。

8.6.1 坏账准备的账务处理

坏账准备可按以下公式计算：

当期应计提的坏账准备＝当期按应收款项计算应提坏账准备金额－（或＋）“坏账准备”科目的贷方（或借方）余额

（1）发生坏账损失时，账务处理如图 8-10 所示。

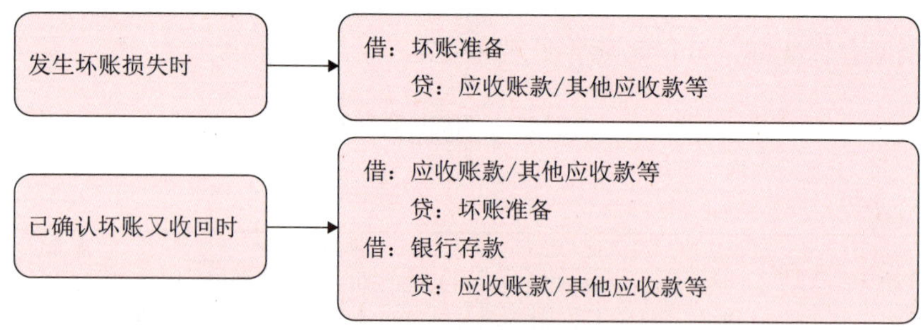

图 8-10　发生坏账损失时账务处理

（2）补提与冲销坏账时，账务处理如图 8-11 所示。

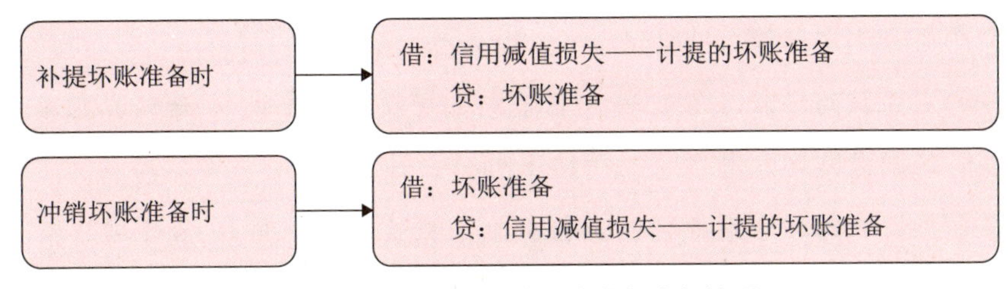

图 8-11　补提与冲销坏账准备账务处理

8.6.2 坏账准备科目的具体运用

坏账准备科目是资产类科目中的备抵科目，核算企业应收款项的坏账准备。坏账准备科目可按应收款项的类别进行明细核算。本科目期末贷方余额，反映企业已计提但尚未转销的坏账准备。科目代码是 1231。见表 8-28。

表 8-28　坏账准备会计科目编码的设置

科目代码	总分类科目（一级科目）	明细分类科目		是否辅助核算	辅助核算类型
		二级科目	三级科目		
1231	坏账准备				
123101	坏账准备	应收账款坏账准备	××公司	是	单位名称
123102	坏账准备	其他应收款坏账准备	××公司	是	单位名称
123103	坏账准备	应收票据坏账准备	××公司	是	单位名称
123104	坏账准备	预付账款坏账准备	××公司	是	单位名称
123105	坏账准备	长期应收款坏账准备	××公司	是	单位名称
123106	坏账准备	其他坏账准备	××公司	是	单位名称

估计坏账损失有四种方法，即余额百分比法、账龄分析法、销货百分比法和个别认定法。

1. 余额百分比法

余额百分比法是根据会计期末应收账款的余额乘以估计的坏账准备率，即为当期应估计的坏账损失，据此提取坏账准备。估计坏账率可以按照以往的数据资料加以确定，也可以根据规定的百分比确定。在会计期末，企业应计提的坏账准备小于其账面余额的，按其差额冲回坏账准备。

余额百分比法计算公式

当期应提取的坏账准备数额 = 当期期末应收款项余额 × 估计坏账率

以后各期提取坏账准备时，可按下列公式计算：

当期应提取的坏账准备数额 = 当期期末应收款项余额 × 估计坏账率 –“坏账准备”账户贷方余额（或 +“坏账准备”账户借方余额）

【例 8–10】 雅致电子有限公司 2015 年年末应收账款的余额为 1 700 000 元，提取坏账准备的比率为 5‰；2016 年发生坏账损失 9 300 元，其中 A 单位 3 600 元，B 单位 5 700 元，期末应收账款余额为 2 380 000 元；2018 年，已冲销的上年 B 单位应收账款又收回，期末应收账款余额为 2 490 000 元。

（1）2015 年提取坏账准备。

借：信用减值损失——计提的坏账准备（1 700 000 × 5‰） 8 500

　　贷：坏账准备 8 500

（2）2016 年发生坏账时。

借：坏账准备 9 300

　　贷：应收账款——A 单位 3 600

　　　　　　　　——B 单位 5 700

2016 年年末按应收账款的余额计算提取坏账准备。

“坏账准备”科目余额 =8 500–9 300=–800（元）

当年应提的坏账准备 =2 380 000 × 5‰ –（–800）=12 700（元）

借：信用减值损失——计提的坏账准备 12 700

　　贷：坏账准备 12 700

（3）2018 年收回上年已冲销的 B 单位账款 5 700 元。

借：应收账款——B 单位 5 700

　　贷：坏账准备 5 700

借：银行存款 5 700

　　贷：应收账款——B 单位 5 700

2018 年年末计算提取坏账准备。

“坏账准备”科目余额 =-800+12 700+5 700=17 600（元）

当年应提的坏账准备 =2 490 000×5‰ -17 600=-5 150（元）

借：坏账准备　　5 150

　　贷：信用减值损失——计提的坏账准备　　5 150

注意：一般情况下，坏账准备的提取比例为 3‰ ~5‰。

2. 账龄分析法

账龄分析法是根据应收账款入账时间的长短来估计坏账损失的方法。虽然应收账款能否收回不一定完全取决于时间的长短，但一般来说，账款拖欠时间越长，发生坏账的可能就越大。

【例 8-11】 2017 年 12 月 31 日，雅致电子有限公司应收账款账龄及估计坏账损失，见表 8-29。

表 8-29　应收账款账龄及估计坏账损失表

应收账款账龄	应收账款金额（元）	估计损失（%）	估计损失金额（元）
未到期	44 000	0.5	220
过期 3 个月以下	23 000	1	230
过期 3~6 个月	38 000	2	760
过期 6~12 个月	56 000	3	1 680
过期 1 年以上	10 000	5	500
合计	171 000		3 390

假设调整前“坏账准备”的账面余额为贷方 1 520 元，则调整金额为 3 390-1 520=1 870（元）。

借：信用减值损失——计提的坏账准备　　1 870

　　贷：坏账准备　　1 870

假设调整前“坏账准备”的账面余额为借方 740 元，则调整金额为 3 390+740=4 130（元）。

借：信用减值损失——计提的坏账准备　　4 130

　　贷：坏账准备　　4 130

3. 销货百分比法

销货百分比法是根据赊销金额的一定比例估计坏账损失的方法。采用销货百分比法时，可能由于企业的经营状况不断地变化而不相适应，因此应当按照企业的实际情况及时地调节百分比。

【例 8–12】 假设雅致电子有限公司2018 年全年赊销金额为 5 890 000 元，根据以往资料和经验，估计坏账准备损失率为 2%，假设本年末坏账准备余额为 0 元。

年末估计坏账损失为：5 890 000 × 2%=117 800（元）

借：信用减值损失——计提的坏账准备　　117 800

　　贷：坏账准备　　117 800

4. 个别认定法

个别认定法是指根据单笔应收款项的可回收性估计坏账准备的方法，如果某项应收款项的可回收性和其他各项应收款项有明显差别（如债务单位所处的特定地区等），导致该项应收账款如果按照其他各项应收账款同样的方法计提坏账准备，将无法准确反映其可回收金额，则可对该项应收款项采用个别认定法计提坏账准备。

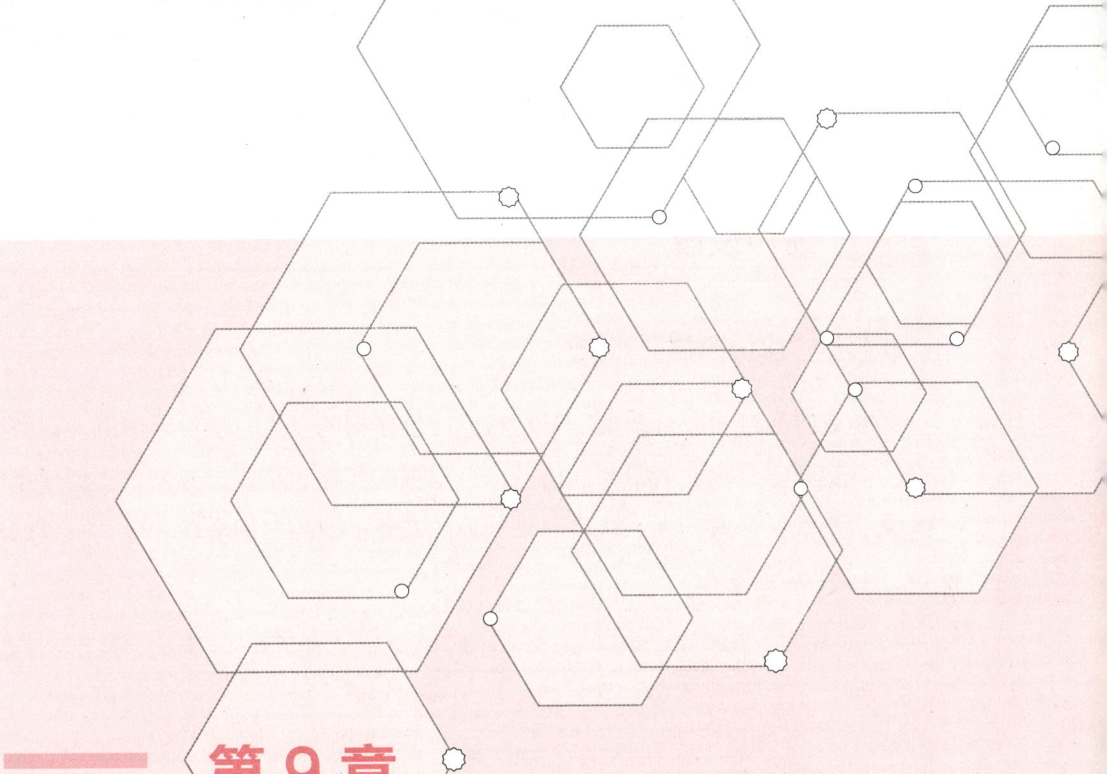

第 9 章 企业应付款项的核算

企业在生产经营活动过程中，因采购商品物资、原材料、接受劳务供应，应付未付供货单位的款项。包括应付账款、应付票据和其他应付款。

9.1 账户设置

9.1.1 “应付票据”账户

企业应通过“应付票据”科目核算应付票据的发生、偿付等情况。该科目贷方登记开出、承兑汇票的面值及带息票据的预提利息，借方登记支付票据的金额，余额在贷方，表示企业尚未到期的商业汇票的票面金额和应计未付的利息。如图 9-1 所示。

借方	应付票据账户　　　　贷方
	期初余额
本期应付票据减少额	本期应付票据增加额
本期借方发生额合计	本期贷方发生额合计
	期末余额

图 9-1 “应付票据”账户结构

9.1.2 “应付账款”账户

“应付账款”账户属于负债类账户，用以核算企业因购买材料、商品和接受劳务等经营活动应支付的款项。该账户贷方登记企业因购入材料、商品和接受劳务等尚未支付的款项，借方登记偿还的应付账款。期末余额一般在贷方，反映企业期末尚未支付的应付账款余额；如果在借方，反映企业期末预付账款余额。账户结构如图 9-2 所示。

借方	应付账款账户　　　　贷方
	期初余额
本期应付账款减少额	本期应付账款增加额
本期借方发生额合计	本期贷方发生额合计
	期末余额

图 9-2 “应付账款”账户结构

9.1.3 “合同负债”账户

根据新收入准则的规定，合同负债科目核算企业已收或应收客户对价而应向客户转让商品的义务。本科目应按合同进行明细核算。期末贷方余额，反映企业在向客户转让商品之前，已经收到的合同对价或已经取得的无条件收取合同对价权利的金额。账户结构如图 9–3 所示。

借方　　　　合同负债账户	贷方
	期初余额
反映减少的合同负债	反映增加的合同负债
本期借方发生额合计	本期贷方发生额合计
	已收到的合同对价或已取得的无条件收取合同对价权利的金额

图 9–3　“合同负债”账户结构

9.2 应付票据

应付票据是由出票人出票，委托付款人在指定日期无条件支付特定的金额给收款人或者持票人的票据，包括商业承兑汇票和银行承兑汇票。应付票据按是否带息分为不带息应付票据和带息应付票据两种。

企业应通过“应付票据”科目核算应付票据的发生、偿付等情况。

9.2.1 应付票据科目的具体应用

企业应设置“应付票据备查簿”，详细登记每一笔应付票据的种类、号码、出票日期、到期日、票面金额、交易合同号、收款单位名称等详细资料。应付票据到期付清时，应在备查簿内逐笔注销。企业支付的银行承兑汇票手续费应计入当期财务费用。具体科目设置，见表 9–1。

表 9-1 应付票据会计科目编码的设置

科目代码	总分类科目（一级科目）	明细分类科目		是否辅助核算	辅助核算类别
		二级科目	三级科目		
2201	应付票据				
220101	应付票据	银行承兑汇票	种类	是	客户往来
220102	应付票据	商业承兑汇票	种类	是	客户往来

应付票据的核算主要包括开出并承兑商业汇票、期末计提票据利息、到期支付票款。企业因购买材料、商品和接受劳务供应等而开出、承兑的商业汇票，应当按其票面金额作为应付票据的入账金额。企业开出、承兑的带息票据，通常应在期末对尚未支付的应付票据计提利息，计入当期财务费用。

应付票据的主要账务处理，如图 9-4 所示。

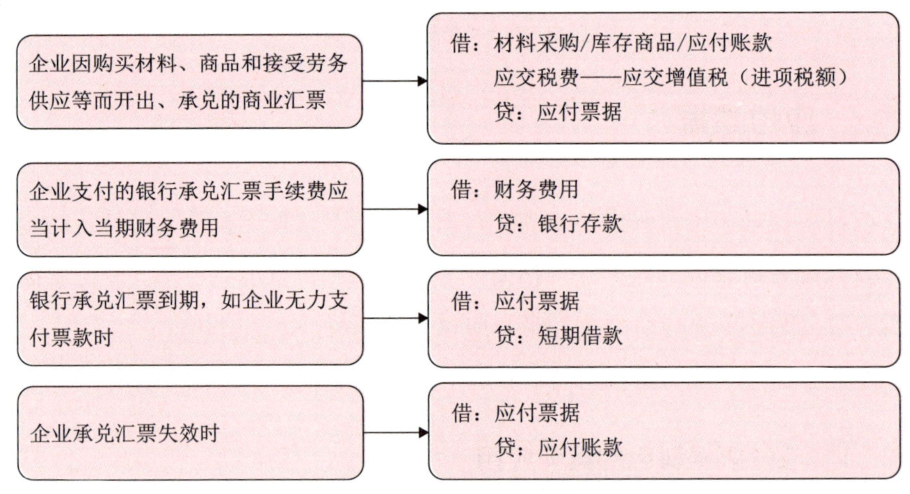

图 9-4 应付票据的账务处理

9.2.2 不带息应付票据的账务处理

不带息票据是指债务人到期还款时，只偿还面值金额，即票据到期值等于面值，应按其面额记账，借记“材料采购”“库存商品”“应交税费”等账户，贷记“应付票据”账户。

【例 9-1】 2019 年 1 月 16 日，雅致电子有限公司开出期限为 3 个月、票面金额为 88 740 元的不带息商业承兑汇票支付绿地公司货款，增值税专用发票上列明价款 76 500 元，增值税额 12 240 元，商品验收入库。见表 9-2。

表 9-2

商业承兑汇票

出票日期（大写）：贰零壹玖年零壹月壹拾陆日　　汇票号码

<table>
<tr><td rowspan="3">付款人</td><td>全　称</td><td colspan="3">雅致电子有限公司</td><td rowspan="3">收款人</td><td>全　称</td><td colspan="10">绿地公司</td></tr>
<tr><td>账　号</td><td colspan="3">332101909234217689</td><td>账　号</td><td colspan="10">1023451909234287453</td></tr>
<tr><td>开户银行</td><td>工商银行深圳龙岗支行</td><td>行号</td><td>123</td><td>开户银行</td><td colspan="4">深圳宝山路支行</td><td colspan="2">行号</td><td colspan="4">234</td></tr>
<tr><td colspan="2" rowspan="2">出票金额</td><td colspan="5" rowspan="2">人民币
（大写）⊗捌万柒仟肆佰元整</td><td>千</td><td>百</td><td>十</td><td>万</td><td>千</td><td>百</td><td>十</td><td>元</td><td>角</td><td>分</td></tr>
<tr><td></td><td></td><td>¥</td><td>8</td><td>7</td><td>4</td><td>0</td><td>0</td><td>0</td><td>0</td></tr>
<tr><td colspan="2">汇票到期日（大写）</td><td colspan="4">贰零壹玖年零肆月壹拾伍日</td><td rowspan="2">付款人开户行</td><td>行号</td><td colspan="9">123</td></tr>
<tr><td colspan="2">交易合同号码</td><td colspan="4">CM3242</td><td>地址</td><td colspan="9">深圳市宝安区龙华宝山路 123 号</td></tr>
<tr><td colspan="5">本汇票已经承兑，到期无条件支付票款。

承兑人签章　袁枚
承兑日期 2019 年 4 月 15 日</td><td colspan="12">本汇票予以承兑，于到期日付款。

出票人签章　贾林</td></tr>
</table>

此联签发人存查

2019 年 1 月 16 日开出不带息商业汇票时。

借：库存商品　　76 500

　　应交税费——应交增值税（进项税额）　　12 240

　　贷：应付票据——商业承兑汇票——绿地公司　　88 740

根据上述业务，登记会计凭证，见表 9-3。

表 9-3 转账凭证

附件：3 张

2019 年 1 月 16 日 转字第 001 号

摘要	一级科目	二级或明细科目	账页	借方金额									贷方金额								
				百	十	万	千	百	十	元	角	分	百	十	万	千	百	十	元	角	分
开出不带息票据	库存商品					7	6	5	0	0	0	0									
	应交税费	应交增值税（进项税额）				1	2	2	4	0	0	0									
	应付票据	商业承兑汇票（绿地公司）													8	8	7	4	0	0	0
合计					¥	8	8	7	4	0	0	0		¥	8	8	7	4	0	0	0

会计主管：洪英　记账：蒋秦　出纳：张健　审核：纪明承　填制：

2019 年 4 月 15 日，支付票款时：

借：应付票据——商业承兑汇票——绿地公司　88 740

　贷：银行存款　88 740

根据上述业务，登记会计凭证，见表 9-4。

表 9-4 付款凭证

附件：3 张

贷方科目：银行存款　2019 年 4 月 15 日　银付字第 09 号

摘要	借方科目		账页	金额									
	一级科目	二级或明细科目		千	百	十	万	千	百	十	元	角	分
支付不带息票据 88740 元	商业承兑汇票（绿地公司）	商业承兑汇票（绿地公司）					8	8	7	4	0	0	0
合计						¥	8	8	7	4	0	0	0

会计主管：洪英　记账：蒋秦　出纳：张健　审核：纪明承　填制：

9.2.3 带息票据的账务处理

带息票据是指债务人到期还款时，除了偿还面值金额外，同时要偿还票据利息，即票据到期值等于面值加利息。利息为债务人由于延期支付款项所付出的代价，记入“财务费用”账户。

【例 9-2】雅致电子有限公司 2019 年 5 月 1 日从乙公司购进一批原材料，不含税价格 865 000 元，增值税率 16%，开出一张期限 4 个月等值的带息商业汇票，年利率为 8%。

（1）2019 年 5 月 1 日，开出商业汇票时。

借：原材料　　865 000

　应交税费——应交增值税（进项税额）　　138 400

　贷：应付票据——商业承兑汇票——乙公司　　1 003 400

根据上述业务，登记会计凭证，见表 9-5。

表 9-5　转账凭证

附件：3 张

2019 年 5 月 1 日　　转字第 009 号

摘　要	一级科目	二级或明细科目	账页	借方金额									贷方金额								
				百	十	万	千	百	十	元	角	分	百	十	万	千	百	十	元	角	分
从乙公司购入原材料	原材料				8	6	5	0	0	0	0	0									
	应交税费	应交增值税（进项税额）			1	3	8	4	0	0	0	0									
	应付票据	商业承兑汇票（绿地公司）											1	0	0	3	4	0	0	0	0
合计			¥	1	0	0	3	4	0	0	0	0	1	0	0	3	4	0	0	0	0

会计主管：洪英　　记账：蒋秦　　出纳：张健　　审核：纪明承　　填制：

（2）2019 年 6 月 30 日，计提 2 个月应计利息。

应计利息 =1 003 400 × 2 × 8% ÷ 12=13 378.67（元）

借：财务费用　　13 378.67

　贷：应付票据——商业承兑汇票——乙公司　　13 378.67

根据上述业务，登记会计凭证，见表 9-6。

表 9-6　转账凭证

附件：1 张

2019 年 6 月 30 日　　　　转字第 009 号

摘　要	一级科目	二级或明细科目	账页	借方金额									贷方金额								
				百	十	万	千	百	十	元	角	分	百	十	万	千	百	十	元	角	分
计提2个月应计利息	财务费用	利息				1	3	3	7	8	6	7									
	应付票据	商业承兑汇票（乙公司）													1	3	3	7	8	6	7
合计					￥	1	3	3	7	8	6	7		￥	1	3	3	7	8	6	7

会计主管：洪英　　记账：蒋秦　　出纳：张健　　审核：纪明承　　填制：

（3）2019 年 8 月 31 日到期付款时。

借：应付票据——商业承兑汇票——乙公司　　1 016 778.67

　　财务费用　　13 378.67

　　贷：银行存款　　1 030 157.34

根据上述业务，登记会计凭证，见表 9-7。

表 9-7　付款凭证

附件：　张

贷方科目：银行存款　　2019 年 8 月 31 日　　银付字第 09 号

摘　要	借方科目		账页	金　额									
	一级科目	二级或明细科目		千	百	十	万	千	百	十	元	角	分
到期付款	应付票据	商业承兑汇票（绿地公司）			1	0	1	6	7	7	8	6	7
	财务费用	利息					1	3	3	7	8	6	7
合计				￥	1	0	3	0	1	5	7	3	4

会计主管：洪英　　记账：蒋秦　　出纳：张健　　审核：纪明承　　填制：

9.3 合同负债

企业因转让商品收到的预收款适合新收入准则进行会计处理时，不再使用“预收账款”及“递延收益”科目，全部适用“合同负债”科目。“预收账款”科目并没有取消，仍可用于租金、长期股权投资转让款、转让金融资产等。

合同负债与预收账款的核算范围差异：合同负债不但能够核算实际收到的预收款，还能够（且应该）核算未实际到账但已拥有收取权利的预收款。

9.3.1 合同负债科目的具体运用

合同负债科目应按购货单位进行明细核算。见表 9-8。

表 9-8　合同负债会计科目编码的设置

总分类科目（一级科目）	明细分类科目		是否辅助核算	辅助核算类别
	二级科目	三级科目		
合同负债				
合同负债	预收的货款	商品、劳务类别	是	购货单位名称
合同负债	定金	商品、劳务类别	是	购货单位名称
合同负债	原料款	商品、劳务类别	是	购货单位名称
合同负债	工程款	商品、劳务类别	是	购货单位名称

9.3.2 合同负债的核算

合同负债的主要账务处理，具体如图 9-5 所示。

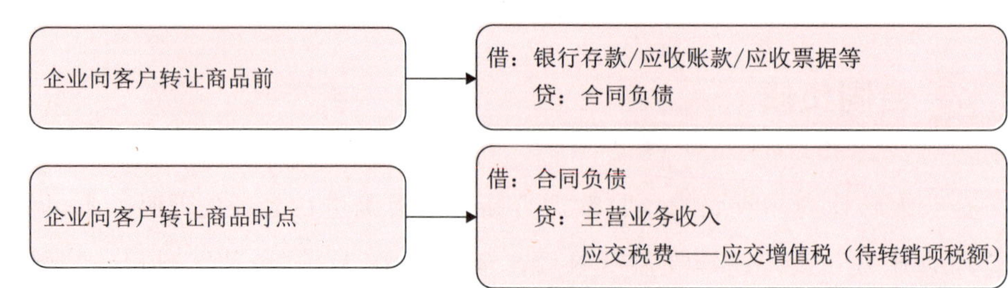

图 9-5　合同负债的账务处理

【例 9-3】 2019 年 2 月 3 日，雅致电子有限公司与乙企业签订供货合同，向其出售一批设备，货款金额共计 185 000 元，应缴纳的增值税 29 600 元。根据购货合同规定，购货合同签订两周内，乙企业向雅致电子有限公司免费提供设备使用指导。2 月 4 日，雅致电子有限公司将货物发到乙企业并开出增值税发票，乙企业验收合格后付清货款。

（1）2 月 4 日，收到货款。

借：银行存款　　214 600

　贷：合同负债　　185 000

　　应交税费——应交增值税（待转销项税额）　　29 600

根据上述业务，登记会计凭证，见表 9-9。

表 9-9　收款凭证

附件：× × 张

借方科目：银行存款　　2019 年 2 月 4 日　　银收字第 003 号

摘要	贷方科目		账页	金额									
	一级科目	二级或明细科目		千	百	十	万	千	百	十	元	角	分
向乙公司销售一批商品，收到货款 214 600 元	合同负债	乙公司				1	8	5	0	0	0	0	0
	应交税费	应交增值税（待转销项税额）					2	9	6	0	0	0	0
合计					¥	2	1	4	6	0	0	0	0

会计主管：洪英　　记账：蒋秦　　出纳：张健　　审核：纪明承　　填制：

（2）2 月 17 日，培训完成，乙公司认可。

借：合同负债　　185 000

　　贷：主营业务收入　　185 000

根据上述业务，登记会计凭证，见表 9-10。

表 9-10　转账凭证

附件：× × 张

2019 年 2 月 18 日　　转字第 009 号

摘要	一级科目	二级或明细科目	账页	借方金额									贷方金额								
				百	十	万	千	百	十	元	角	分	百	十	万	千	百	十	元	角	分
确认收入	合同负债	乙公司			1	8	5	0	0	0	0	0									
	主营业务收入													1	8	5	0	0	0	0	0
合计				¥	1	8	5	0	0	0	0	0	¥	1	8	5	0	0	0	0	0

会计主管：洪英　　记账：蒋秦　　出纳：张健　　审核：纪明承　　填制：

（3）结转增值税。

借：应交税费——应交增值税（待转销项税额）　　29 600

　　贷：应交税费——应交增值税（销项税额）　　29 600

根据上述业务，登记会计凭证，见表 9-11。

表 9-11　转账凭证

附件：× × 张

2019 年 2 月 18 日　　转字第 010 号

摘　要	一级科目	二级或明细科目	账页	借方金额										贷方科目									
				千	百	十	万	千	百	十	元	角	分	千	百	十	万	千	百	十	元	角	分
结转增值税	应交税费	应交增值税（待转销项税额）					2	9	6	0	0	0	0										
	应交税费	应交增值税（销项税额）															2	9	6	0	0	0	0
合计						¥	2	9	6	0	0	0	0										

会计主管：洪英　　记账：蒋秦　　出纳：张健　　审核：纪明承　　填制：

根据会计凭证，登记账簿，见表 9-12。

表 9-12 明细分类账簿

会计科目：合同负债

2019 年		凭证科目代码	摘要	对方科目	借方										贷方										借或贷	余额									
月	日				千	百	十	万	千	百	十	元	角	分	千	百	十	万	千	百	十	元	角	分		千	百	十	万	千	百	十	元	角	分
2	1		期初余额																														0		
2	4	银收 003	预收乙公司货款	银行存款													1	8	5	0	0	0	0	0	贷			1	8	5	0	0	0	0	0
2	17	转 009	确认收入	主营业务收入等			1	8	5	0	0	0	0	0											平								0		

9.4 应付账款

应付账款是指一般纳税人企业因购买材料、商品或接受劳务供应等业务应支付给供应者的账款。应付账款是由于在购销活动中买卖双方取得物资与支付货款在时间上的不一致而产生的负债。企业的其他应付账款，如应付赔偿款、应付租金、存入保证金等，不属于应付账款的核算内容。

9.4.1 应付账款入账时间及金额的确定

应付账款的入账时间，应以购买物资的所有权的风险和报酬已经转移或劳务已接受为标志。在现行企业会计制度对应付账款的入账时间做了以下两种情况的规定。

（1）在货物与发票账单同时到达的情况下，应付账款一般待货物验收入库后，才按发票账单所记载的实际价款入账。这样，确认所购货物的质量、品种及数量是否与合同条款相符，可以避免因先入账再行调账的情况。

（2）在货物与发票账单非同时到达，且两者间隔较长时间的情况下，应付账款的入账时间以收到发票账单为准。对于货到未付款的情况，由于该笔负债已经成立，月末编制资产负债表时，企业应将所购货物及应付债务暂估价入账，以使在月末编报的资产负债表中客观地反映企业所拥有的资产和应承担的债务。

应付账款的入账金额通常按发票账单等凭证上记载的实际发生额登记入账；当购货附有现金折扣条件时，应付账款的入账金额一般采用总价法核算。在总价法下，应付账款发生时，直接按发票上的应付金额的总额记账。如果在折扣期内付款，所取得的现金折扣收入作为理财收益处理。

9.4.2 应付账款的核算

为了核算企业因购买材料、接受劳务等而应向供应方支付的款项，企业应当设置“应付账款”账户。“应付账款”属于负债类账户，一般按供应单位设置明细账进行明细核算。

“应付账款”应按不同的购货单位或接受劳务的单位设置明细账户，进行明细核算。见表 9-13。

表 9-13　应付账款会计科目编码的设置

科目代码	总分类科目（一级科目）	明细分类科目		是否辅助核算	辅助核算类别
		二级明细科目	三级明细科目		
2202	应付账款				
220201	应付账款	××公司			
22020101	应付账款	××公司	应付商品款	是	客户 / 债权人
22020102	应付账款	××公司	应付工程款	是	客户 / 债权人
22020103	应付账款	××公司	应付质保金	是	客户 / 债权人

企业应付账款的发生有两种情况，应分别根据不同情形给予不同的会计处理。具体见表 9-14。

表 9-14　应付账款的账务处理

业务情景	账务处理
采购的材料已入库，但货款尚未支付，则根据发票所记载已到的收料凭证入账	借：原材料、库存商品（按实际应付金额） 　　应交税费——应交增值税（进项税额） 　　贷：应付账款

续上表

业务情景		账务处理
接受劳务发生的应付未付款项		借：生产成本 管理费用 贷：应付账款
应付账款偿还时		借：应付账款 贷：银行存款 / 应付票据等
应付账款转销时		借：应付账款 贷：营业外收入
外购电力、燃气等动力	每月付款时先作暂付款处理	借：应付账款 贷：银行存款
	月末按照外购动力用途	借：生产成本 管理费用 制造费用 贷：应付账款
所购材料已到，但月终发票单据未到，货款尚未支付	月终暂估计所购材料的成本和增值税	借：材料采购（按暂估价） 应交税费——应交增值税（进项税额） 贷：应付账款
	下月初用红字予以冲销，待发票单据到达后再付款	借：材料采购（按实际支付额） 应交税费——应交增值税（进项税额） 贷：银行存款

【例 9-4】 2019 年，雅致电子有限公司发生的应付账款业务如下。

（1）4 月 1 日，从 A 公司购入一批材料，货款为 432 000 元，增值税为 69 120 元。材料已运达企业并已验收入库（公司材料采用实际成本计价核算），款项尚未支付。

①应付账款发生时。

借：原材料　　432 000

　应交税费——应交增值税（进项税额）　　69 120

　　贷：应付账款——A 公司　　501 120

② 4 月 8 日，支付应付账款时。

借：应付账款　　501 120

　　贷：银行存款　　501 120

（2）5 月 30 日，根据用电部门通知，该企业本月应支付的电费为 73 400 元。其中生产车间电费 55 000 元，管理部门电费 18 400 元，款项尚未支付。

①应付账款发生时。

借：制造费用　　55 000

　　管理费用　　18 400

　　贷：应付账款 ——供电公司　　73 400

② 6 月 1 日，通过银行存款支付应付账款款项时。

借：应付账款　　73 400

　　贷：银行存款　　73 400

（3）12 月 31 日，经企业调查取证，原欠 B 公司的应付账款 12 350 元，因 B 公司的注销无法支付，予以转销。

借：应付账款——B 公司　　12 350

　　贷：营业外收入　　12 350

根据会计凭证，登记账簿，见表 9-15。

表 9-15　明细分类账簿

会计科目：应付账款
编　　号：2202

2019年		凭证科目代码	摘要	对方科目	借方										贷方										借或贷	余额									
月	日				千	百	十	万	千	百	十	元	角	分	千	百	十	万	千	百	十	元	角	分		千	百	十	万	千	百	十	元	角	分
			期初余额																														0		
4	1	转 012	采购材料款	原材料													5	0	1	1	2	0	0	0	贷			5	0	1	1	2	0	0	0
4	8	银付 03	支付 A 公司材料货款	银行存款			5	0	1	1	2	0	0	0											平								0		
			本月合计				5	0	1	1	2	0	0	0			5	0	1	1	2	0	0	0	平								0		
5	30	转 022	结转电费成本	制造费用等														7	3	4	0	0	0	0	贷				7	3	4	0	0	0	0
			本月合计															7	3	4	0	0	0	0	贷				7	3	4	0	0	0	0
6	1	银付 08	支付电费	银行存款				7	3	4	0	0	0	0											平								0		
			本月合计					7	3	4	0	0	0	0											平										
12	31	转 024	应付转收入	营业外收入				1	2	3	5	0	0	0											借				1	2	3	5	0	0	0
			本月合计																						借				1	2	3	5	0	0	0

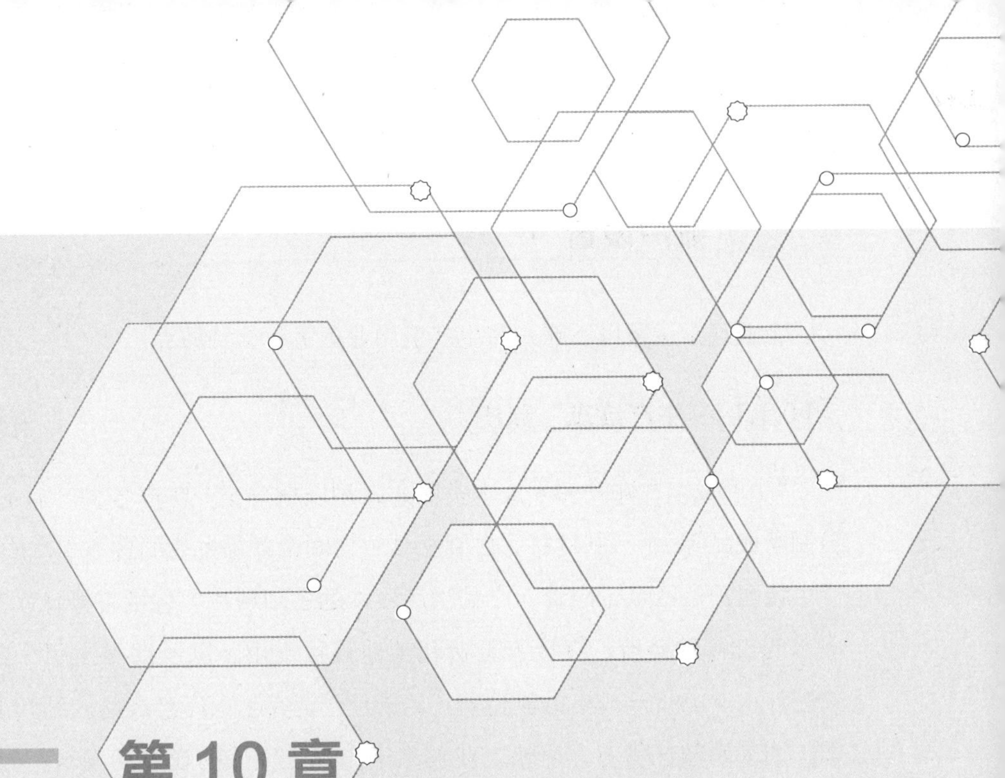

第 10 章 生产业务的会计处理

产品成本的核算是把一定时期内企业生产过程中所发生的费用，按其性质和发生地点，分类归集、汇总、核算，计算出该时期内生产费用发生总额，并按适当方法分别计算出各种产品的实际成本和单位成本等。

生产费用是指与企业日常生产经营活动有关的费用，按其经济用途可分为直接材料、直接人工和制造费用。

10.1 账户设置

企业通常设置以下账户对生产费用业务进行会计核算。

10.1.1 "生产成本"账户

"生产成本"账户属于成本类账户，用以核算企业生产各种产品（产成品、自制半成品等）、自制材料、自制工具、自制设备等发生的各项生产成本。

该账户借方登记应计入产品生产成本的各项费用，包括直接计入产品生产成本的直接材料费、直接人工费和其他直接支出，以及期末按照一定的方法分配计入产品生产成本的制造费用；贷方登记完工入库产成品应结转的生产成本。期末余额在借方，反映企业期末尚未加工完成的在产品成本。如图 10-1 所示。

借方　　　　生产成本账户	贷方
期初余额	
本期生产成本增加额	本期生产成本转销额
期末余额	

图 10-1 "生产成本"账户结构

10.1.2 "制造费用"账户

"制造费用"账户属于成本类账户，用以核算企业生产车间（部门）为生产产品和提供劳务而发生的各项间接费用。

该账户借方登记实际发生的各项制造费用，贷方登记期末按照一定标准分配转入"生产成本"账户借方的应计入产品成本的制造费用。期末结转后，该账户一般无余额。"制造费用"账户结构，如图 10-2 所示。

借方	制造费用账户　　　　　贷方
本期制造费用增加额	本期制造费用减少额或结转额
本期借方发生额合计	本期贷方发生额合计

图 10-2　“制造费用”账户结构

10.1.3 “库存商品”账户

“库存商品”账户属于资产类账户，用以核算企业库存的各种商品的实际成本（或进价）或计划成本（或售价），包括库存产成品、外购商品、存放在门市部准备出售的商品、发出展览的商品以及寄存在外的商品等。

该账户借方登记验收入库的库存商品成本，贷方登记发出的库存商品成本。期末余额在借方，反映企业期末库存商品的实际成本（或进价）或计划成本（或售价）。

“库存商品”账户结构，如图 10-3 所示。

借方	库存商品账户　　　　　贷方
期初余额	
本期库存商品增加额	本期库存商品减少额
本期借方发生额合计	本期贷方发生额合计
期末余额	

图 10-3　“库存商品”账户结构

10.1.4 “应付职工薪酬”账户

“应付职工薪酬”账户属于负债类账户，用以核算企业根据有关规定应付给职工的各种薪酬。职工薪酬，是指企业为获得职工提供的服务或解除劳动关系而给予的各种形式的报酬或补偿。职工薪酬包括短期薪酬、离职后福利、辞退福利和其他长期职工福利。企业提供给职工配偶、子女、受赡养人、已故员工遗属及其他受益人等的福利，也属于职工薪酬。

该账户借方登记本月实际支付的职工薪酬数额；贷方登记本月计算的应付

职工薪酬总额，包括各种工资、奖金、津贴和福利费等。期末余额在贷方，反映企业应付未付的职工薪酬。“应付职工薪酬”账户结构，如图 10-4 所示。

借方　　　应付职工薪酬账户	贷方
	期初余额
本期应付职工薪酬减少额	本期应付职工薪酬增加额
本期借方发生额合计	本期贷方发生额合计
	期末余额

图 10-4 “应付职工薪酬”账户结构

该账户可按“工资”“职工福利”“社会保险费”“住房公积金”“工会经费”“职工教育经费”“非货币性福利”“辞退福利”“股份支付”等进行明细核算。

10.2 材料的核算

在确定材料费用时，应根据领料凭证区分车间、部门和不同用途后，按照确定的结果将发出材料的成本借记“生产成本”“制造费用”“管理费用”等科目，贷记“原材料”等科目。

对于直接用于某种产品生产的材料费用，应直接计入该产品生产成本明细账中的直接材料费用项目；对于由多种产品共同耗用、应由这些产品共同负担的材料费用，应选择适当的标准在这些产品之间进行分配，按分担的金额计入相应的成本计算对象（生产产品的品种、类别等）；对于为提供生产条件等间接消耗的各种材料费用，应先通过“制造费用”科目进行归集，期末再同其他间接费用一起按照一定的标准分配计入有关产品成本；对于行政管理部门领用的材料费用，应记入“管理费用”科目。

【例 10-1】 雅致电子有限公司生产甲、乙、丙三种产品，本月共耗用 A 材料费 205 000 元，本月三种产品的净重量分别为 1 000 千克、4 000 千克、5 000 千克。用重量分配表编制材料费用分配表，见表 10-1。

表 10-1　材料费用分配表

产品名称	产品重量（千克）	分配率	分配金额（元）
甲产品 乙产品 丙产品	1 000 4 000 5 000		20 500 82 000 102 500
合 计	10 000	20.5	205 000

借：生产成本——基本生产成本——甲产品　　20 500

　　　　　——基本生产成本——乙产品　　82 000

　　　　　——基本生产成本——丙产品　　102 500

　贷：原材料——A 材料　　205 000

根据上述业务，登记会计凭证，见表 10-2。

表 10-2　转账凭证

附件：2 张

2019 年 1 月 8 日　　转字第 008 号

摘要	一级科目	二级或明细科目	账页	借方金额										贷方金额									
				千	百	十	万	千	百	十	元	角	分	千	百	十	万	千	百	十	元	角	分
分配A材料费用	生产成本	基本生产成本——甲产品					2	0	5	0	0	0	0										
	生产成本	基本生产成本——乙产品					8	2	0	0	0	0	0										
	生产成本	基本生产成本——丙产品				1	0	2	5	0	0	0	0										
	原材料	A材料														2	0	5	0	0	0	0	0
合计					￥	2	0	5	0	0	0	0	0		￥	2	0	5	0	0	0	0	0

会计主管：洪英　　记账：蒋秦　　出纳：张健　　审核：纪明承　　填制：

10.3 应付职工薪酬的核算

为了核算应付给职工的各种薪酬，企业应设置“应付职工薪酬”科目。本科目应当按照“工资”“职工福利”“社会保险费”“非货币性福利”“住房公积金”“工会经费”“职工教育经费”“解除职工劳动关系补偿”等应付职工薪酬项目进行明细核算。见表 10-3。

表 10-3 应付职工薪酬会计科目编码的设置

科目代码	总分类科目（一级科目）	明细分类科目		是否辅助核算	辅助核算类别
		二级科目	三级科目		
2211	应付职工薪酬				
221101	应付职工薪酬	工资、奖金、津贴、补贴	项目	是	部门
221102	应付职工薪酬	职工福利	项目	是	部门
221103	应付职工薪酬	社会保险费	项目	是	部门
221104	应付职工薪酬	非货币性福利	项目	是	部门
221105	应付职工薪酬	住房公积金	项目	是	部门
221106	应付职工薪酬	工会经费	项目	是	部门
221107	应付职工薪酬	职工教育经费	项目	是	部门
221108	应付职工薪酬	解除职工劳动关系补偿	项目	是	部门
221109	应付职工薪酬	其他	项目	是	部门

10.3.1 职工薪酬核算项目

职工薪酬的内容，如图 10-5 所示。

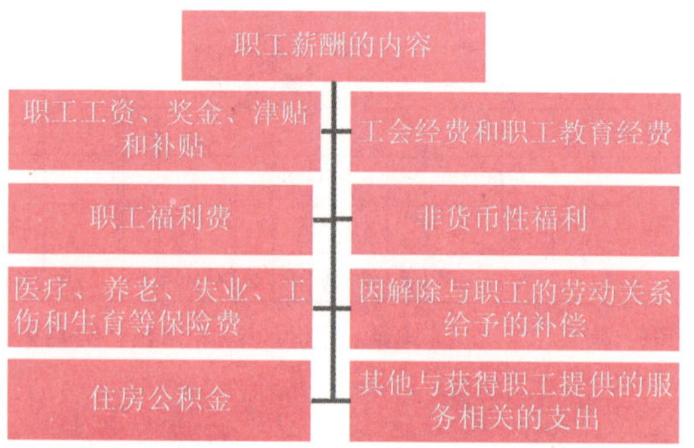

图 10-5 职工薪酬的内容

企业应当通过“应付职工薪酬”科目，核算应付职工薪酬的提取、结算、使用等情况。企业发放工资、办理工资结算时通过编制“工资核算表”。在工资结算表中，要根据工资卡、考勤记录、产量记录及代扣款项等资料按人名填列“应付工资”“代扣款项”“实发金额”三大部分。一般情况下，工资结算表一般应编制一式三份：一份由劳动工资部门存查；一份裁成“工资条”，连同工资一起发给职工；一份在发放工资时由职工签章后交财会部门作为工资核算的凭证，并用以代替工资的明细核算。由于工资结算表是按各个车间、部门分别编制的，因此，只能反映各个车间、部门工资结算和支付的情况。

10.3.2 职工薪酬的归集和分配

“应付职工薪酬——工资”科目月末有余额，贷方余额为累计应付未付工资，借方余额为累计多付工资。在企业各月工资总额相差不多的情况下，按照重要性要求，也可以按照当月实际支付的工资额进行分配，采用这种方法，“应付职工薪酬——工资”科目月末没有余额。账务处理如图 10-6 所示。

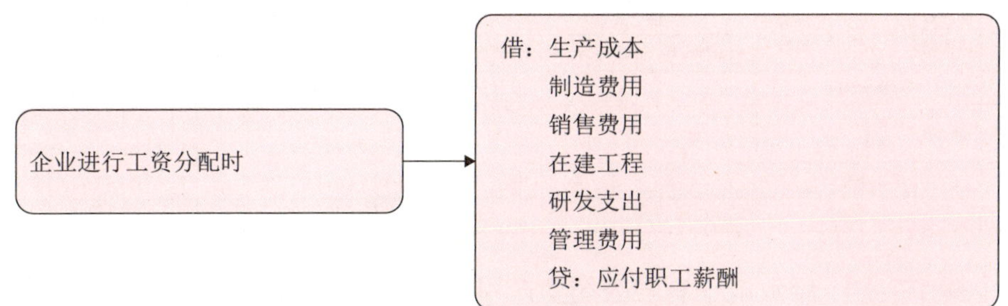

图 10-6　分配工资时的账务处理

【例 10-2】 2019 年 1 月，雅致电子有限公司进行本月工资分配。其中生产车间人员工资 556 200 元，销售人员工资 203 600 元，行政人员工资 150 600 元。

借：生产成本　　556 200
　　销售费用　　203 600
　　管理费用　　150 600
　　贷：应付职工薪酬——工资　　910 400

根据上述业务，登记会计凭证，见表 10-4。

表 10-4 转账凭证

附件： 张

2019 年 1 月 31 日 转字第 009 号

摘要	一级科目	二级或明细科目	账页	借方金额									贷方金额								
				百	十	万	千	百	十	元	角	分	百	十	万	千	百	十	元	角	分
结转工资成本	生产成本				5	5	6	2	0	0	0	0									
	销售费用				2	0	3	6	0	0	0	0									
	管理费用				1	5	0	6	0	0	0	0									
	应付职工薪酬	工资												9	1	0	4	0	0	0	0
合计				¥	9	1	0	4	0	0	0	0	¥	9	1	0	4	0	0	0	0

会计主管：洪英 记账：蒋秦 出纳：张健 审核：纪明承 填制：

根据会计凭证，登记账簿，见表 10-5。

表 10-5 明细分类账簿

会计科目：应付职工薪酬——工资

编 号：2211

2019 年		凭证科目代码	摘要	对方科目	借方										贷方										借或贷	余额									
月	日				千	百	十	万	千	百	十	元	角	分	千	百	十	万	千	百	十	元	角	分		千	百	十	万	千	百	十	元	角	分
1	1		期初余额																														0	0	0
1	31	转 009	分配职工薪酬														9	1	0	4	0	0	0	0	贷			9	1	0	4	0	0	0	0
			本月合计														9	1	0	4	0	0	0	0	贷			9	1	0	4	0	0	0	0

【例 10-3】 雅致电子有限公司生产甲、乙两种产品，2019 年 1 月共发生生产工人工资 556 200 元。上述人工费按生产工时比例在甲、乙产品之间分配，其中甲产品的生产工时为 1 500 小时，乙产品的生产工时为 500 小时。

该企业生产甲产品应分配的人工费 =556 200×[1 500÷（1 500+500）]=417 150（元）。

乙产品应分配的人工费 =556 200×[500÷（1 500+500）]=139 050（元）。

借：生产成本——基本生产成本（甲产品） 417 150

——基本生产成本（乙产品） 139 050

贷：应付职工薪酬——工资 556 200

根据上述业务，登记会计凭证，见表 10-6。

表 10-6　转账凭证

附件：2 张

2019 年 1 月 8 日　　　　转字第 008 号

摘要	一级科目	二级或明细科目	账页	借方金额										贷方金额									
				千	百	十	万	千	百	十	元	角	分	千	百	十	万	千	百	十	元	角	分
分配甲、乙两种产品的人工费用	生产成本	基本生产成本——甲产品				4	1	7	1	5	0	0	0										
	生产成本	基本生产成本——乙产品				1	3	9	0	5	0	0	0										
	应付职工薪酬	工资														5	5	6	2	0	0	0	0
合计					¥	5	5	6	2	0	0	0	0		¥	5	5	6	2	0	0	0	0

会计主管：洪英　　记账：蒋秦　　出纳：张健　　审核：纪明承　　填制：

10.3.3 职工薪酬发放

企业工资的账务处理，如图 10-7 所示。

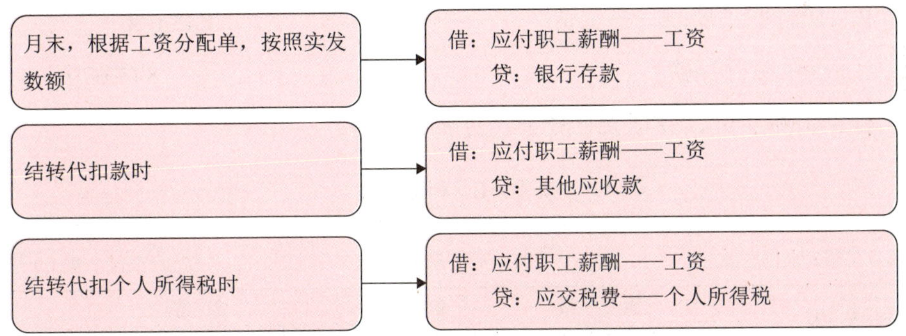

图 10-7　应付职工薪酬的账务处理

能直接进行产品生产的生产工人的职工薪酬，直接计入产品成本的“直接人工”成本项目；不能直接计入产品成本的职工薪酬，按工时、产品产量、产值比例等方式进行合理分配，计入各有关产品成本的“直接人工”项目。

生产工资费用分配率 = 各种产品生产工资总额 ÷ 各种产品生产工时之和

某种产品应分配的生产工资 = 该种产品生产工时 × 生产工资费用分配率

如果取得各种产品的实际生产工时数据比较困难，而各种产品的单件工时定额比较准确，也可按产品的定额工时比例分配职工薪酬。

某种产品耗用的定额工时＝该种产品投产量 × 单位产品工时定额

生产工资费用分配率＝各种产品生产工资总额 ÷ 各种产品定额工时之和

某种产品应分配的生产工资＝该种产品定额工时 × 生产工资费用分配率

【例10–4】雅致电子有限公司2019年2月工资结算表，见表10–7。

表10–7 工资结算汇总表

2019年1月

人员类别	计时工资	计件工资	奖金	津贴和补贴	加班加点工资	其他工资	合计	代扣款项	代扣个人所得税	实发工资
生产工人	450 000	62 000	23 600	8 100	6 900	5 600	556 200	21 900	27 000	507 300
销售人员	189 000		11 400	3 200			203 600	1 430	3 100	199 070
管理人员	136 000		8 100	6 500			150 600	2 100	9 800	138 700
合计	775 000	62 000	43 100	17 800	6 900	5 600	910 400	25 430	39 900	845 070

根据工资结算业务，作会计分录如下。

（1）通过银行转账方式，实际发放工资845 070元。

借：应付职工薪酬——工资　　845 070

　贷：银行存款　　845 070

根据上述业务，登记会计凭证，见表10–8。

表10–8 付款凭证

附件：3张

贷方科目：银行存款　　2019年1月31日　　银付字第09号

摘要	借方科目		账页	金额									
	一级科目	二级或明细科目		千	百	十	万	千	百	十	元	角	分
实际发放1月工资845 070元	应付职工薪酬	工资				8	4	5	0	7	0	0	0
合计					¥	8	4	5	0	7	0	0	0

会计主管：洪英　记账：蒋秦　出纳：张健　审核：纪明承　填制：

（2）结转代扣款25 430元。

借：应付职工薪酬——工资　　25 430

贷：其他应付款　　25 430

根据上述业务，登记会计凭证，见表 10-9。

表 10-9　转账凭证

附件：1 张

2019 年 2 月 16 日　　转字第 009 号

摘要	一级科目	二级或明细科目	账页	借方金额									贷方金额								
				百	十	万	千	百	十	元	角	分	百	十	万	千	百	十	元	角	分
结转工资代扣款	应付职工薪酬	工资				2	5	4	3	0	0	0									
	其他应付款														2	5	4	3	0	0	0
合计					¥	2	5	4	3	0	0	0		¥	2	5	4	3	0	0	0

会计主管：洪英　记账：蒋秦　出纳：张健　审核：纪明承　填制：

（3）结转代扣个人所得税 39 900 元。

借：应付职工薪酬——工资　　39 900

　　贷：应交税费——应交个人所得税　　39 900

根据上述业务，登记会计凭证，见表 10-10。

表 10-10　转账凭证

附件：1 张

2019 年 1 月 31 日　　转字第 010 号

摘要	一级科目	二级或明细科目	账页	借方金额									贷方金额								
				百	十	万	千	百	十	元	角	分	百	十	万	千	百	十	元	角	分
计提个人所得税	应付职工薪酬	工资				3	9	9	0	0	0	0									
	应交税费	应交个人所得税													3	9	9	0	0	0	0
合计					¥	3	9	9	0	0	0	0		¥	3	9	9	0	0	0	0

会计主管：洪英　记账：蒋秦　出纳：张健　审核：纪明承　填制：

10.3.4 应付社会保险费和住房公积金

应由职工个人负担的社会保险费和住房公积金，属于职工工资的组成部分应根据职工工资的一定比例计算，应由企业负担的社会保险费和住房公积金，应在职工为其提供服务的会计期间，根据职工工资的一定比例计算。账务处理如图 10-8 所示。

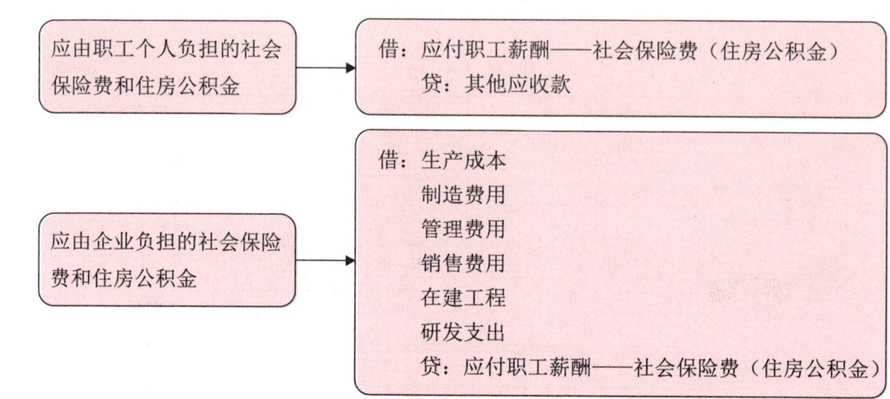

图 10-8 应付社会保险费和住房公积金的账务处理

【例 10-5】 2019 年 1 月，雅致电子有限公司本月向社会保险经办机构缴纳职工医疗保险费共计 609 968 元。见表 10-11。

表 10-11 社会保险金、住房公积金计算表

2018 年 1 月

项 目	养老保险		医疗保险		失业保险		工伤保险		生育保险		住房公积金		合 计
	比例	金额	比例	金额	比例	金额	比例	金额	比例	金额	比例	金额	
计算基数		910 400		910 400		910 400		910 400		910 400		910 400	
企业负担	20%	182 080	10%	91 040	1%	9 104	1%	9 104	0.8%	7 283.2	12%	109 248	407 859.2
个人负担	8%	72 832	2%	18 208	0.2%	1 820.8	0	0	0	0	12%	109 248	202 108.8
合计		254 912		109 248		10 924.8		9 104		7 283.2		218 496	609 968

计提企业负担部分：

借：管理费用　　　　407 859.20

　　贷：应付职工薪酬——社会保险费（五险一金）　　407 859.20

根据上述业务，登记会计凭证，见表 10-12。

表 10-12　转账凭证

附件：2 张

2019 年 1 月 8 日　　　　转字第 010 号

摘要	一级科目	二级或明细科目	账页	借方金额										贷方金额									
				千	百	十	万	千	百	十	元	角	分	千	百	十	万	千	百	十	元	角	分
计提社会保险金、住房公积金费用	管理费用					4	0	7	8	5	9	2	0										
	应付职工薪酬	社会保险金、住房公积金														4	0	7	8	5	9	2	0
合计					¥	4	0	7	8	5	9	2	0		¥	4	0	7	8	5	9	2	0

会计主管：洪英　　记账：蒋秦　　出纳：张健　　审核：纪明承　　填制：

根据会计凭证，登记账簿，见表 10-13。

表 10-13　明细分类账簿

会计科目：应付职工薪酬——社会保险费
编　　号：2211

2019 年		凭证科目代码	摘要	对方科目	借方										贷方										借或贷	余额									
月	日				千	百	十	万	千	百	十	元	角	分	千	百	十	万	千	百	十	元	角	分		千	百	十	万	千	百	十	元	角	分
1	1		期初余额																														0		
1	31	转 010	计提社会保险														4	0	7	8	5	9	2	0	贷			4	0	7	8	5	9	2	0
			本月合计														4	0	7	8	5	9	2	0	贷			4	0	7	8	5	9	2	0

10.3.5 应付工会经费和职工教育经费的计提与使用

工会经费是按照国家规定由企业负担的用于工会活动方面的经费（2%），职工教育经费是按国家规定由企业负担的用于职工教育方面的经费（1.5%）。

为了反映工会经费和职工教育经费的提取和使用情况，应在“应付职工薪酬”科目下设“工会经费”和“职工教育经费”明细科目。账务处理如图 10-9 所示。

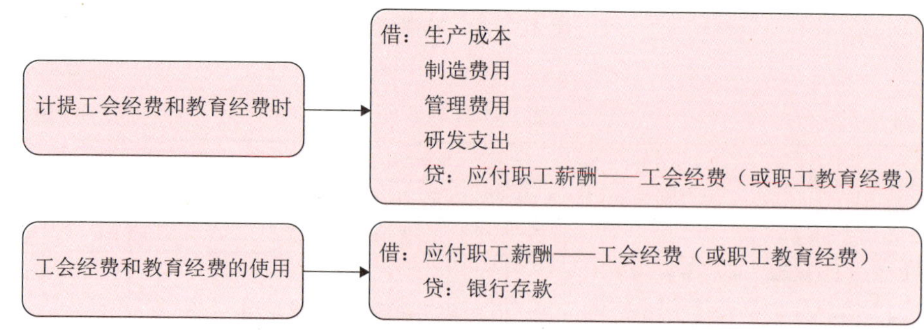

图 10-9　应付工会经费和职工教育经费的账务处理

【例 10-6】 承上例，计算本月工会经费、职工教育经费。见表 10-14。

表 10-14　工会经费、职工教育经费计算表

2019 年 1 月 31 日

项　目	工会经费		职工教育经费		合　计
	比　例	金　额	比　例	金　额	
计算基数		910 400		910 400	
应付职工薪酬	2%	18 208	1.5%	13 656	31 864

借：管理费用　　31 864

　　贷：应付职工薪酬——工会经费　　18 208

　　　　　　　　　——职工教育经费　　13 656

根据上述业务，登记会计凭证，见表 10-15。

表 10-15　转账凭证

附件：2 张

2019 年 1 月 31 日　　转字第 011 号

摘要	一级科目	二级或明细科目	账页	借方金额										贷方金额									
				千	百	十	万	千	百	十	元	角	分	千	百	十	万	千	百	十	元	角	分
计提本月工会经费、职工教育经费	管理费用	基本生产成本——甲产品					3	1	8	6	4	0	0										
	应付职工薪酬	工会经费															1	8	2	0	8	0	0
	应付职工薪酬	职工教育经费															1	3	6	5	6	0	0
合计						¥	3	1	8	6	4	0	0			¥	3	1	8	6	4	0	0

会计主管：洪英　　记账：蒋秦　　出纳：张健　　审核：纪明承　　填制：

根据会计凭证，登记账簿，见表 10-16。

表 10-16　明细分类账簿

会计科目：应付职工薪酬——工会、教育经费
编　　号：2211

2019 年		凭证科目代码	摘　要	对方科目	借　方										贷　方										借或贷	余　额									
月	日				千	百	十	万	千	百	十	元	角	分	千	百	十	万	千	百	十	元	角	分		千	百	十	万	千	百	十	元	角	分
1	1		期初余额																														0	0	0
1	31	转 011	计提工会、教育经费															3	1	8	6	4	0	0	贷				3	1	8	6	4	0	0
			本月合计															3	1	8	6	4	0	0	贷				3	1	8	6	4	0	0

10.3.6　非货币性职工薪酬的核算

非货币性职工薪酬是指企业以非货币性资产支付给职工的薪酬，主要包括企业以自产产品发放给职工作为福利、将企业拥有的资产无偿提供给职工使用、为职工无偿提供医疗保健服务等。

（1）企业以其自产产品作为非货币性福利发放给职工的，应当根据受益对象，按照该产品的公允价值，计入相关资产成本或当期损益，同时确认应付职工薪酬。如图 10-10 所示。

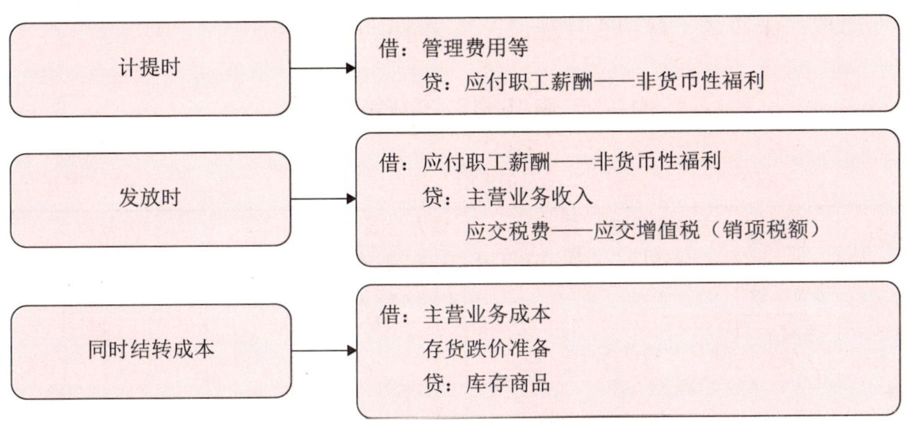

图 10-10　非货币性职工薪酬的账务处理

（2）企业将拥有的房屋等资产无偿提供给职工使用的，应当根据受益对象，

将该住房每期应计提的折旧计入相关资产成本或当期损益，同时确认应付职工薪酬。租赁住房等资产供职工无偿使用的，应当根据受益对象，将每期应付的租金计入相关资产成本或当期损益，并确认应付职工薪酬。基本账务处理如图10-11所示。

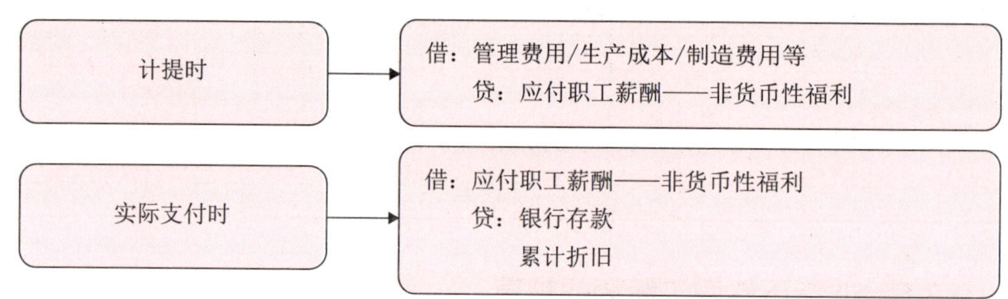

图 10-11　非货币性福利费的账务处理

【例 10-7】 2019 年 1 月 8 日，雅致电子有限公司采购 20 台饮水机，每台不含税价 800 元，增值税额 128 元。这批饮水机为建筑现场职工使用，以银行存款支付。

① 确认非货币性福利（800+128）×20=18 560（元）

借：在建工程　　　　18 560

　贷：应付职工薪酬——非货币性福利　　　　18 560

根据上述业务，登记会计凭证，见表 10-17。

表 10-17　转账凭证

附件：2 张

2019 年 1 月 8 日　　　　转字第 010 号

摘要	一级科目	二级或明细科目	账页	借方金额										贷方金额									
				千	百	十	万	千	百	十	元	角	分	千	百	十	万	千	百	十	元	角	分
为工地采购20台饮水机	在建工程						1	8	5	6	0	0	0										
	应付职工薪酬	非货币性福利															1	8	5	6	0	0	0
合计						￥	1	8	5	6	0	0	0			￥	1	8	5	6	0	0	0

会计主管：洪英　　记账：蒋秦　　出纳：张健　　审核：纪明承　　填制：

② 支付饮水机费用时。

借：应付职工薪酬——非货币性福利　　18 560

　　贷：银行存款　　18 560

根据上述业务，登记会计凭证，见表 10-18。

表 10-18　付款凭证

附件：2 张

贷方科目：银行存款　　2019 年 1 月 8 日　　银付字第 09 号

摘要	借方科目		账页	金额									
	一级科目	二级或明细科目		千	百	十	万	千	百	十	元	角	分
以银行存款支付饮水机 18 720 元	应付职工薪酬	非货币性福利					1	8	5	6	0	0	0
合计						¥	1	8	5	6	0	0	0

会计主管：洪英　　记账：蒋秦　　出纳：张健　　审核：纪明承　　填制：

根据会计凭证，登记账簿，见表 10-19。

表 10-19　明细分类账簿

会计科目：应付职工薪酬——非货币性福利

编　　号：2211

2019 年		凭证科目代码	摘要	对方科目	借方										贷方										借或贷	余额									
月	日				千	百	十	万	千	百	十	元	角	分	千	百	十	万	千	百	十	元	角	分		千	百	十	万	千	百	十	元	角	分
			期初余额																						贷								0	0	0
1	8	转 010	采购饮水机	在建工程														1	8	5	6	0	0	0	贷				1	8	5	6	0	0	0
1	8	银付 09 号	支付饮水机货款	银行存款				1	8	5	6	0	0	0											平								0		
			本月合计					1	8	5	6	0	0	0				1	8	5	6	0	0	0	平								0		

（3）企业在职工劳动合同到期之前解除与职工的劳动关系，或者为鼓励职工自愿接受裁减而提出给予补偿的建议，同时满足下列条件的，应当确认因解除与职工的劳动关系给予补偿而产生的应付职工薪酬，同时计入当期损益。

（4）企业不能单方面撤回解除劳动关系计划或裁减建议。为了反映解除劳动关系补偿的提取和支付情况，应在“应付职工薪酬”科目下设置“辞退福利”明细科目。

由于被辞退职工不能再给企业带来任何经济利益，辞退福利应当计入当期费用而不是资产成本。借记“管理费用”科目，贷记“应付职工薪酬——辞退福利”科目。账务处理如图 10-12 所示。

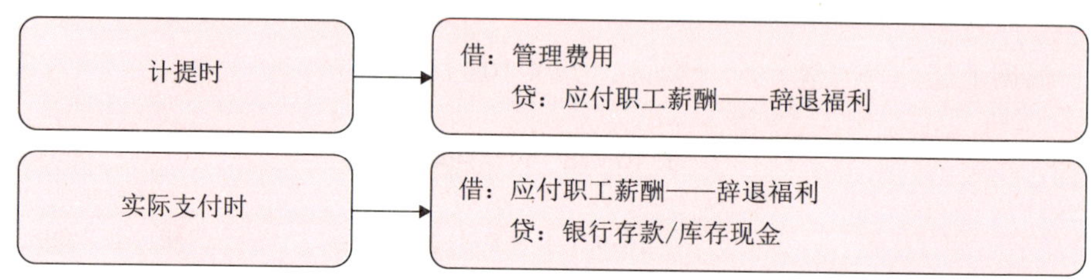

图 10-12 因解除与职工劳动关系给予的补偿账务处理

10.4 制造费用的核算

“制造费用”账户可按不同的生产车间、部门和费用项目进行明细核算。制造费用科目的具体设置，见表 10-20。

表 10-20 制造费用会计科目编码的设置

科目代码	总分类科目（一级科目）	明细分类科目		是否辅助核算	辅助核算类别
		二级科目	三级科目		
5101	制造费用				
510101	制造费用	固定费用			
51010101	制造费用	固定费用	工资	是	车间、部门
51010102	制造费用	固定费用	折旧费	是	车间、部门
51010103	制造费用	固定费用	照明费	是	车间、部门
51010104	制造费用	固定费用	水费	是	车间、部门
51010105	制造费用	固定费用	差旅费	是	车间、部门
51010106	制造费用	固定费用	周转材料摊销	是	车间、部门
51010107	制造费用	固定费用	修理费	是	车间、部门
51010108	制造费用	固定费用	租赁费	是	车间、部门
51010109	制造费用	固定费用	保险费	是	车间、部门
51010110	制造费用	固定费用	办公费	是	车间、部门

续上表

科目代码	总分类科目（一级科目）	明细分类科目		是否辅助核算	辅助核算类别
		二级科目	三级科目		
510102	制造费用	变动费用			车间、部门
51010201	制造费用	变动费用	水电费	是	车间、部门
51010202	制造费用	变动费用	加工费	是	车间、部门
51010203	制造费用	变动费用	设计制图费	是	车间、部门
51010204	制造费用	变动费用	劳动保护费	是	车间、部门
51010205	制造费用	变动费用	职工教育经费	是	车间、部门
51010206	制造费用	变动费用	水电费	是	车间、部门
51010207	制造费用	变动费用	工会经费	是	车间、部门

10.4.1 制造费用的归集与分配

企业发生的制造费用，应当按照合理的分配标准按月分配计入各成本核算对象的生产成本。企业可以采取的分配标准包括机器工时、人工工时、计划分配率等。

1. 制造费用分配的标准

制造费用的归集和分配应当通过“制造费用”科目进行核算。企业应当根据制造费用的性质，合理选择制造费用分配方法。

制造费用应当按照车间分别进行，不应将各车间的制造费用汇总，在企业范围内统一分配。制造费用的分配方法很多，通常采用生产工人工时比例法（或生产工时比例法）、生产工人工资比例法（或生产工资比例法）、机器工时比例法和按年度计划分配率分配法等。

制造费用分配率 = 制造费用总额 ÷ 各产品分配标准之和

该产品应分配的制造费用 = 该产品所耗用的分配标准 × 制造费用分配率

2. 制造费用的核算

企业发生制造费用时，借记“制造费用”科目，贷记“累计折旧”“银行存款”“应付职工薪酬”等科目；结转或分摊时，借记“生产成本”等科目，贷记“制造费用”科目。

10.4.2 间接材料费用的核算

生产车间耗费的一般物料由于不属于直接费用，因此不能直接计入产品的生产成本，而是应该在制造费用账户归集后分配到生产成本账户。

【例 10-8】 蓝迪公司基本生产车间为生产 A、B 两种产品本月共发生制造费用 168 000 元。A 产品生产工时为 26 000 小时；B 产品生产工时为 14 000 小时。

制造费用分配率 =168 000 ÷ 40 000=4.2（元 / 小时）

A 产品应负担的制造费用 =26 000 × 4.2=109 200（元）

B 产品应负担的制造费用 =14 000 × 4.2=58 800（元）

借：生产成本——基本生产成本——A 产品　　　　109 200

　　　　　　——基本生产成本——B 产品　　　　58 800

　贷：制造费用　　　　　　　　　　　　　　　　168 000

根据上述业务，登记会计凭证，见表 10-21。

表 10-21　转账凭证

附件：2 张

2019 年 1 月 8 日　　　　转字第 008 号

摘要	一级科目	二级或明细科目	账页	借方金额										贷方金额									
				千	百	十	万	千	百	十	元	角	分	千	百	十	万	千	百	十	元	角	分
结转制造费用 168 000 元	生产成本	基本生产成本（A 产品）				1	0	9	2	0	0	0	0										
	生产成本	基本生产成本（B 产品）					5	8	8	0	0	0	0										
	制造费用															1	6	8	0	0	0	0	0
合计					¥	1	6	8	0	0	0	0	0		¥	1	6	8	0	0	0	0	0

会计主管：洪英　　记账：蒋秦　　出纳：张健　　审核：纪明承　　填制：

10.4.3 间接人工费用的核算

生产车间管理人员由于是为全体车间的生产提供管理和服务的，因此车间管理人员的薪酬和福利费不能直接计入产品生产成本，而是在制造费用账户归集后分配到生产成本账户。

10.4.4 折旧费用的核算

企业对固定资产应按月计提折旧，每月编制折旧费用计算表计算各项固定资产应计提的折旧。

【例 10-9】 2019 年 1 月 31 日，雅致电子有限公司计提 1 月折旧费用，见表 10-22。

表 10-22　折旧费用计算表

2019 年 1 月　　单位：元

固定资产部门	固定资产类别	月折旧额
生产车间	厂房	24 790
	生产线	32 800
厂部	办公楼	8 700
销售部门	厂房	6 940
	运输设备	5 230
合计		78 460

根据上述资产，编制会计分录。

借：制造费用——厂房　24 790
　　　　　——生产线　32 800
　管理费用　8 700
　销售费用——厂房　6 940
　　　　　——运输设备　5 230
　贷：累计折旧　78 460

根据上述业务，登记会计凭证，见表 10-23。

表 10-23 转账凭证

附件：2 张

2019 年 1 月 31 日　　　　转字第 008 号

摘要	一级科目	二级或明细科目	账页	借方金额										贷方金额									
				千	百	十	万	千	百	十	元	角	分	千	百	十	万	千	百	十	元	角	分
计提折旧费用 78 460 元	制造费用	厂房					2	4	7	9	0	0	0										
	制造费用	生产线					3	2	8	0	0	0	0										
	管理费用							8	7	0	0	0	0										
	销售费用	厂房						6	9	4	0	0	0										
	销售费用	运输设备						5	2	3	0	0	0										
	累计折旧																7	8	4	6	0	0	0
合计						¥	7	8	4	6	0	0	0			¥	7	8	4	6	0	0	0

会计主管：洪英　　记账：蒋秦　　出纳：张健　　审核：纪明承　　填制：

10.4.5 其他间接费用的计算

生产车间发生的间接费用中，除间接材料和间接人工费用、折旧费用外，还有大量的其他费用，这些费用包括办公费、水电费、修理费、机物料消耗、劳动保护费等费用。

【例 10-10】 雅致电子有限公司生产车间本月发生除折旧外各种间接费用 89 650 元，均用银行存款支付，会计分录如下。

借：制造费用　　　　89 650

　贷：银行存款　　　　89 650

根据上述业务，登记会计凭证，见表 10-24。

表 10-24 付款凭证

附件：2 张

贷方：银行存款　　　　2019 年 1 月 8 日　　　　银付第 008 号

摘要	借方科目		账页	金额									
	一级科目	二级或明细科目		千	百	十	万	千	百	十	元	角	分
用银行存款支付制造费用 89 650 元	制造费用						8	9	6	5	0	0	0

续上表

摘　要	借方科目		账页	金额									
	一级科目	二级或明细科目		千	百	十	万	千	百	十	元	角	分
合计						¥	8	9	6	5	0	0	0

会计主管：洪英　　记账：蒋秦　　出纳：张健　　审核：纪明承　　填制：

根据会计凭证，登记账簿，见表 10-25。

表 10-25　明细分类账簿

会计科目：制造费用
编　　号：5101

2019 年		凭证科目代码	摘　要	对方科目	借　方										贷　方										借或贷	余　额									
月	日				千	百	十	万	千	百	十	元	角	分	千	百	十	万	千	百	十	元	角	分		千	百	十	万	千	百	十	元	角	分
1	31		结转本月制造费用	银行存款				8	9	6	5	0	0	0											借				8	9	6	5	0	0	0

10.5 完工产品生产成本的计算与结转

产品生产成本计算是指将企业生产过程中为制造产品所发生的各种费用按照成本计算对象进行归集和分配，以便计算各种产品的总成本和单位成本。有关产品成本信息是进行库存商品计价和确定销售成本的依据，产品生产成本计算是会计核算的一项重要内容。

企业应设置产品生产成本明细账，用来归集应计入各种产品的生产费用。通过对材料费用、职工薪酬和制造费用的归集和分配，企业各月生产产品所发生的生产费用已记入“生产成本”科目中。

10.5.1 “生产成本”科目设置

“生产成本”账户可按基本生产成本和辅助生产成本进行明细分类核算。基本生产成本应当分别按照基本生产车间和成本核算对象（如产品的品种、类别、订单、批别、生产阶段等）设置明细账（或成本计算单），并按照规定的成本项目设置专栏。生产成本科目的具体设置，见表10-26。

表10-26　生产成本会计科目编码的设置

科目代码	总分类科目（一级科目）	明细分类科目	
		二级科目	三级科目
5001	生产成本		
500101	生产成本	基本生产成本	品种、类别、订单、批别、生产阶段
500102	生产成本	辅助生产成本	品种和规格

如果月末某种产品全部完工，该种产品生产成本明细账所归集的费用总额，就是该种完工产品的总成本，用完工产品总成本除以该种产品的完工总产量即可计算出该种产品的单位成本。如果月末某种产品全部未完工，该种产品生产成本明细账所归集的费用总额就是该种产品在产品的总成本。

如果月末某种产品一部分完工，一部分未完工，这时归集在产品成本明细账中的费用总额还要采取适当的分配方法在完工产品和在产品之间进行分配，然后才能计算出完工产品的总成本和单位成本。完工产品成本的基本计算公式为：

完工产品生产成本＝期初在产品成本＋本期发生的生产费用－期末在产品成本

当产品生产完成并验收入库时，借记“库存商品”科目，贷记“生产成本”科目。

生产业务账务处理如图10-13所示。

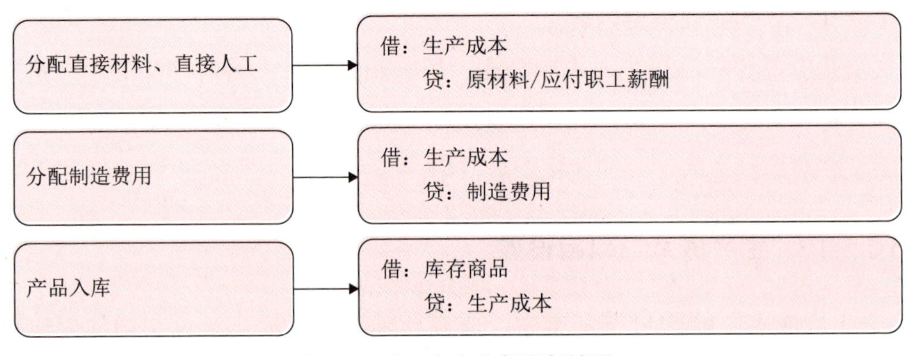

图10-13　生产业务账务处理

10.5.2 完工产品和在产品之间费用的分配方法

完工产品和在产品之间费用的分配方法，见表 10–27。

表 10–27　完工产品和在产品之间费用的分配

方　法	计算公式
不计算在产品成本法	月末在产品成本 =0 本月完工产品成本 = 本月发生的产品生产费用
在产品按固定成本计价法	月末在产品成本 = 年初固定数 本月完工产品成本 = 本月发生的产品生产费用
在产品按所耗用直接材料成本计价法	月末在产品成本 = 月末在产品数量 × 在产品单位定额成本 本月完工产品成本 =（月初在产品成本 + 本月发生的产品生产费用）－月末在产品成本
约当产量比例法	在产品约当产量 = 在产品数量 × 完工程度 单位成本 =（月初在产品成本 + 本月发生生产成本）÷（完工产品产量 + 在产品约当产量） 完工产品成本 = 完工产品产量 × 单位成本 在产品成本 = 在产品约当产量 × 单位成本
在产品按定额成本计价法	月末在产品成本 = 月末在产品数量 × 在产品单位定额成本 完工产品总成本 =（月初在产品成本 + 本月发生生产成本）－月末在产品成本 完工产品单位成本 = 完工产品总成本 ÷ 产成品产量
定额比例法	直接材料分配率 =（月初在产品实际材料成本 + 本月投入实际材料成本）÷（完工产品定额材料成本 + 月末在产品定额材料成本） 完工产品应负担的直接材料成本 = 完工产品定额材料成本 × 直接材料成本分配率 月末在产品应负担的直接材料成本 = 月末在产品定额材料成本 × 直接材料成本分配率 直接人工分配率 =（月初在产品实际人工成本 + 本月投入的实际人工成本）÷（完工产品定额工时 + 月末在产品定额工时） 完工产品应负担的直接人工成本 = 完工产品定额工时 × 直接人工成本分配率 月末在产品应负担的直接人工成本 = 月末在产品定额工时 × 直接人工成本分配率

【例 10–11】 某企业基本生产车间生产甲产品，本月完工 120 件，月末在产品 40 件，甲产品月初在产品成本和本期生产费用总额为 550 000 元，其中

直接材料 220 000 元，直接人工 150 000 元；制造费用为 180 000 元。原材料在开工时一次投入，月末在产品完工程度为 50%。按约当产量比例法计算分配如下。

（1）计算在产品约当产量。

约当产量 =40 × 50% =20（件）

（2）分配直接材料。

由于原材料在开工时一次投入，所以应按在产品和产成品的数量平均分配，而不用计算在产品约当产量。

直接材料分配率 =220 000 ÷（120+40）=1 375（元 / 件）

在产品应负担的直接材料 =40 × 1 375=55 000（元）

完工产品应负担的直接材料 =120 × 1 375=165 000（元）

（3）分配直接人工费用。

直接人工分配率：150 000 ÷（120+20）=1 071.43（元 / 件）

在产品应负担的直接人工 =20 × 1 071.43=21 428.6（元）

完工产品应负担的直接人工 =120 × 1 071.43=128 571.60（元）

（4）分配制造费用。

制造费用分配率 =180 000 ÷（120+20）=1 285.71（元 / 件）

在产品应负担的制造费用 =20 × 1 285.71=25 714.2（元）

完工产品应负担的制造费用 =120 × 1 285.71=154 285.2（元）

（5）分配完工产品成本和在产品成本。

月末在产品总成本 =55 000+21 428.6+25 714.2=102 142.8（元）

完工产品总成本 =165 000+128 571.6+154 285.2=447 856.8（元）

借：库存商品　　　　447 856.8

　　贷：生产成本　　　　447 856.8

根据上述业务，登记会计凭证，见表 10-28。

表 10-28　转账凭证

附件：2 张

2019 年 1 月 31 日　　　　转字第 008 号

摘要	一级科目	二级或明细科目	账页	借方金额										贷方金额									
				千	百	十	万	千	百	十	元	角	分	千	百	十	万	千	百	十	元	角	分
结转甲商品成本	库存商品					4	4	7	8	5	6	8	0										
	生产成本															4	4	7	8	5	6	8	0
合计					￥	4	4	7	8	5	6	8	0		￥	4	4	7	8	5	6	8	0

会计主管：洪英　　记账：蒋秦　　出纳：张健　　审核：纪明承　　填制：

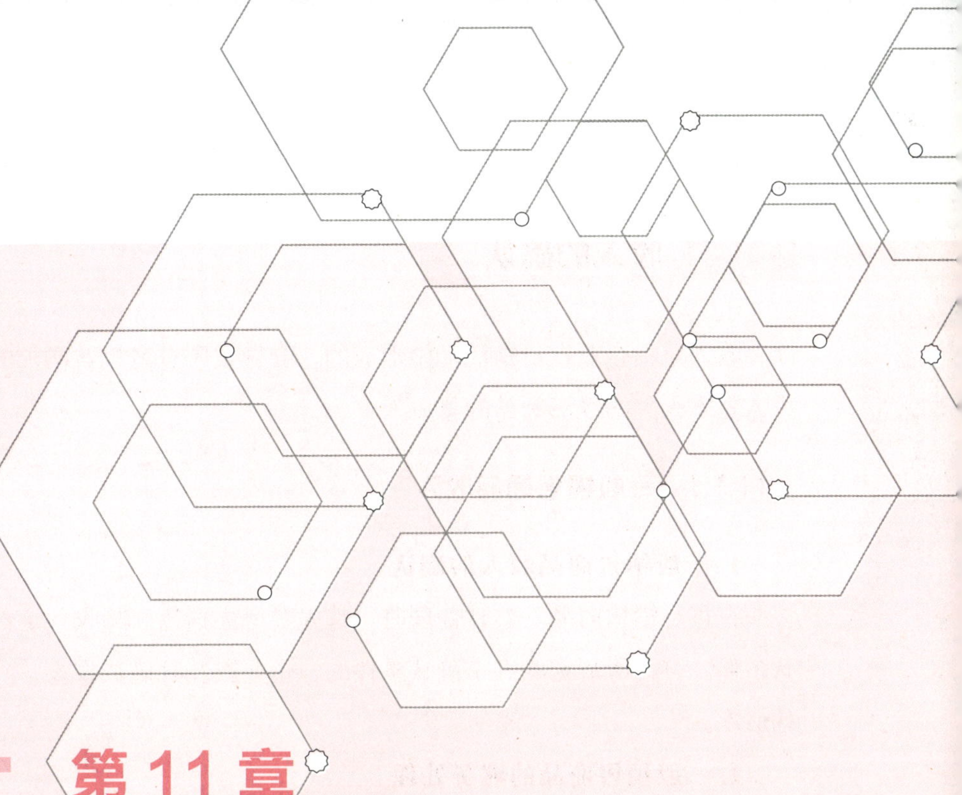

第 11 章 收入的核算

新收入准则规定，当企业与客户之间的合同同时满足下列条件时，企业应当在客户取得相关商品控制权时确认收入：

（1）合同各方已批准该合同并承诺将履行各自义务；

（2）该合同明确了合同各方与所转让商品或提供劳务相关的权利和义务；

（3）该合同有明确的与所转让商品相关的支付条款；

（4）该合同具有商业实质，即履行该合同将改变企业未来现金流量的风险、时间分布或金额；

（5）企业因向客户转让商品而有权取得的对价很可能收回。

11.1 收入的确认

收入是指企业在日常活动中形成的、会导致所有者权益增加的、与所有者投入资本无关的经济利益的总流入。

11.1.1 一般销售商品收入

1. 一般销售商品收入的确认

在进行销售商品的会计处理时，首先要考虑销售商品收入是否符合收入确认条件。符合所规定的五个确认条件的，企业应及时确认收入，并结转相关销售成本。

2. 一般销售商品的账务处理

一般销售商品的账务处理，如图 11-1 所示。

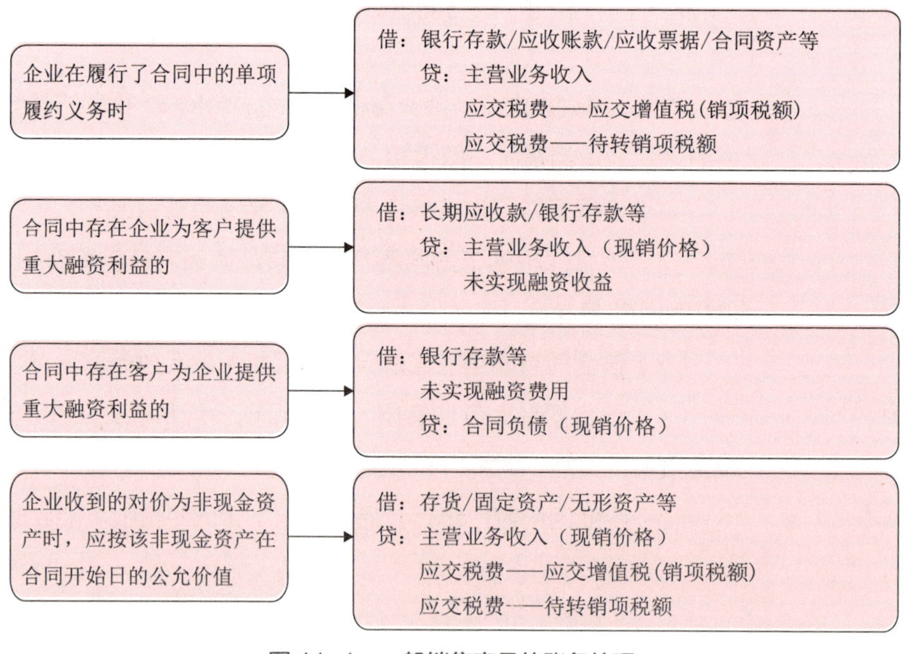

图 11-1　一般销售商品的账务处理

主营业务收入一般不设置二级科目。如果设置二级科目，可以根据自己单位核算需要来设置，二级科目设置没有规定要求。期末，应将本科目的余额转入“本年利润”科目，结转后本科目应无余额。具体设置见表 11-1。

表 11-1　主营业务收入会计科目编码的设置

科目代码	总分类科目（一级科目）	明细分类科目		是否辅助核算	辅助核算类别
		二级科目	三级科目		
6001	主营业务收入				
600101	主营业务收入	销售货物	类别	是	客户
600102	主营业务收入	提供劳务	类别	是	客户
600103	主营业务收入	让渡资产使用权	类别	是	客户
600104	主营业务收入	建造合同	类别	是	客户
600105	主营业务收入	其他	类别	是	客户

【例 11-1】 2019 年 3 月 9 日，雅致电子有限公司销售一批电子产品，增值税专用发票上注明售价为 85 200 元，增值税额为 13 632 元。货款已入账。生产成本为 72 200 元。见表 11-2、表 11-3。

表 11-2

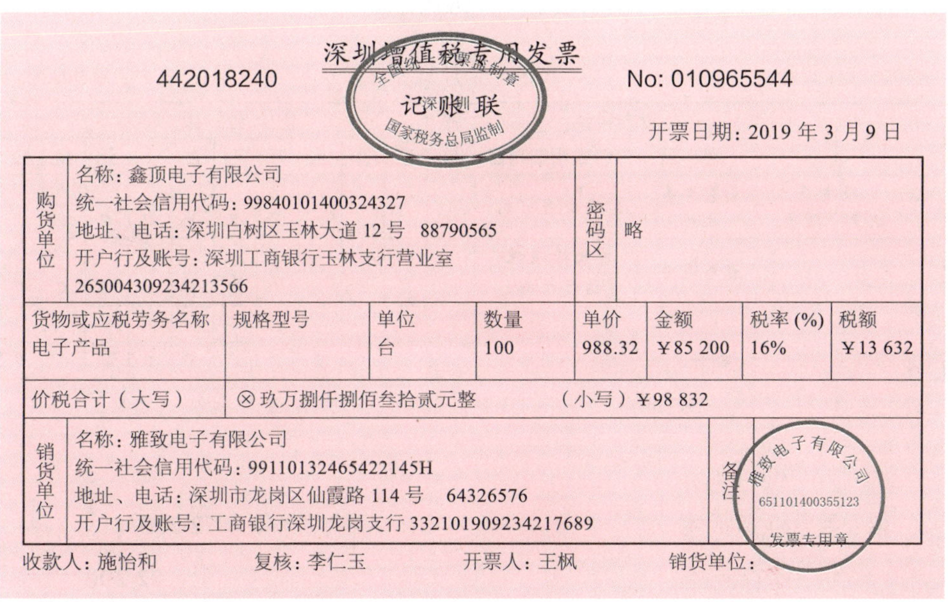

深圳增值税专用发票

442018240　　记账联　　No: 010965544

全国统一发票监制章　深圳　国家税务总局监制

开票日期：2019 年 3 月 9 日

购货单位	名称：鑫顶电子有限公司 统一社会信用代码：99840101400324327 地址、电话：深圳白树区玉林大道 12 号　88790565 开户行及账号：深圳工商银行玉林支行营业室 265004309234213566	密码区	略

货物或应税劳务名称	规格型号	单位	数量	单价	金额	税率 (%)	税额
电子产品		台	100	988.32	¥85 200	16%	¥13 632
价税合计（大写）	⊗玖万捌仟捌佰叁拾贰元整　　（小写）¥98 832						

销货单位	名称：雅致电子有限公司 统一社会信用代码：99110132465422145H 地址、电话：深圳市龙岗区仙霞路 114 号　64326576 开户行及账号：工商银行深圳龙岗支行 332101909234217689	备注	雅致电子有限公司 651101400355123 发票专用章

收款人：施怡和　　复核：李仁玉　　开票人：王枫　　销货单位：

表 11-3 中国银行进账单（回单或收账通知）

进账日期：2019 年 3 月 11 日　　　　第 × × 号

收款人	全　称	雅致电子有限公司	付款人	全　称	鑫顶电子有限公司
	账　号	332101909234217689		账　号	265004309234213566
	开户银行	工商银行深圳龙岗支行		开户银行	深圳工商银行玉林支行营业室
人民币（大写）：⊗玖万玖仟陆佰捌拾肆元整				千 百 拾 万 千 百 十 元 角 分	¥ 9 9 6 8 4 0 0
票据种类	1				
票据张数	转账支票				
主管　会计　复核　记账			收款人开户银行盖章		

工行银行深圳龙岗支行 2019. 3. 11 收讫

此联给收款人的收账通知

根据上述业务作会计分录如下：

借：银行存款　　98 832

　　贷：主营业务收入　　85 200

　　　　应交税费——应交增值税（销项税额）　　13 632

根据上述业务，登记会计凭证，见表 11-4。

表 11-4 收款凭证

附件：× × 张

借方科目：银行存款　　2019 年 3 月 11 日　　银收字第 003 号

摘　要	贷方科目		账页	金　额									
	一级科目	二级或明细科目		千	百	十	万	千	百	十	元	角	分
收到鑫顶电子公司贷款 98 832 元	主营业务收入	鑫顶电子公司					8	5	2	0	0	0	0
	应交税费	应交增值税（销项税额）					1	3	6	3	2	0	0
合计						¥	9	8	8	3	2	0	0

会计主管：洪英　　记账：蒋秦　　出纳：张健　　审核：纪明承　　填制：

同时结转成本：

借：主营业务成本　　72 200

　　贷：库存商品　　72 200

根据上述业务，登记会计凭证，见表 11-5。

表 11-5 转账凭证

附件：2 张

2019 年 3 月 11 日　　转字第 010 号

摘要	一级科目	二级或明细科目	账页	借方金额										贷方金额									
				千	百	十	万	千	百	十	元	角	分	千	百	十	万	千	百	十	元	角	分
结转电子产品成本	主营业务成本						7	2	2	0	0	0	0										
	库存商品																7	2	2	0	0	0	0
合计						￥	7	2	2	0	0	0	0			￥	7	2	2	0	0	0	0

会计主管：洪英　　记账：蒋秦　　出纳：张健　　审核：纪明承　　填制：

11.1.2 附有客户额外购买选择权的销售处理

某些情况下，企业在销售商品的同时，会向客户授予选择权，允许客户可以据此免费或者以折扣价格购买额外的商品。企业向客户授予的额外购买选择权的形式包括销售激励、客户奖励积分、未来购买商品的折扣券以及合同续约选择权等。

如果客户只有在订立了一项合同的前提下才取得了额外购买选择权，并且客户行使该选择权购买额外商品时，能够享受到超过该地区或该市场中其他同类客户所能够享有的折扣，则通常认为该选择权向客户提供了一项重大权利。该选择权向客户提供了重大权利的，应当作为单项履约义务。在这种情况下，客户在该合同下支付的价款实际上购买了两项单独的商品：一是客户在该合同下原本购买的商品；二是客户可以免费或者以折扣价格购买额外商品的权利。企业应当将交易价格在这两项商品之间进行分摊，其中，分摊至后者的交易价格与未来的商品相关，因此，企业应当在客户未来行使该选择权取得相关商品的控制权时，或者在该选择权失效时确认为收入。

【例 11-2】 雅致电子有限公司以 400 元的价格向客户销售 A 商品，购买该商品的客户可得到一张 40% 的折扣券，客户可以在未来的 30 天内使用该折扣券购买雅致电子有限公司原价不超过 400 元的任一商品。同时，雅致电子有限公司计划推出季节性促销活动，在未来 30 天内针对所有产品均提供 10% 的折扣。上述两项优惠不能叠加使用。根据历史经验，雅致电子有限公司预计有 80% 的客户会使用该折扣券，额外购买的商品的金额平均为 100 元。上述金额均不包含增值税，且假定不考虑相关税费影响。

本例中，购买 A 商品的客户能够取得 40% 的折扣券，其远高于所有客户均能享有的 10% 的折扣，因此，雅致电子有限公司认为该折扣券向客户提供了重大权利，应当作为单项履约义务。

雅致电子有限公司估计该折扣券的单独售价 =[100 × 80% ×（40%−10%）]=24（元）

按照 A 产品和折扣券单独售价的相对比例对交易价格进行分摊，A 商品分摊的交易价格 =400 ÷（400+24）× 400 = 377.36（元）

折扣券选择权分摊的交易价格 =24 ÷（400+24）× 400 = 22.64（元）

雅致电子有限公司在销售 A 商品时的账务处理如下：

借：银行存款　　400

　贷：主营业务收入　　377.36

　　合同负债　　22.64

11.1.3 售后回购业务的处理

售后回购，是指企业销售商品的同时承诺或有权选择日后再将该商品购回的销售方式。被购回的商品包括原销售给客户的商品及与该商品几乎相同的商品，或者以该商品作为组成部分的其他商品。

1. 企业因存在与客户的远期安排而负有回购义务或企业享有回购权利的。

在这种情况下，企业应根据下列情况分别进行相应的会计处理：一是回购价格低于原售价的，应当视为租赁交易，按照《企业会计准则第 21 号——租赁》的相关规定进行会计处理；二是回购价格不低于原售价的，应当视为融资交易，在收到客户款项时确认金融负债，而不是终止确认该资产，并将该款项和回购价格的差额在回购期间内确认为利息费用等。

【例 11-3】2018 年 4 月 1 日，甲公司向乙公司销售一台设备，销售价格为 200 万元，同时双方约定两年之后，即 2020 年 4 月 1 日，甲公司将以 120 万元的价格回购该设备。

本例中，根据合同约定，甲公司负有在两年后回购该设备的义务，因此，乙公司并未取得该设备的控制权。假定不考虑货币时间价值，该交易的实质是乙公司支付了 80 万元（200−120) 的对价取得了该设备 2 年的使用权。甲公司应当将该交易作为租赁交易进行会计处理。

2. 企业应客户要求回购商品的。

企业负有应客户要求回购商品义务的，应当在合同开始日评估客户是否具有行使该要求权的重大经济动因。

例如，甲公司向乙公司销售其生产的一台设备，销售价格为 2 000 万元，双方约定，乙公司在 5 年后有权要求甲公司以 1 500 万元的价格回购该设备。甲公司预计该设备在回购时的市场价值将远低于 1 500 万元。

本例中，假定不考虑时间价值的影响，甲公司的回购价格 1 500 万元低于原售价 2 000 万元，但远高于该设备在回购时的市场价值，甲公司判断乙公司有重大的经济动因行使其权利要求甲公司回购该设备。因此，甲公司应当将该交易作为租赁交易进行会计处理。

11.1.4 购物卡的销售处理

企业因销售商品向客户收取的预收款，赋予客户一项在未来从企业取得该商品的权利，并使企业承担了向客户转让该商品的义务，因此，企业应当将预收的款项确认为合同负债，待未来履行了相关履约义务，即向客户转让相关商品时，再将该负债转为收入。

某些情况下，企业收取的预收款无需退回，但是客户可能会放弃其全部或部分合同权利，例如，放弃储值卡的使用等。企业预期将有权获得与客户所放弃的合同权利相关的金额的，应当按照客户行使合同权利的模式按比例将上述金额确认为收入；否则，企业只有在客户要求其履行剩余履约义务的可能性极低时，才能将相关负债余额转为收入。企业在确定其是否预期将有权获得与客户所放弃的合同权利相关的金额时，应当考虑将估计的可变对价计入交易价格的限制要求。

【例 11-4】 2019 年 2 月 4 日，义利面包厂向客户销售了 3 000 张储值卡，每张卡的面值为 400 元，总额为 1 200 000 元。客户可在义利面包厂经营的任何一家门店使用该储值卡进行消费。根据历史经验，义利面包厂预期客户购买的储值卡中将有大约相当于储值卡面值金额 5%(即 60 000 元）的部分不会被消费。截至 2019 年 12 月 31 日，客户使用该储值卡消费的金额为 1 000 000 元。义利面包厂为增值税一般纳税人，在客户使用该储值卡消费时发生增值税纳税义务。

本例中，义利面包厂预期将有权获得与客户未行使的合同权利相关的金额 60 000 元，该金额应当按照客户行使合同权利的模式按比例确认为收入。

因此，义利面包厂在 2019 年销售的储值卡应当确认的收入金额

=（1 000 000+60 000×1 000 000÷1 140 000）÷（1+16%）

=907441.02（元）

义利面包厂的账务处理为：

（1）销售储值卡：

借：库存现金　　1 200 000

　　贷：合同负债　　1 034 482.76

　　　　应交税费——待转销项税额　　165 517.24

（2）根据储值卡的消费金额确认收入，同时将对应的待转销项税额确认为销项税额：

借：合同负债　　907 441.02

　　应交税费——待转销项税额　　165 517.24

　　贷：主营业务收入　　907 441.02

　　　　应交税费——应交增值税（销项税额）　　165 517.24

11.1.5 附有销售退回条款业务的处理

企业将商品转让给客户之后，可能会因为各种原因允许客户选择退货（例如，客户对所购商品的款式不满意等）。客户选择退货时，可能有权要求返还其已经支付的全部或部分对价、抵减其对企业已经产生或将会产生的欠款或者要求换取其他商品。客户取得商品控制权之前退回该商品不属于销售退回，如图 11-3 所示。

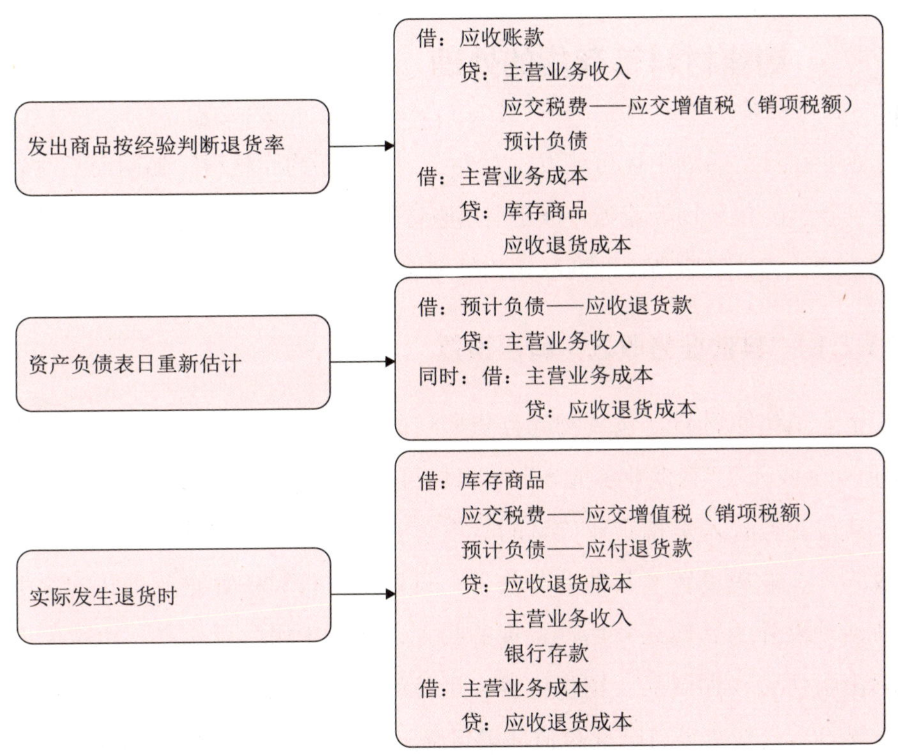

图 11-3　销售退回的账务处理

【例 11-5】 2019 年 1 月 12 日，恒水家具公司向某酒店销售 30 张餐桌，每张餐桌不含税价格为 1 200 元，成本为 880 元。根据合同约定，酒店有权在收到餐桌的 30 天内退货。根据历史经验，恒水家具公司预计的退货率为 10%。上述价格均不包含增值税，假定不考虑相关税费影响，甲公司在将餐桌的控制权转移给家具店时的账务处理为：

借：应收账款　　36 000

贷：主营业务收入　　　　32 400

　　预计负债——应付退货款　　　　3 600

借：主营业务成本　　23 760

　　应收退货成本　　　　2 640

　贷：库存商品　　　　26 400

11.2 销售材料等存货的处理

企业在日常活动中还可能发生对外销售不需用的原材料、随同商品对外销售单独计价的包装物等业务。企业销售原材料、包装物等存货也视同商品销售，其收入确认和计量原则比照商品销售处理。

11.2.1 "其他业务收入"科目设置

企业销售原材料、包装物等存货实现的收入以及结转的相关成本，通过"其他业务收入""其他业务成本"科目核算。

其他业务收入是指企业确认的除主营业务活动以外的其他经营活动实现的收入。企业应设置"其他业务收入"科目，本科目核算企业确认的除主营业务活动以外的其他经营活动实现的收入，包括出租固定资产、出租无形资产、出租包装物和商品、销售材料、用材料进行非货币性交换（非货币性资产交换具有商业实质且公允价值能够可靠计量）或债务重组等实现的收入。

本科目可按其他业务收入种类进行明细核算。期末结转时，本科目无余额。见表 11-6。

表 11-6　其他业务收入会计科目编码的设置

科目代码	总分类科目（一级科目）	明细分类科目		是否辅助核算	辅助核算类别
		二级科目	三级科目		
6051	其他业务收入				

续上表

科目代码	总分类科目（一级科目）	明细分类科目		是否辅助核算	辅助核算类别
		二级科目	三级科目		
605101	其他业务收入	材料及包装物的销售	项目	是	部门
605102	其他业务收入	代销商品款	项目	是	部门
605103	其他业务收入	包装物出租	项目	是	部门
605104	其他业务收入	无形资产转让	项目	是	部门
605105	其他业务收入	固定资产出租	项目	是	部门
605106	其他业务收入	其他	项目	是	部门

11.2.2 销售材料的账务处理

销售材料等存货的处理，如图 11-4 所示。

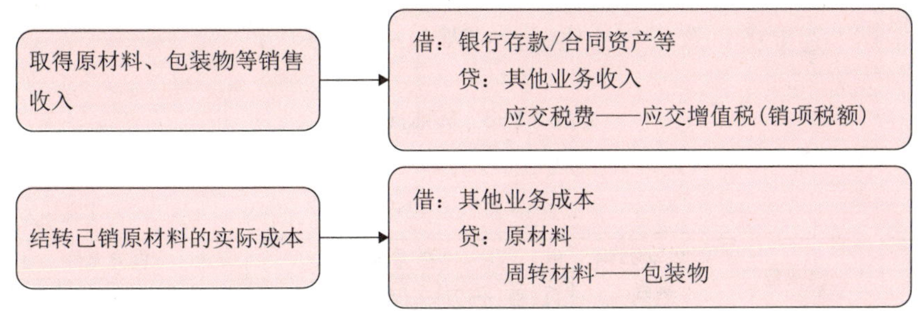

图 11-4　销售材料等存货的账务处理

【例 11-6】雅致电子有限公司销售一批电子材料，开出的增值税专用发票上注明的售价为 11 000 元，增值税额为 1 760 元，款项已通过银行收妥。该批原材料的实际成本为 8 900 元。

（1）取得原材料销售收入。

借：银行存款　　12 760

　　贷：其他业务收入　　11 000

　　　　应交税费——应交增值税（销项税额）　　1 760

根据上述业务，登记会计凭证，见表 11-7。

表 11-7 收款凭证

附件：2 张

借方科目：银行存款　　　　2019 年 1 月 5 日　　　　银收字第 003 号

摘要	贷方科目		账页	金额									
	一级科目	二级或明细科目		千	百	十	万	千	百	十	元	角	分
销售一批电子材料 12 760 元	其他业务收入						1	1	0	0	0	0	0
	应交税费	应交增值税（销项税额）						1	7	6	0	0	0
合计						￥	1	2	7	6	0	0	0

会计主管：洪英　　记账：蒋秦　　出纳：张健　　审核：纪明承　　填制：

（2）结转已销原材料的实际成本：

借：其他业务成本　　　　8 900

　贷：原材料　　　　8 900

根据上述业务，登记会计凭证，见表 11-8。

表 11-8 转账凭证

附件：1 张

2019 年 1 月 16 日　　　　转字第 009 号

摘要	一级科目	二级或明细科目	账页	借方金额									贷方金额								
				百	十	万	千	百	十	元	角	分	百	十	万	千	百	十	元	角	分
结转电子材料成本	其他业务成本						8	9	0	0	0	0									
	原材料															8	9	0	0	0	0
合计						￥	8	9	0	0	0	0			￥	8	9	0	0	0	0

会计主管：洪英　　记账：蒋秦　　出纳：张健　　审核：纪明承　　填制：

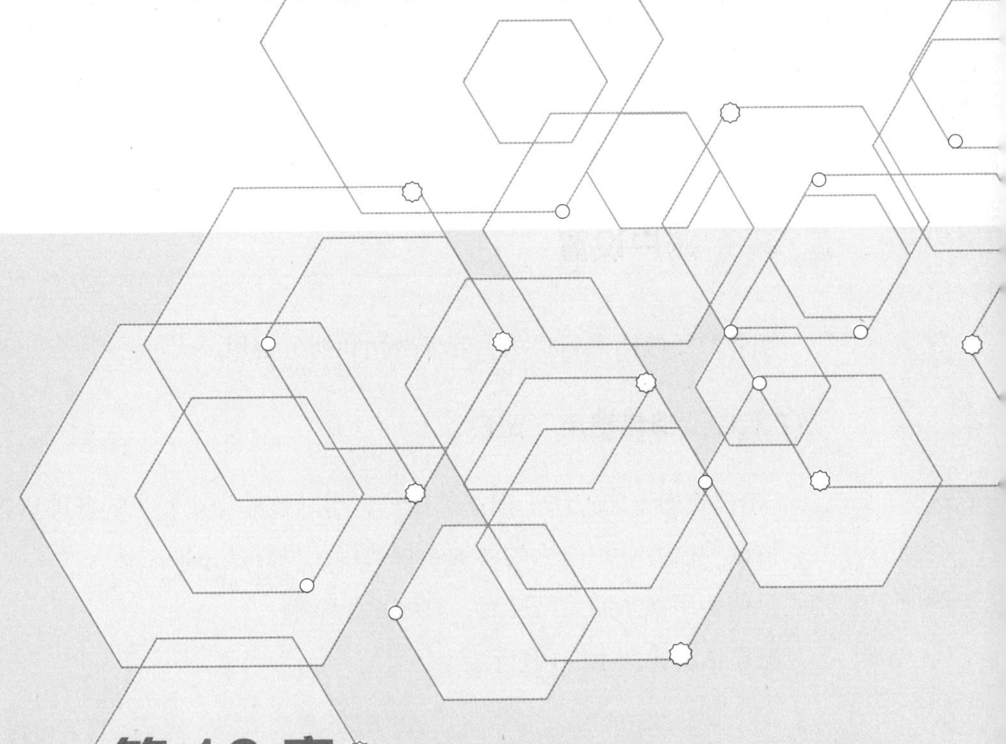

第 12 章 期间费用的核算

期间费用是企业日常活动发生的不能计入特定核算对象的成本，而应计入发生当期损益的费用。

期间费用包含以下两种情况。

（1）企业发生的支出不产生经济利益，或者即使产生经济利益但不符合或者不再符合资产确认条件的，应当在发生时确认为费用，计入当期损益。

（2）企业发生的交易或者事项导致其承担了一项负债，而又不确认为一项资产的，应当在发生时确认为费用，计入当期损益。

12.1 账户设置

期间费用包括销售费用、管理费用和财务费用。

12.1.1 “销售费用”账户

“销售费用”账户属于损益类账户，用以核算企业发生的各项销售费用。

该账户借方登记发生的各项销售费用，贷方登记期末转入“本年利润”账户的销售费用额。期末结转后，该账户无余额。

账户结构如图 12-1 所示。

借方 销售费用账户	贷方
销售费用增加额	销售费用减少额或结转额
本期发生额（费用增加额合计）	本期发生额（费用减少额合计）

图 12-1 “销售费用”账户结构

12.1.2 “管理费用”账户

“管理费用”账户属于损益类账户，用以核算企业为组织和管理企业生产经营所发生的管理费用。

该账户借方登记发生的各项管理费用，贷方登记期末转入“本年利润”账户的管理费用额。期末结转后，该账户无余额。

该账户可按费用项目设置明细账户，进行明细分类核算。账户结构如图 12-2 所示。

借方 管理费用账户	贷方
管理费用增加额	管理费用减少额或结转额
本期发生额（费用增加额合计）	本期发生额（费用减少额合计）

图 12-2 “管理费用”账户结构

12.1.3 “财务费用”账户

“财务费用”账户属于损益类账户，用以核算企业为筹集生产经营所需资金等而发生的筹资费用，包括利息支出（减利息收入）、汇兑损益以及相关的手续费、企业发生的现金折扣或收到的现金折扣等。为购建或生产满足资本化条件的资产发生的应予资本化的借款费用，通过“在建工程”、“制造费用”等账户核算。

该账户借方登记手续费、利息费用等的增加额，贷方登记应冲减财务费用的利息收入等。期末结转后，该账户无余额。账户结构如图 12-3 所示。

借方　　　　财务费用账户	贷方
财务费用增加额	财务费用减少额或结转额
本期发生额（费用增加额合计）	本期发生额（费用减少额合计）

图 12-3　“财务费用”账户结构

12.2 销售费用

销售费用是指企业在销售商品和材料、提供劳务过程中发生的各项与成本无关的费用。销售费用包括企业在销售商品过程中发生的包装费、保险费、展览费和广告费、商品维修费、预计产品质量保证损失、运输费、装卸费用，以及企业发生的为销售本企业商品而专设的销售机构的职工薪酬、业务费、折旧费、固定资产修理费等费用。

12.2.1 销售费用科目运用

“销售费用”账户可按费用项目设置明细账户，进行明细分类核算。见表 12-1。

表 12-1　销售费用会计科目编码的设置

科目代码	总分类科目（一级科目）	明细分类科目			是否辅助核算	辅助核算类别
		二级科目	三级科目	四级明细科目		
6601	销售费用					

续上表

科目代码	总分类科目（一级科目）	明细分类科目			是否辅助核算	辅助核算类别
		二级科目	三级科目	四级明细科目		
660101	销售费用	职工薪酬			是	
66010101	销售费用	职工薪酬	基本工资		是	部门
66010102	销售费用	职工薪酬	劳务费		是	部门
66010103	销售费用	职工薪酬	工会经费		是	部门
66010104	销售费用	职工薪酬	职工教育经费		是	部门
6601010501	销售费用	职工薪酬	社会保险费		是	部门
6601010502	销售费用	职工薪酬	社会保险费	养老保险	是	部门
6601010503	销售费用	职工薪酬	社会保险费	工伤保险	是	部门
6601010504	销售费用	职工薪酬	社会保险费	失业保险	是	部门
6601010505	销售费用	职工薪酬	社会保险费	医疗保险	是	部门
6601010506	销售费用	职工薪酬	社会保险费	计划生育保险	是	部门
66010106	销售费用	职工薪酬	住房公积金		是	部门
66010107	销售费用	职工薪酬	职工福利		是	部门
66010108	销售费用	职工薪酬	辞退费用		是	部门
660102	销售费用	折旧费			是	部门
660103	销售费用	长期待摊费用			是	部门
660104	销售费用	无形资产摊销			是	部门
660105	销售费用	费用摊销			是	部门
660106	销售费用	办公费用			是	部门
66010601	销售费用	办公费用	电费		是	部门
66010602	销售费用	办公费用	燃料费用		是	部门
66010603	销售费用	办公费用	水费		是	部门
660107	销售费用	车辆费用			是	
66010701	销售费用	车辆费用	修理费		是	部门
66010702	销售费用	车辆费用	燃油费		是	部门
66010703	销售费用	车辆费用	保险费		是	部门
66010704	销售费用	车辆费用	其他		是	部门
660108	销售费用	印刷费			是	部门
660109	销售费用	邮政费			是	部门
660110	销售费用	业务招待费			是	部门

续上表

科目代码	总分类科目（一级科目）	明细分类科目			是否辅助核算	辅助核算类别
		二级科目	三级科目	四级明细科目		
660111	销售费用	会议费			是	部门
660112	销售费用	接待费			是	部门
660113	销售费用	劳动保护费			是	部门
660114	销售费用	广告宣传费			是	部门
660115	销售费用	业务推广费			是	部门
660116	销售费用	包装费			是	部门
660117	销售费用	差旅费			是	部门
660118	销售费用	培训费			是	部门
660119	销售费用	快递费			是	部门
660120	销售费用	财产保险费			是	部门
660121	销售费用	租赁费			是	部门
660122	销售费用	盘亏损失			是	部门
660123	销售费用	技术开发费			是	部门
660124	销售费用	董事会费			是	部门
660125	销售费用	退休人员补贴			是	部门

12.2.2 销售费用的账务处理

企业应通过“销售费用”科目，核算销售费用的发生和结转情况。账务处理如图 12-4 所示。

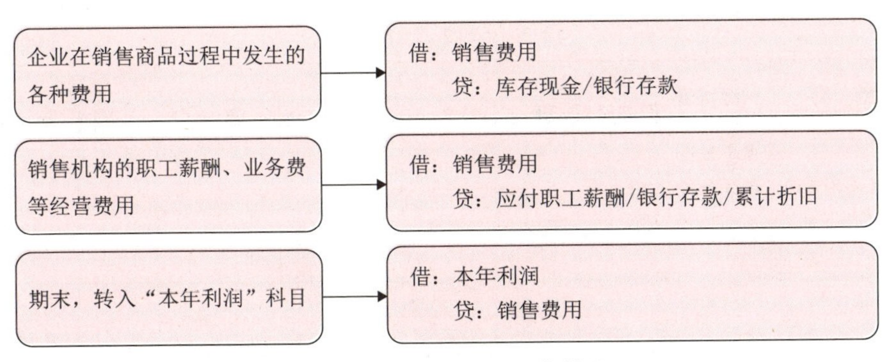

图 12-4　销售费用的账务处理

【例 12-1】 2019 年 2 月 21 日，雅致电子有限公司支付商品的广告费，以银行存款 7 842 元支付，做会计分录如下。

借：销售费用　　7 842

　　贷：银行存款　　7 842

根据以上业务，登记会计凭证，见表 12-2。

表 12-2 付款凭证

附件：1 张

贷方科目：银行存款　　2019 年 2 月 21 日　　银付字第 03 号

摘 要	借方科目		账页	金额								
	一级科目	二级或明细科目		百	十	万	千	百	十	元	角	分
支付商品广告费 7842 元	销售费用						7	8	4	2	0	0
合计						¥	7	8	4	2	0	0

会计主管：洪英　　记账：蒋秦　　出纳：张健　　审核：纪明承　　填制：

期末结转销售费用时，公司所做会计处理如下。

借：本年利润　　7 842

　　贷：销售费用　　7 842

根据以上业务，登记会计凭证，见表 12-3。

表 12-3 转账凭证

附件：1 张

2019 年 2 月 21 日　　转字第 06 号

摘 要	一级科目	二级或明细科目	账页	借方金额									贷方金额								
				百	十	万	千	百	十	元	角	分	百	十	万	千	百	十	元	角	分
结转本年利润	本年利润						7	8	4	2	0	0									
	销售费用															7	8	4	2	0	0
合计						¥	7	8	4	2	0	0			¥	7	8	4	2	0	0

会计主管：洪英　　记账：蒋秦　　出纳：张健　　审核：纪明承　　填制：

根据会计凭证，登记账簿，见表 12-4。

表 12-4　明细分类账簿

会计科目：销售费用
编　　号：6601

2019年		凭证科目代码	摘要	对方科目	借方										贷方										借或贷	余额									
月	日				千	百	十	万	千	百	十	元	角	分	千	百	十	万	千	百	十	元	角	分		千	百	十	万	千	百	十	元	角	分
2	21	银付03	广告费	银行存款					7	8	4	2	0	0											借					7	8	4	2	0	0
2	21	转06	结转利润	本年利润															7	8	4	2	0	0	平								0		

12.3 管理费用

管理费用是企业为组织和管理企业生产经营过程中发生的各种费用，包括企业董事会和行政管理部门发生的，或者应由企业统一负担的公司经费（包括行政管理部门职工工资、修理费、物料消耗、低值易耗品摊销、办公费和差旅费等）、工会经费、待业保险费、劳动保险费、董事会会费（包括董事会成员津贴、会议费和差旅费等）、聘请中介机构费、咨询费（含顾问费）、诉讼费、业务招待费、技术转让费、矿产资源补偿费、研究费用、排污费以及除企业生产车间外的生产部门和行政管理部门发生的固定资产日常修理费用等。

12.3.1 管理费用科目运用

商品流通企业管理费用不多的，可不设本科目，本科目的核算内容可并入“销售费用”科目核算。

本科目可按费用项目进行明细核算。期末，应将本科目的余额转入“本年利润”科目，结转后本科目无余额。见表 12-5。

表 12-5　管理费用会计科目编码的设置

科目代码	总分类科目（一级科目）	明细分类科目		是否辅助核算	辅助核算类别
		二级科目	三级科目		
6602	管理费用				
660201	管理费用	职工薪酬			

续上表

科目代码	总分类科目（一级科目）	明细分类科目		是否辅助核算	辅助核算类别
		二级科目	三级科目		
66020101	管理费用	职工薪酬	基本工资	是	部门
66020102	管理费用	职工薪酬	劳务费	是	部门
66020103	管理费用	职工薪酬	工会经费	是	部门
66020104	管理费用	职工薪酬	职工教育经费	是	部门
66020105	管理费用	职工薪酬	社会保险费	是	部门
66020106	管理费用	职工薪酬	养老保险	是	部门
66020107	管理费用	职工薪酬	工伤保险	是	部门
66020108	管理费用	职工薪酬	失业保险	是	部门
66020109	管理费用	职工薪酬	医疗保险	是	部门
66020110	管理费用	职工薪酬	计划生育保险	是	部门
66020111	管理费用	职工薪酬	住房公积金	是	部门
66020112	管理费用	职工薪酬	职工福利	是	部门
66020113	管理费用	职工薪酬	辞退费用	是	部门
660202	管理费用	折旧费		是	部门
660203	管理费用	长期待摊费用		是	部门
660204	管理费用	无形资产摊销		是	部门
660205	管理费用	费用摊销		是	部门
660206	管理费用	办公费用		是	
66020601	管理费用	办公费用	电费	是	部门
66020602	管理费用	办公费用	燃料费用	是	部门
66020603	管理费用	办公费用	水费	是	部门
660207	管理费用	车辆费用		是	
66020701	管理费用	车辆费用	修理费	是	部门
66020702	管理费用	车辆费用	燃油费	是	部门
66020703	管理费用	车辆费用	保险费	是	部门
66020704	管理费用	车辆费用	其他	是	部门
660208	管理费用	印刷费		是	部门
660209	管理费用	邮政费		是	部门
660210	管理费用	业务招待费		是	部门
660211	管理费用	会议费		是	部门
660212	管理费用	接待费		是	部门
660213	管理费用	劳动保护费		是	部门

续上表

科目代码	总分类科目（一级科目）	明细分类科目		是否辅助核算	辅助核算类别
		二级科目	三级科目		
660214	管理费用	广告宣传费		是	部门
660215	管理费用	业务推广费		是	部门
660216	管理费用	包装费		是	部门
660217	管理费用	差旅费		是	部门
660218	管理费用	培训费		是	部门
660219	管理费用	快递费		是	部门
660220	管理费用	财产保险费		是	部门
660221	管理费用	租赁费		是	部门
660222	管理费用	盘亏损失		是	部门
660223	管理费用	技术开发费		是	部门
660224	管理费用	董事会费		是	部门
660225	管理费用	退休人员补贴		是	部门

12.3.2 管理费用的账务处理

企业应通过“管理费用”科目，核算管理费用的发生和结转情况。该科目借方登记企业发生的各项管理费用，贷方登记期末转入“本年利润”科目的管理费用，结转后该科目应无余额。该科目按管理费用的费用项目进行明细核算。账务处理如图 12-5 所示。

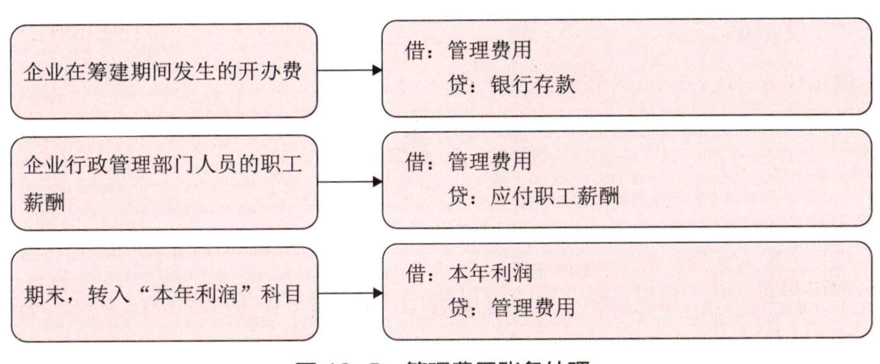

图 12-5　管理费用账务处理

【例 12-2】2019 年 2 月 16 日，雅致电子有限公司发放管理人员工资

132 000元，购买办公用品1 542元，用现金支付，计提固定资产折旧44 950元，支付汽车队事故赔偿费35 508元。上述费用支出根据"工资汇总表"和有关付款凭证，做会计分录如下。

（1）分配职工工资时。

借：管理费用——工资　　132 000

　贷：应付职工薪酬——工资　　132 000

根据以上业务，登记会计凭证，见表12-6。

表12-6 转账凭证

附件：　张

2019年2月16日　　转字第009号

摘要	一级科目	二级或明细科目	账页	借方金额									贷方金额								
				百	十	万	千	百	十	元	角	分	百	十	万	千	百	十	元	角	分
计提管理人员工资	管理费用	工资			1	3	2	0	0	0	0	0									
	应付职工薪酬	工资												1	3	2	0	0	0	0	0
合计				¥	1	3	2	0	0	0	0	0	¥	1	3	2	0	0	0	0	0

会计主管：洪英　记账：蒋秦　出纳：张健　审核：纪明承　填制：

（2）发放工资时。

借：应付职工薪酬——工资　　132 000

　贷：银行存款　　132 000

根据以上业务，登记会计凭证，见表12-7。

表12-7 付款凭证

附件：1张

贷方科目：银行存款　　2019年2月16日　　银付字第008号

摘要	借方科目		账页	金额								
	一级科目	二级或明细科目		百	十	万	千	百	十	元	角	分
支付管理人员工资132 000元	应付职工薪酬	工资			1	3	2	0	0	0	0	0

续上表

摘　要	借方科目		账页	金　额								
	一级科目	二级或明细科目		百	十	万	千	百	十	元	角	分
合计				¥	1	3	2	0	0	0	0	0

会计主管：洪英　　记账：蒋秦　　出纳：张健　　审核：纪明承　　填制：

（2）购买办公用品时。

借：管理费用——办公用品　　1 542

　　贷：库存现金　　1 542

根据以上业务，登记会计凭证，见表 12-8。

表 12-8　付款凭证

附件：1 张

贷方科目：库存现金　　2019 年 2 月 16 日　　现付字第 009 号

摘　要	借方科目		账页	金　额								
	一级科目	二级或明细科目		百	十	万	千	百	十	元	角	分
购买办公用品 1542 元	管理费用	办公用品					1	5	4	2	0	0
合计						¥	1	5	4	2	0	0

会计主管：洪英　　记账：蒋秦　　出纳：张健　　审核：纪明承　　填制：

（3）计提固定资产折旧。

借：管理费用——折旧　　44 950

　　贷：累计折旧　　44 950

根据以上业务，登记会计凭证，见表 12-9。

表 12-9　转账凭证

附件：1 张

2019 年 2 月 28 日　　转字第 011 号

摘　要	一级科目	二级或明细科目	账页	借方金额									贷方金额								
				百	十	万	千	百	十	元	角	分	百	十	万	千	百	十	元	角	分
计提固定资产	管理费用	折旧				4	4	9	5	0	0	0									
折旧 44 950 元	累计折旧														4	4	9	5	0	0	0

续上表

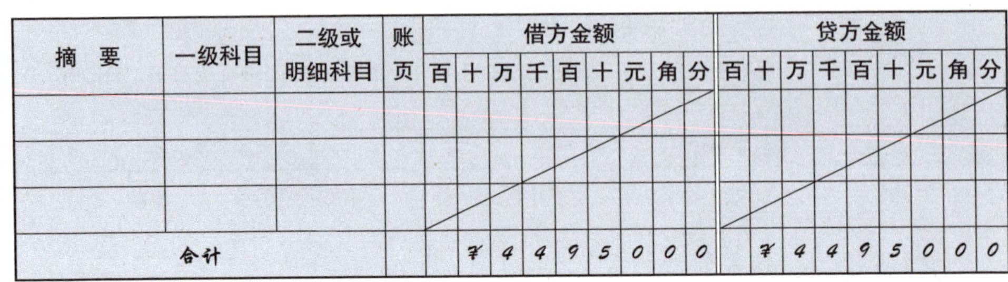

摘　要	一级科目	二级或明细科目	账页	借方金额									贷方金额								
				百	十	万	千	百	十	元	角	分	百	十	万	千	百	十	元	角	分
合计					￥	4	4	9	5	0	0	0		￥	4	4	9	5	0	0	0

会计主管：洪英　　记账：蒋秦　　出纳：张健　　审核：纪明承　　填制：

（4）支付汽车队事故赔偿费。

借：管理费用——事故赔偿费　　35 508

　　贷：银行存款　　35 508

根据以上业务，登记会计凭证，见表 12-10。

表 12-10　付款凭证

附件：2 张

贷方科目：银行存款　　2019 年 2 月 28 日　　银付字第 012 号

摘　要	借方科目		账页	金　额								
	一级科目	二级或明细科目		百	十	万	千	百	十	元	角	分
支付汽车队事故赔偿费 35 508 元	管理费用	事故赔偿费				3	5	5	0	8	0	0
合计					￥	3	5	5	0	8	0	0

会计主管：洪英　　记账：蒋秦　　出纳：张健　　审核：纪明承　　填制：

根据以上业务，登记账簿，见表 12-11。

表 12-11　明细分类账簿

会计科目：管理费用
编　　号：6602

2019 年		凭　证		摘　要	工　资	办公费	折旧费	赔偿费	合　计
月	日	种类	号数						
2	16	转	009	计提工资	132 000				132 000
2	16	现付	009	购买办公费		1 542			133 542

续上表

2019 年		凭　证		摘　要	工　资	办公费	折旧费	赔偿费	合　计
月	日	种类	号数						
2	28	转	011	计提累计折旧			44 950		178 492
2	28	银付	012	支付赔偿款				35 508	214 000

12.4 财务费用

财务费用是指企业为筹集生产经营所需资金而发生的费用。包括利息支出（减利息收入）、汇兑差额以及相关的手续费、企业发生或收到的现金折扣等。

12.4.1 财务费用科目运用

财务费用账户可按费用项目进行明细核算，见表 12-12。

表 12-12　财务费用会计科目编码的设置

科目代码	总分类科目（一级科目）	明细分类科目	
		二级明细科目	三级明细科目
6603	财务费用		
660301	财务费用	利息收入	项目
660302	财务费用	汇兑损失	项目
660303	财务费用	汇兑收益	项目
660304	财务费用	手续费	项目
660305	财务费用	利息支出	项目
660306	财务费用	往来折现	项目
660307	财务费用	其他	项目

12.4.2 财务费用的账务处理

企业发生冲减财务费用的利息收入、汇兑损益等，借记“银行存款”等账户，贷记“财务费用”账户；期末将账户余额转入“本年利润”账户，结转后账户无余额。账务处理如图 12-6 所示。

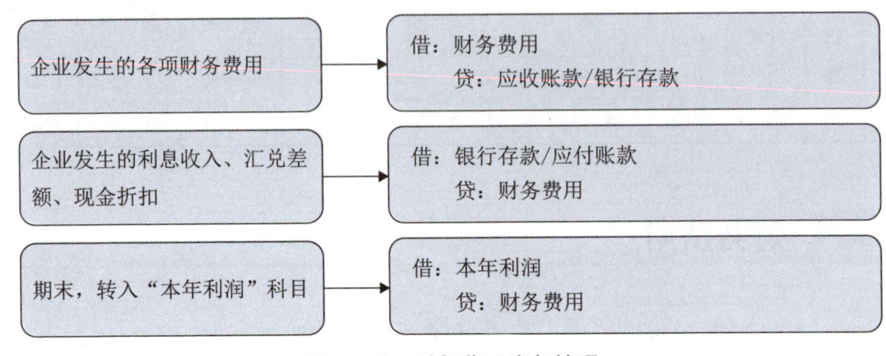

图 12-6 财务费用账务处理

【例 12-3】 2019 年 1 月 27 日，雅致电子有限公司用现汇 236 000 美元对外付汇，支付当日银行市场汇价为 1 美元 =6.95 元人民币，原应付外汇账款入账时的记账汇率为 1 美元 =6.90 元人民币。账务处理如下。见表 12-13。

表 12-13 外汇会计账簿（结售汇、套汇）

机构号码：091076535　　　　日期：2019 年 1 月 27 日

业务编号				业务类型	套汇		起息日	
借方或付款单位	名称	雅致电子有限公司			贷方或收款单位	名称	汇出汇款	
	账号	332101909234217689				账号		
	币种与金额	USD236000				币种与金额	USD236000	
	汇率 / 利率	6.95	开户行			汇率 / 利率	6.95	
收汇金额			发票号		挂销单号			
交易摘要	从其美元账户支取 USD236 000，支付货款。							

交易代码　　　　授权　　　　复核　叶丽　　　　经办　安明明

借：应付账款——应付外汇账款（236 000 × 6.90）　1 628 400

　财务费用——汇兑损益　11 800

　贷：银行存款——美元户（236 000 × 6.95）　1 640 200

根据上述业务，登记会计凭证，见表 12-14。

表 12-14　付款凭证

附件：× × 张

贷方科目：银行存款　　　　2019 年 1 月 27 日　　　　银付字第 009 号

摘　要	借方科目		账页	金　额									
	一级科目	二级或明细科目		千	百	十	万	千	百	十	元	角	分
购入外汇 236 000 美元支付账款，汇率 6.95。	应付账款	应付外汇账款			1	6	2	8	4	0	0	0	0
	财务费用	汇兑损益					1	1	8	0	0	0	0
	合计			¥	1	6	4	0	2	0	0	0	0

会计主管：洪英　　记账：蒋秦　　出纳：张健　　审核：纪明承　　填制：

根据会计凭证，登记账簿，见表 12-15。

表 12-15　明细分类账簿

会计科目：财务费用

编　　号：6603

2019 年		凭证科目代码	摘　要	对方科目	借　方										贷　方										借或贷	余　额									
月	日				千	百	十	万	千	百	十	元	角	分	千	百	十	万	千	百	十	元	角	分		千	百	十	万	千	百	十	元	角	分
			结转上年																						借				8	1	3	4	0	0	0
1	27	银付 09	支付外汇汇率差额	银行存款				1	1	8	0	0	0	0											借				9	3	1	4	0	0	0

第 13 章 利润结转与分配

利润是企业在一定会计期间的经营成果。利润包括收入减去费用后的净额、直接计入当期利润的利得和损失等。

未计入当期利润的利得和损失扣除所得税影响后的净额计入其他综合收益项目。净利润与其他综合收益的合计金额为综合收益总额。

13.1 利润结转

企业期（月）末结转利润时，应将各损益类科目的金额转入本年利润，结平各损益类科目。结转后本科目的贷方余额为当期实现的净利润；借方余额为当期发生的净亏损。

13.1.1 本年利润科目设置

本年利润科目的具体设置，见表 13-1。

表 13-1　本年利润会计科目编码的设置

科目代码	总分类科目（一级科目）	明细分类科目	
		二级科目	三级科目
4103	本年利润		
410301	本年利润	主营业务收入	项目
410302	本年利润	其他业务收入	项目
410303	本年利润	主营业务成本	项目
410304	本年利润	其他业务成本	项目
410305	本年利润	税金及附加	项目
410306	本年利润	销售费用	项目
410307	本年利润	管理费用	项目
410308	本年利润	财务费用	项目
410309	本年利润	资产减值损失	项目
410310	本年利润	公允价值变动收益	项目
410311	本年利润	投资收益	项目
410312	本年利润	营业外收入	项目
410313	本年利润	营业外支出	项目
410314	本年利润	所得税费用	项目

13.1.2 期末利润结转账务处理

期末本年利润的结转，相关会计分录如图 13-1 所示。

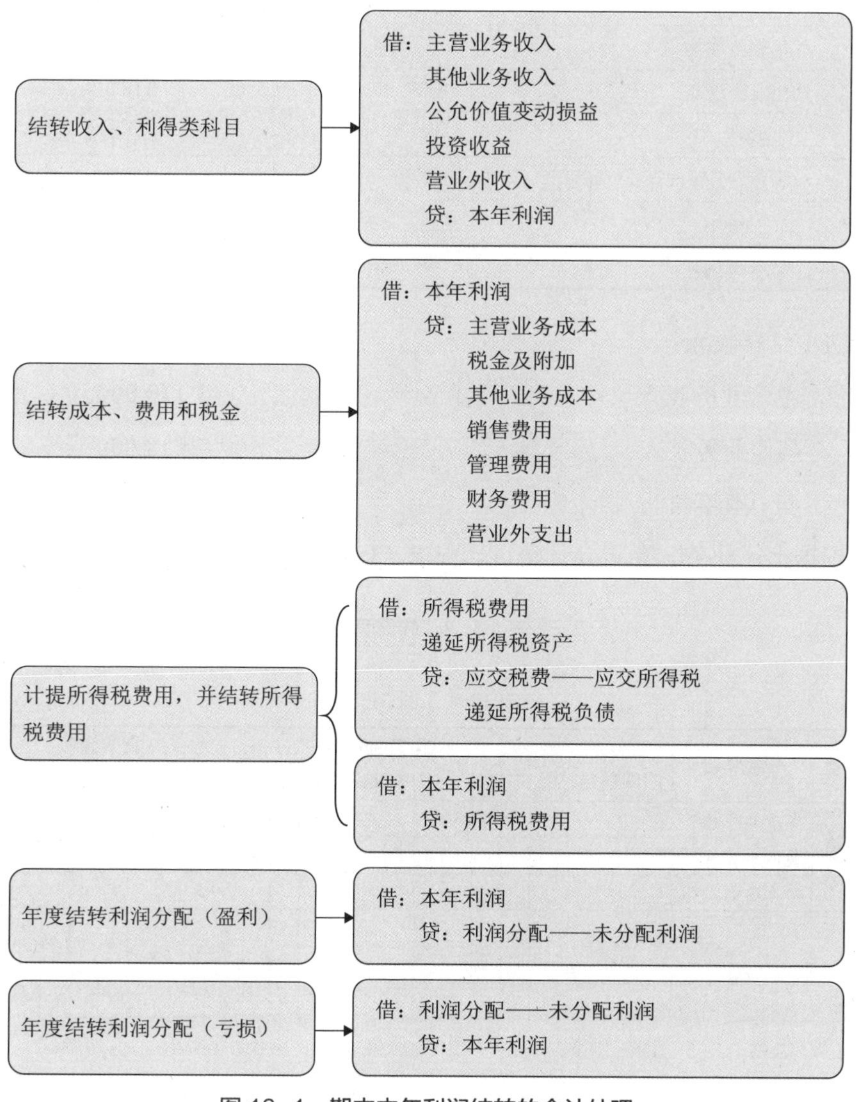

图 13-1　期末本年利润结转的会计处理

【例 13-1】 2019 年 1 月 31 日，各损益类账户余额见表 13-2。

表 13-2 损益类账户余额表

科目名称	余额方向	期末余额
主营业务收入	贷	3 110 000
其他业务收入	贷	128 000
主营业务成本	借	1 929 000
其他业务成本	借	118 370
税金及附加	借	32 470
销售费用	借	175 676
管理费用	借	45 650
财务费用	借	54 220

（1）结转收入：

借：主营业务收入　　　　3 110 000

　　其他业务收入　　　　128 000

　　贷：本年利润　　　　3 238 000

根据上述业务，登记会计凭证，见表 13-3。

表 13-3 转账凭证

附件：1 张

2019 年 1 月 31 日　　　　转字第 021 号

摘要	一级科目	二级或明细科目	账页	借方金额										贷方金额									
				千	百	十	万	千	百	十	元	角	分	千	百	十	万	千	百	十	元	角	分
结转1月收入	主营业务收入				3	1	1	0	0	0	0	0	0										
	其他业务收入					1	2	8	0	0	0	0	0										
	本年利润														3	2	3	8	0	0	0	0	0
合计				¥	3	2	3	8	0	0	0	0	0	¥	3	2	3	8	0	0	0	0	0

会计主管：洪英　　记账：蒋秦　　出纳：张健　　审核：纪明承　　填制：

（2）结转成本费用：

借：本年利润　　　　2 355 386

　　贷：主营业务成本　　　　1 929 000

其他业务成本　　118 370

税金及附加　　32 470

销售费用　　175 676

管理费用　　45 650

财务费用　　54 220

根据上述业务，登记会计凭证，见表 13-4。

表 13-4 转账凭证

附件：1 张

2019 年 1 月 31 日　　转字第 022 号

摘要	一级科目	二级或明细科目	账页	借方金额										贷方金额									
				千	百	十	万	千	百	十	元	角	分	千	百	十	万	千	百	十	元	角	分
结转 1 月成本	本年利润				2	3	5	5	3	8	6	0	0										
	主营业务成本														1	9	2	9	0	0	0	0	0
	其他业务成本															1	1	8	3	7	0	0	0
	税金及附加																3	2	4	7	0	0	0
	销售费用															1	7	5	6	7	6	0	0
	管理费用																4	5	6	5	0	0	0
	财务费用																5	4	2	2	0	0	0
合计				¥	2	3	5	5	3	8	6	0	0	¥	2	3	5	5	3	8	6	0	0

会计主管：洪英　　记账：蒋秦　　出纳：张健　　审核：纪明承　　填制：

（3）经上述结转后，会计利润为 3 238 000−2 355 386=882 614（元）

（4）经假设不存在所得税调整项目，确认所得税费用：882 614×25%=220 653.50（元）

借：所得税费用　　220 653.50

　　贷：应交税费——应交所得税　　220 653.50

根据上述业务，登记会计凭证，见表 13-5。

CHAPTER 13

表 13-5 转账凭证

附件： 张

2019 年 1 月 31 日　　　　转字第 023 号

摘　要	一级科目	二级或明细科目	账页	借方金额										贷方金额									
				千	百	十	万	千	百	十	元	角	分	千	百	十	万	千	百	十	元	角	分
1月计算所得税费用	所得税费用					2	2	0	6	5	3	5	0										
	应交税费	应交所得税														2	2	0	6	5	3	5	0
合计					¥	2	2	0	6	5	3	5	0		¥	2	2	0	6	5	3	5	0

会计主管：洪英　　记账：蒋秦　　出纳：张健　　审核：纪明承　　填制：

（5）将所得税费用结转入“本年利润”科目。

借：本年利润　　　　220 653.50

　　贷：所得税费用　　　　220 653.50

根据上述业务，登记会计凭证，见表 13-6。

表 13-6 转账凭证

附件：1 张

2019 年 1 月 31 日　　　　转字第 024 号

摘　要	一级科目	二级或明细科目	账页	借方金额									贷方金额								
				百	十	万	千	百	十	元	角	分	百	十	万	千	百	十	元	角	分
1月所得税费用计入本年利润	本年利润				2	2	0	6	5	3	5	0									
	所得税费用													2	2	0	6	5	3	5	0
合计				¥	2	2	0	6	5	3	5	0	¥	2	2	0	6	5	3	5	0

会计主管：洪英　　记账：蒋秦　　出纳：张健　　审核：纪明承　　填制：

（6）转入利润分配，882 614−220 653.50=661 960.50（元）。

借：本年利润　　　　661 960.50

　　贷：利润分配——未分配利润　　　　661 960.50

根据上述业务，登记会计凭证，见表 13-7。

表 13-7　转账凭证

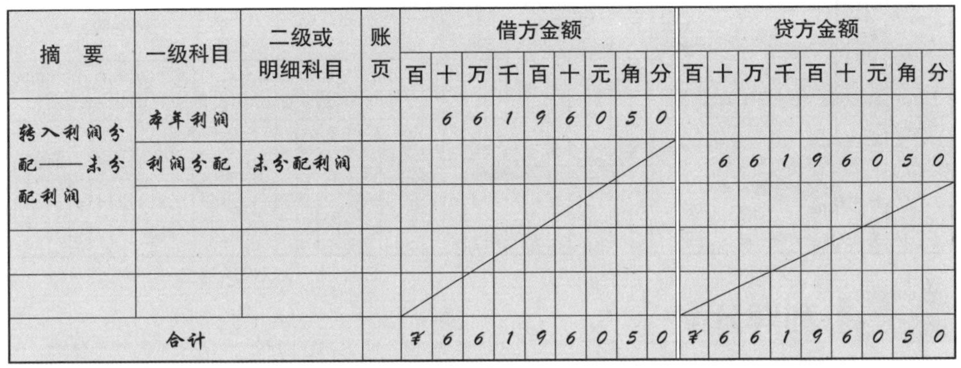

附件：2 张

2019 年 1 月 31 日　　　　转字第 025 号

摘要	一级科目	二级或明细科目	账页	借方金额									贷方金额								
				百	十	万	千	百	十	元	角	分	百	十	万	千	百	十	元	角	分
转入利润分配——未分配利润	本年利润				6	6	1	9	6	0	5	0									
	利润分配	未分配利润												6	6	1	9	6	0	5	0
合计				¥	6	6	1	9	6	0	5	0	¥	6	6	1	9	6	0	5	0

会计主管：洪英　　记账：蒋秦　　出纳：张健　　审核：纪明承　　填制：

（7）按 10% 提取法定盈余公积。

借：利润分配——提取法定盈余公积　　66 196.05

　　贷：盈余公积——法定盈余公积　　66 196.05

根据上述业务，登记会计凭证，见表 13-8。

表 13-8　转账凭证

附件：1 张

2019 年 1 月 31 日　　　　转字第 026 号

摘要	一级科目	二级或明细科目	账页	借方金额									贷方金额								
				百	十	万	千	百	十	元	角	分	百	十	万	千	百	十	元	角	分
计提 1 月盈余公积	利润分配	提取盈余公积				6	6	1	9	6	0	5									
	盈余公积	法定盈余公积													6	6	1	9	6	0	5
合计					¥	6	6	1	9	6	0	5		¥	6	6	1	9	6	0	5

会计主管：洪英　　记账：蒋秦　　出纳：张健　　审核：纪明承　　填制：期末

根据会计凭证，登记账簿，见表 13-9。

表 13-9 明细分类账簿

会计科目：本年利润
编　　号：4103

2019年		凭证科目代码	摘要	对方科目	借方										贷方										借或贷	余额									
月	日				千	百	十	万	千	百	十	元	角	分	千	百	十	万	千	百	十	元	角	分		千	百	十	万	千	百	十	元	角	分
1	31	转021	收入转入本年利润													3	2	3	8	0	0	0	0	0	贷		3	2	3	8	0	0	0	0	0
1	31	转022	成本转入本年利润			2	3	5	5	3	8	6	0	0											贷			8	8	2	6	1	4	0	0
1	31	转024	所得税费转入本年利润				2	2	0	6	5	3	5	0											贷			6	6	1	9	6	0	5	0
1	31	转025	结转利润分配				6	6	1	9	6	0	5	0											平								0		

13.2 利润分配

利润分配是企业根据国家有关规定和企业章程、投资者协议等，对企业当年可供分配的利润所进行的分配。

可供分配的利润＝企业当年实现的净利润（或净亏损）＋年初未分配利润（或－年初未弥补亏损）＋其他转入

13.2.1 可供分配利润账务处理

可供分配的利润，按下列顺序分配：①提取法定盈余公积；②提取任意盈余公积；③向投资者分配利润，如图 13-2 所示。

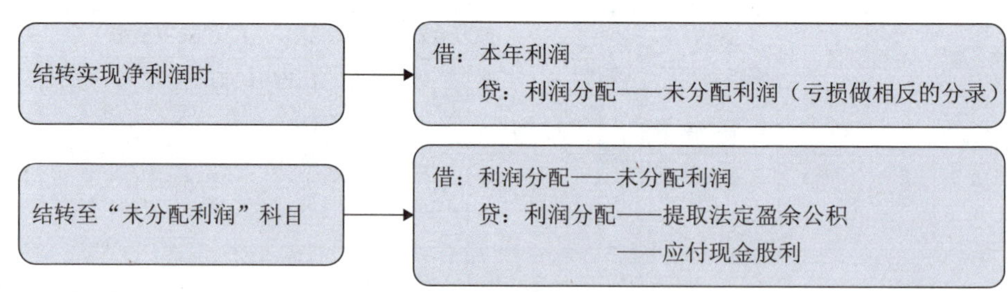

图 13-2 利润分配的账务处理

13.2.2 盈余公积科目设置

盈余公积科目的设置，见表 13-10。

表 13-10　盈余公积会计科目编码的设置

科目代码	总分类科目（一级科目）	明细分类科目	
		二级科目	三级科目
4101	盈余公积		
410101	盈余公积	法定公积金	弥补亏损
410102	盈余公积	任意公积金	转增资本
410103	盈余公积	任意公积金	归还利润
410104	盈余公积	任意公积金	分配股利

13.2.3 盈余公积的账务处理

企业应通过“盈余公积”科目，核算盈余公积提取、使用等情况，并分别在“法定盈余公积”“任意盈余公积”进行明细核算，如图 13-3 所示。

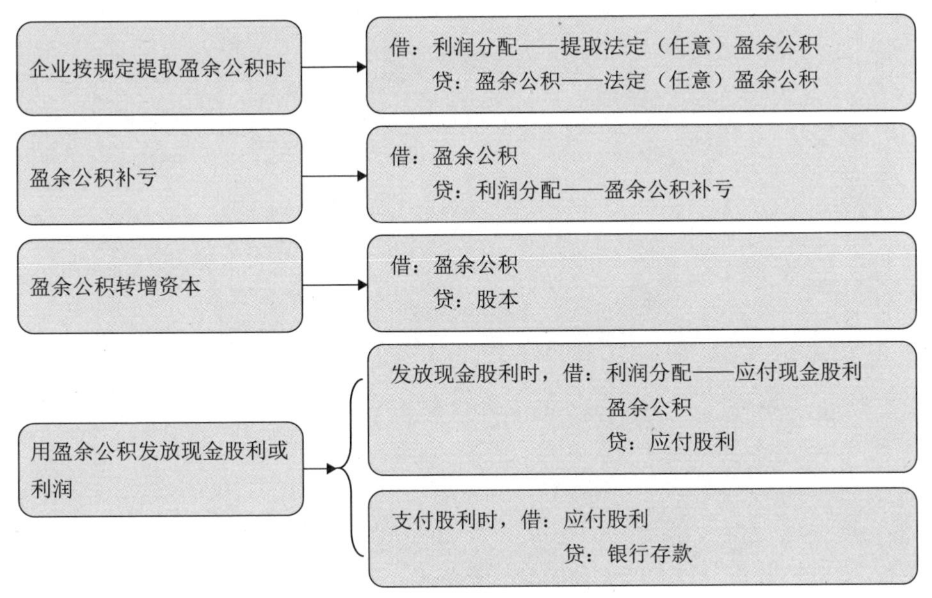

图 13-3　盈余公积的账务处理

年度终了，企业应将全年实现的净利润或发生的净亏损，自“本年利润”科目转入“利润分配——未分配利润”科目，并将“利润分配”科目所属其他明细科目的余额，转入“未分配利润”明细科目。结转后，“利润分配——未分配利润”科目如为贷方余额，表示累积未分配的利润数额；如为借方余额，则表示累积未弥补的亏损数额。

【例 13-2】 某一般纳税人企业 2018 年度的税后利润为 7 840 000 元，按规定 10% 的比率提取法定盈余公积金，并根据股东大会决议按 2% 的比率提取任意公积金。会计分录如下：

借：利润分配——提取盈余公积　　　　940 800

　　贷：盈余公积——法定盈余公积金　　　　784 000

　　　　　　　　——任意盈余公积　　　　156 800

第 14 章
期末对账

对账就是核对账目，企业应定期将会计账簿记录的有关数字与库存实物、货币资金、有价证券往来单位或个人等进行相互核对，保证账证相符、账账相符、账实相符。对账工作一般在月末进行，即在记账之后、结账之前进行对账。

14.1 对账

对账一般可以分为账证核对、账账核对和账实核对。

14.1.1 账证核对

核对会计账簿（包括总账、明细账以及现金、银行存款日记账）的记录与原始凭证、记账凭证的时间、凭证字号内容、金额是否一致，记账方向是否相符。

表 14-1、表 14-2 是明细账与记账凭证核对，见表中画圈的内容。

表 14-1 明细分类账簿

会计科目：固定资产
编　　号：1601

2018 年		凭证科目代码	摘要	对方科目	借方												贷方												借或贷	余额											
月	日				十	万	千	百	十	万	千	百	十	元	角	分	十	万	千	百	十	万	千	百	十	元	角	分		十	万	千	百	十	万	千	百	十	元	角	分
			结转上年																										借			4	3	8	8	1	3	4	0	0	0
1	3	银付 010	购入办公大楼	银行存款		1	3	4	0	0	0	0	0	0	0	0													借		1	7	7	8	8	1	3	4	0	0	0
			本月合计			1	3	4	0	0	0	0	0	0	0	0													借		1	7	7	8	8	1	3	4	0	0	0
2	26	转字 009	结转固定资产	在建工程						3	3	8	9	0	0	0													借		1	7	7	9	1	5	2	3	0	0	0

表 14-2 转账凭证

附件：5 张

2018 年 2 月 26 日　　　　转字第 009 号

摘　要	一级科目	二级或明细科目	账页	借方金额									贷方金额								
				百	十	万	千	百	十	元	角	分	百	十	万	千	百	十	元	角	分
结转设备成本 33 890 元。	固定资产	甲设备				3	3	8	9	0	0	0									
	在建工程														3	3	8	9	0	0	0
合计					￥	3	3	8	9	0	0	0		￥	3	3	8	9	0	0	0

会计主管：洪英　　记账：蒋秦　　出纳：张健　　审核：纪明承　　填制：

核对日期、凭证科目代码、对方科目、借（贷）方金额等是否一致。

14.1.2 账账核对

账账核对是指各账簿之间的相关数据要互相核对相符。账账核对的具体内容包括：

（1）分类账簿中各账户核对相符。如图 14-1 所示。

总分类各账户		
借方发生额合计	⇔	贷方发生额合计
借方期末余额	⇔	贷方期末余额

图 14-1　账账核对

这一核对主要通过编制“总账科目试算平衡表”来完成。

试算平衡是指利用“资产 = 负债 + 所有者权益”的平衡原理，通过账户余额或发生额合计数之间的平衡关系，检验记账工作正确与否的一种方法。

试算平衡有两种计算方法：一是账户发生额试算平衡法；二是账户余额试算平衡法。

①账户发生额试算平衡法。

在借贷记账法下，根据“有借必有贷，借贷必相等”的记账规则，所有账户的本期借方发生额合计与所有账户本期贷方发生额合计必然是相等的，可用公式表示如下：

全部账户本期借方发生额合计 = 全部账户本期贷方发生额合计

②账户余额试算平衡法。

账户余额试算平衡法是根据本期所有账户借方余额合计与贷方余额合计的恒等关系，检验本期账户记录是否正确的方法。根据余额时间不同，又分为期初余额平衡与期末余额平衡两类。期初余额平衡是期初所有账户借方余额合计与贷方余额合计相等，期末余额平衡是期末所有账户借方余额合计与贷方余额合计相等。公式为：

全部账户的借方期初余额合计 = 全部账户的贷方期初余额合计

全部账户的借方期末余额合计 = 全部账户的贷方期末余额合计

实际工作中，余额试算平衡通过编制试算平衡表方式进行。

如果试算平衡表借方余额合计数和贷方余额合计数不相等，说明肯定存在错误，应当予以查明纠正。

③试算平衡表的编制。

试算平衡是通过编制试算平衡表进行的。试算平衡表通常是在期末结出各账户的本期发生额合计和期末余额后编制的，试算平衡表中一般应设置“期初余额”、“本期发生额”和“期末余额”三大栏目，其下分设“借方”和“贷方”两个小栏。各大栏中的借方合计与贷方合计应该平衡相等，否则，便存在记账错误。为了简化表格，试算平衡表也可只根据各个账户的本期发生额编制，不填列各账户的期初余额和期末余额。

试算平衡表的编制格式见表 14-3。

表 14-3 试算平衡表

会计科目	期初余额		本期发生额		期末余额	
	借方	贷方	借方	贷方	借方	贷方
库存现金	200		2 500	300	2 400	
银行存款	42 000		100 000	36 000	106 000	
应收账款	4 000				4 000	
原材料	9 000				9 000	
固定资产	86 000		59 800		145 800	
短期借款		6 000		100 000		106 000
应付账款		7 000	7 000			0
应付票据		40 000		33 000		73 000
实收资本		80 000				80 000
资本公积		8 200				8 200
合计	141 200	141 200	169 300	169 300	267 200	267 200

（2）总分类账簿中各账户应与其所属的各明细分类账户核对相符。如图 14-2 所示。

有关总分类账户	
借方发生额合计	贷方发生额合计
借方期末余额	贷方期末余额
所属各明细分类账户（或日记账）	
借方发生额合计	贷方发生额合计
借方期末余额	贷方期末余额

图 14-2

①总分类账户与其所属的各个明细分类账户之间本期发生额的合计数应相等。

②总分类账户与其所属的各个明细分类账户之间的期初、期末余额应相等。如图 14-3 所示。

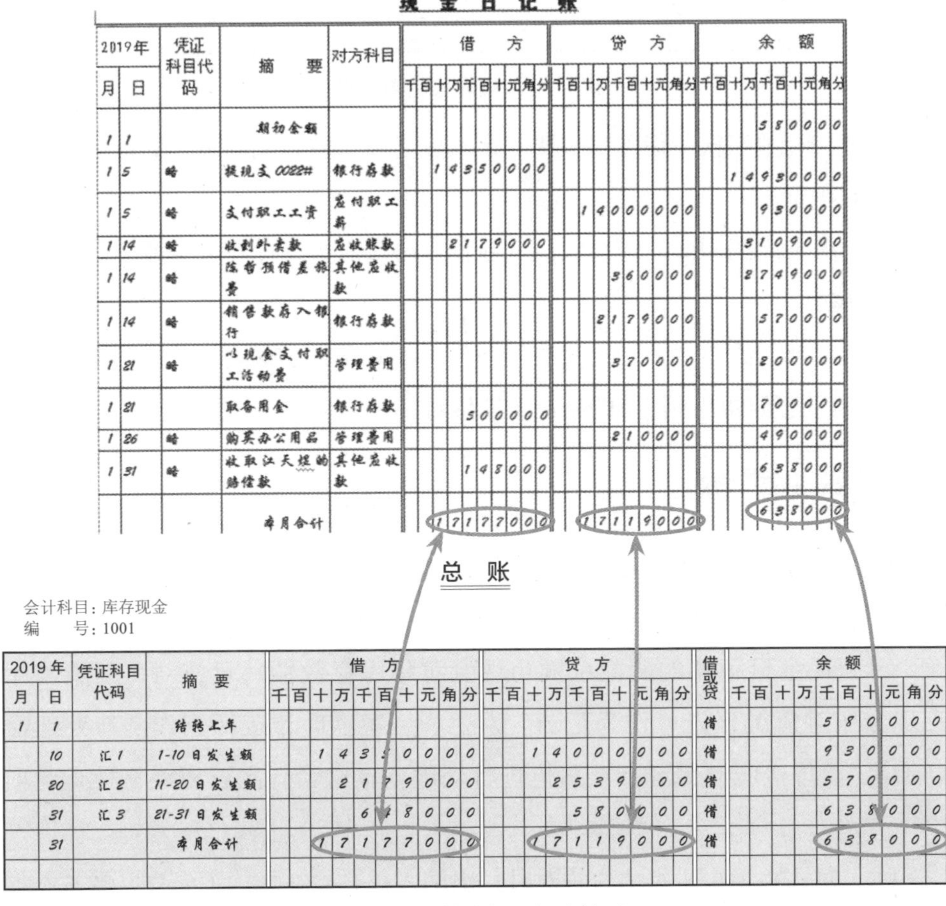

现金日记账

2019年 月	日	凭证科目代码	摘要	对方科目	借方	贷方	余额
1	1		期初余额				580000
1	5	略	提现支 0022#	银行存款	14350000		14930000
1	5	略	支付职工工资	应付职工薪		14000000	930000
1	14	略	收到外卖款	应收账款	2179000		3109000
1	14	略	陈哲预借差旅费	其他应收款		360000	2749000
1	14	略	销售款存入银行	银行存款		2179000	570000
1	21	略	以现金支付职工活动费	管理费用		370000	200000
1	21		取备用金	银行存款	500000		700000
1	26	略	购买办公用品	管理费用		210000	490000
1	31	略	收取江天煜的赔偿款	其他应收款	148000		638000
			本月合计		17177000	17119000	638000

总　账

会计科目：库存现金
编　　号：1001

2019 年 月	日	凭证科目代码	摘要	借方	贷方	借或贷	余额
1	1		结转上年			借	580000
	10	汇 1	1-10 日发生额	14350000	14000000	借	930000
	20	汇 2	11-20 日发生额	2179000	2539000	借	570000
	31	汇 3	21-31 日发生额	648000	580000	借	638000
	31		本月合计	17177000	17119000	借	638000

图 14-3　总账与明细账核对

图 14-3，日记账借方、贷方、余额与总账借方、贷方、余额均核对一致。

（3）审核现金、银行存款日记账余额应该同总分类账有关账户的余额定期核对相符。

（4）审核会计部门的总账、明细账与有关职能部门的账、卡之间是否相符。如图 14-4 所示。

财产物资明细账	
发生数量、金额合计	发生数量、金额合计
期末数量、余额	贷方期末余额
财产物资保管账、卡	
收入数量（金额）	发出数量（金额）
期末数量、余额	

图 14-4 账簿与实物核对

①各种有关债权、债务明细账的余额应当经常或定期同有关的债务人、债权人核对相符。

②已缴国库的利润、税金以及其他预算缴款应该同征收机关按照规定的时间核对相符。

③会计部门的有关财产物资的明细分类账的余额应该同财产物资保管部门和使用部门经管的明细记录的余额定期核对相符。

14.1.3 账实核对

账实核对是账簿记录与实物、款项实有数核对的简称。账实核对的具体内容包括：

（1）现金日记账的账面余额与现金实际库存数额每日核对，并填写库存现金核对情况报告单作为记录。发生长、短款时，应即列作“待处理财产损溢”，待查明原因经批准后再进行处理。单位会计主管应经常检查此项工作。

（2）对库存现金进行清查核对时，出纳人员必须在场，不允许以借条、收据充抵现金。要查明库存现金是否超过限额、是否存在坐支问题。

（3）银行存款日记账的账面余额与开户银行对账单核对。每收到一张银行对账单，经管人员应在 3 日内核对完毕，每月编制一次银行存款余款调节表，会计主管人员每月至少检查一次，并写出书面检查意见。

（4）有价证券账户应与单位实存有价证券（如国库券、重点企业债券、股票或收款票据等）核对相符，每半年至少核对一次。

（5）商品、产品、原材料等明细账的账面余额，应定期与库存数相核对；对其他财产物资账户也要定期核对。年终要进行一次全面的清查。

（6）各种债权、债务类明细账的账面余额要与债权、债务人账面记录核对、清理。对于核对、清理结果，要及时以书面形式向会计主管人员汇报，并报单位领导人。对于存在的问题应采取措施，积极解决。

（7）出租、租入、出借、借入财产等账簿，除合同期满应进行清结外，至少每半年核对一次，以保证账实相符。

14.2 会计差错查找方法

在实际的记账过程中，难免会产生一些错误。例如：重复记账、漏记、数字颠倒、数字错位、数字错误、科目记错、借贷方向记反等，从而影响了会计信息的准确性。常见的错账查找方法主要有以下几种。

14.2.1 差数法

差数法是指按照错账的差数查找错账的方法。例如，在记账过程中只登记了会计分录的借方或贷方，漏记了另一方，从而形成试算平衡中借方合计与贷方合计不等。其表现形式是：借方金额遗漏，会使该金额在贷方超出；贷方金额遗漏，会使该金额在借方超出。对于这样的差错，可由会计人员通过回忆和与相关金额的记账核对来查找。

14.2.2 尾数法

对于发生的角、分的差错可以只查找小数部分，以提高查错的效率。如只差 0.06 元，只需看一下尾数有“0.06”的金额，看是否已将其登记入账。

14.2.3 除 2 法

除 2 法是指以差数除以 2 来查找错账的方法。当某个借方金额错记入贷方（或相反）时，出现错账的差数表现为错误的 2 倍，将此差数用 2 去除，得出的商即是反向的金额。例如，应记入“原材料——甲材料”科目借方的 4 000 元误记入贷方，则该明细科目的期末余额将小于其总分类科目期末余额 8 000 元，被 2 除的商 4 000 元即为借贷方向反向的金额。同理，如果借方总额大于贷方 600 元，即应查找有无 300 元的贷方金额误记入借方。如非此类错误，则应另寻差错的原因。

14.2.4 除 9 法

除 9 法是指以差数除以 9 来查找错数的方法。适用于以下三种情况：

- 将数字写小。如将 400 写为 40，错误数字小于正确数字 9 倍。查找的方法是：以差数除以 9 后得出的商即为写错的数字，商乘以 10 即为正确的数字。如差数 360（即 400−40）除以 9，商 40 即为错数，扩大 10 倍后即可得出正确的数字 400。

- 将数字写大。如将 50 写为 500，错误数字大于正确数字 9 倍。查找的方法是：以差数除以 9 后得出的商为正确的数字，商乘以 10 后所得的积为错误数字。上例差数 450（即 500−50）除以 9 后，所得的商 50 为正确数字，50 乘以 10（即 500）为错误数字。

- 邻数颠倒。如将 78 写为 87，将 96 写为 69，将 36 写为 63 等。颠倒的两个数字之差最小为 1，最大为 8（即 9−1）。查找的方法是：将差数除以 9，得出的商数就是颠倒两位数字的差。如将 78 记为 87，其差数为 9。查找此错误的方法是，将差数除 9 得 1，查找前后两位数为相差 1 的数字。为了使用方便，特列“两位数颠倒便查表”，如图 14-5 所示。

颠倒数字的差数	1		2		3		4		5		6		7		8	
颠倒的数字	12	21	13	31	14	41	15	51	16	61	17	71	18	81	19	91
	23	32	24	42	25	52	26	62	27	72	28	82	29	92		
	34	43	35	53	36	63	37	73	38	83	39	93				
	45	54	46	64	47	74	48	84	49	94						
	56	65	57	75	58	85	59	95								
	67	76	68	86	69	96										
	78	87	79	97												
	89	98														

图 14-5　两位数便查表

14.3 错账更正的方法

如果发现账簿记录有差错，应根据错误的具体情况，采用规定的方法予以更正，不得涂改、挖补、乱擦或用褪色药水消除原有字迹。一般常用的更正错账的方法有以下三种：划线更正法、红字更正法、补充登记法。

14.3.1 划线更正法

记账凭证正确，在记账或结账过程中，如果发现账簿记录中文字或数字过账错误，或数字计算错误，应采用划线更正法进行更正。更正时，先在错误的文字或数字（整个数字）上划一条红线，加以注销，并使原来的字迹仍可辨认，然后在红线上方空白处用蓝字填上正确的文字或数字，并由更正人员在更正处盖章，以明确责任。

【例 14-1】 记账人员在根据记账凭证登记账簿时，将 64 900 元错误登记为 65 933 元，应将错误数字（65 933）全部用红线划掉，再写上正确的数字（64 900 元），并由记账员加盖名章。更正数字时，应将全部数字划红线注销再更改，不得只划销更改数字中的个别错字，如只把“49”改为“94”。具体见表 14-4、表 14-5。

表 14-4 正误更正错账对照表

正确更正方法								错误更正法							
	万	仟	佰	拾	元	角	分		万	仟	佰	拾	元	角	分
	6 ~~6~~	4 ~~5~~	9 ~~9~~	0 ~~3~~	0 ~~3~~	0 ~~0~~ 消珊	0 ~~0~~		6	4 ~~5~~	9 ~~9~~	0 ~~3~~	0 ~~3~~	0	0

表 14-5 总分类账

会计科目及编号：原材料

2019年		凭证科目代码	摘要	对方科目	借方										贷方										借或贷	余额									
月	日				千	百	十	万	千	百	十	元	角	分	千	百	十	万	千	百	十	元	角	分		千	百	十	万	千	百	十	元	角	分
1	1																											2	1	0	0	0	0	0	0
1	8	银付 001	转账支付材料款	原材料	消珊			6 ~~6~~	4 ~~5~~	9 ~~9~~	0 ~~3~~	0 ~~3~~	0 ~~0~~	0 ~~0~~											借	消珊			6 ~~6~~	4 ~~5~~	9 ~~9~~	0 ~~3~~	0 ~~3~~	0 ~~0~~	0 ~~0~~

14.3.2 红字更正法

记账以后，如果发现记账凭证上应记科目和金额发生错误并已登记入账时红字更正法也叫赤字冲账法或红笔订正法。一般适用于以下两种情况。

第一步：编制一张与原错误凭证相同的红字金额凭证，并据以入账。

注：日期填写编制红字凭证实际日期；编号按当前凭证顺序编号；摘要注明“冲销 × 月 × 日 × 类 × 号错误凭证”。

第二步：编制一张正确的蓝字凭证，并据以登账。

注：日期填写编制凭证实际日期；编号按当前凭证顺序编号；摘要注明“更正 × 月 × 日 × 类 × 号错误凭证”。

（1）如果记账后发现所记金额大于应记金额，而会计科目和记账方向均正确，此时可编制一张与原错误凭证科目相同、金额为多记金额的红字凭证，并据以登记入账，以冲销原多记金额。

注：摘要注明“冲销 × 月 × 日 × 类 × 号凭证多记金额”。

【例 14-2】 2019 年 1 月 31 日，新兴设备厂第一车间领用一批钢材，总计 119 000 元，填制记账凭证时，误写应借科目为“制造费用”，并已登记入账。

当发现这种错误时，应先用红字金额填制一张内容与原来一样的记账凭证，见表 14-6。

（1）借：制造费用　　119 000

　　贷：原材料　　119 000

表 14-6　转账凭证

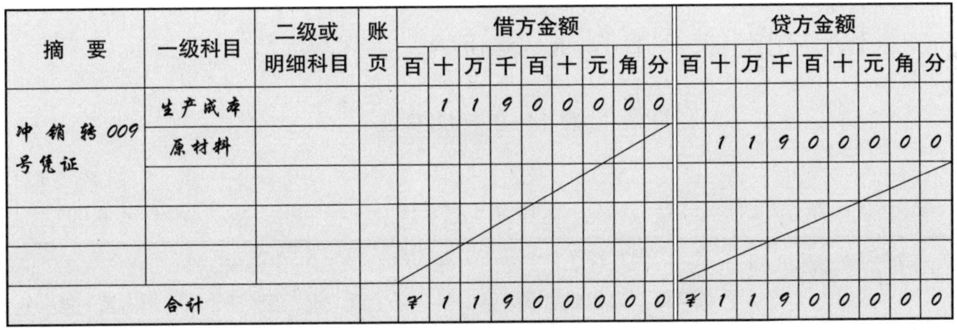

附件：2 张

2019 年 1 月 31 日　　转字第 010 号

摘要	一级科目	二级或明细科目	账页	借方金额									贷方金额								
				百	十	万	千	百	十	元	角	分	百	十	万	千	百	十	元	角	分
冲销转 009 号凭证	生产成本				1	1	9	0	0	0	0	0									
	原材料													1	1	9	0	0	0	0	0
合计				¥	1	1	9	0	0	0	0	0	¥	1	1	9	0	0	0	0	0

会计主管：肖丽　　记账：张子非　　出纳：侯明　　审核：杨东　　填制：

同时，再用蓝字填制一张正确的记账凭证，见表 14-7。

（2）借：生产成本　　119 000

　　贷：原材料　　119 000

表 14-7　转账凭证

附件：2 张

2019 年 1 月 31 日　　转字第 011 号

摘要	一级科目	二级或明细科目	账页	借方金额									贷方金额								
				百	十	万	千	百	十	元	角	分	百	十	万	千	百	十	元	角	分
第一车间领用一批钢材，总计 119000 元	生产成本				1	1	9	0	0	0	0	0									
	原材料													1	1	9	0	0	0	0	0
合计				¥	1	1	9	0	0	0	0	0	¥	1	1	9	0	0	0	0	0

会计主管：肖丽　　记账：张子非　　出纳：侯明　　审核：杨东　　填制：

（2）记账以后，如果发现原填记账凭证中应借、应贷科目虽然没有错误，但所记的金额大于应填的金额时，更正时，应将多记的金额用红字填制一张与原错误记账凭证内容完全相同的记账凭证，并据以用红字登记入账，则多记的金额就会被冲销。

【例 14–3】 新兴设备厂管理部门 1 月以银行存款支付飞天软件公司办公软件使用费 12 890 元。在填制记账凭证时，误将金额填为 12 980 元，并已登记入账。当发现这种错误时，可将多记的 90 元，用红字金额填制一张内容与原来一样的记账凭证，见表 14–8、表 14–9。

表 14–8　付款凭证

附件：2 张

贷方科目：银行存款　　　　2019 年 1 月 8 日　　　　银付字第 007 号

摘 要	借方科目		账页	金 额									
	一级科目	二级或明细科目		千	百	十	万	千	百	十	元	角	分
支付办公软件使用费 12 980 元	管理费用	办公费					1	2	9	8	0	0	0
合计						￥	1	2	9	8	0	0	0

会计主管：肖丽　　记账：张子非　　出纳：侯明　　审核：杨东　　填制：

表 14–9　付款凭证

附件：2 张

贷方科目：银行存款　　　　2019 年 1 月 8 日　　　　银付字第 008 号

摘 要	借方科目		账页	金 额									
	一级科目	二级或明细科目		千	百	十	万	千	百	十	元	角	分
冲销银付 007 号多记 90 元	管理费用	办公费								9	0	0	0
合计									￥	9	0	0	0

会计主管：肖丽　　记账：张子非　　出纳：侯明　　审核：杨东　　填制：

根据这张记账凭证记入有关账簿，就可将多记的金额予以冲销。这笔经济业务也可将 12 980 元全部用红字冲销，再填制一张正确的 12 890 元的记账凭证。

14.3.3 补充登记法

如果记账后发现记账凭证中科目正确，但所记金额小于应记金额，则可以运用补充登记法进行更正，具体步骤是：

（1）编制一张与原错误凭证科目相同、金额为少记金额的蓝字凭证。

（2）摘要注明“补充 × 月 × 日 × 类 × 号凭证少记金额”。

（3）根据上述记账凭证登记入账，用以补充原少记金额。

【例 14-4】 2019 年 1 月 7 日，开出支票归还银行借款利息 8 000 元。填制记账凭证时把金额误写为 800 元，并已登记入账。1 月 8 日，会计人员核对账簿时，发现错误，采用补充登记法，将少记的 7 200 元填制一张与原来一样的记账凭证，见表 14-10。

借：财务费用　　7 200

　贷：银行存款　　7 200

表 14-10　付款凭证

附件：　张

贷方科目：银行存款　　2019 年 1 月 8 日　　银付字第 004 号

摘　要	借方科目		账页	金　额									
	一级科目	二级或明细科目		千	百	十	万	千	百	十	元	角	分
补充 1 月 7 日付款 002 号凭证少记金额 7 200 元	财务费用	利息						7	2	0	0	0	0
合计							¥	7	2	0	0	0	0

会计主管：洪英　　记账：蒋秦　　出纳：张健　　审核：纪明承　　填制：

同时补充登记总分类账簿，见表 14-11。

CHAPTER 14

表 14-11 总分类账簿

会计科目：银行存款
编　　号：1002

2019年		凭证科目代码	摘要	对方科目	借方										贷方										借或贷	余额									
月	日				千	百	十	万	千	百	十	元	角	分	千	百	十	万	千	百	十	元	角	分		千	百	十	万	千	百	十	元	角	分
1	1		上年结转																						借		3	2	1	0	0	0	0	0	0
1	7	银付02	支付银行利息	财务费用																8	0	0	0	0	借		3	2	0	9	2	0	0	0	0
1	8	银付03	转账支付材料款	原材料														7	5	0	0	0	0	0	借		3	1	3	4	2	0	0	0	0
1	8	银付04	补充银付02号凭证少记金额7 200元	财务费用															7	2	0	0	0	0	借		3	1	2	7	0	0	0	0	0

这笔经济业务也可将 800 元全部用红字冲销，然后填制一张 8 000 元正确的记账凭证。

14.3.4 电算化下的错账

电算化下造成错账的，是由凭证错误而引起，也就是说，在计算机正常运行情况下，只存在记账凭证错误导致的错账，不存在登记入账错误，也就不存在划线更正法。

手工方式下补充登记法和非全额红字冲销法，在会计电算化方式下是不宜采用的。在电算化方式下，本年度内发现因记账凭证所发生的任何和错误，都应采用全额红字冲消法进行错账更正，强调必须是全额冲销，即填制一张与错误凭证内容一致、有明确的摘要说明、金额为红字的记账凭证，然后填制一张正确的记账凭证，据以入账。

采用红字冲销法，不仅符合会计原理，而且能清晰地反映账簿中发生额和科目对应关系，而且还能完整的反映出经济业务的来龙去脉和资金运动的来踪去迹，更符合会计电算化的自动对账要求。

第 15 章 结 账

结账是在将本期内所发生的经济业务全部登记入账并对账无误的基础上，按照规定的方法对该期内的账簿记录进行小结，结算出本期发生额合计数和余额，并将其余额结转下期或者转入新账。为了正确反映一定时期内在账簿中记录的经济业务，总结有关经济业务活动和财务状况，各单位必须在每一个会计期末结账。习惯上将每年 1~11 月的结账工作称为月结，将每年 12 月的结账工作称为年结。

15.1 手工结账

结账时，应根据不同的会计期间和不同账户记录，分别采用不同的方法。各类账户一般可按以下类别顺序归类进行结账。

15.1.1 损益类账户

损益类账户一般无余额，期末结账主要对其发生额进行结计。损益类无论是总分类账户，还是明细分类账户，不管采用何种账页格式，期末结账时均需结计本期发生额合计数和本年累计发生额合计数。

（1）在本月最后一笔业务记录行下画一条通栏单红线，若采用的是三栏式账页，则结计出借贷方发生额，若采用的是多栏式账页，则结计出各栏目实际发生额，记入下一行相应金额栏内，在摘要栏内注明“本月合计”字样，并在下面画一条通栏单红线。

（2）结计出自年初起至本月末止的累计发生额，记入下一行相应金额栏内，在摘要栏内注明“本年累计”字样，若是月结，在下面画通栏单红线；若为年结，则在下面画通栏双红线。

15.1.2 现金、银行存款日记账

为了加强对货币资金的管理，现金、银行存款日记账需按日结计本日发生额，按月结计本月发生额，但不需结计本年累计发生额。

（1）每日终了，先在本日最后一笔业务记录下画通栏单红线，结计出本日借贷方发生额，填在下一行的借贷方金额栏，在摘要栏内注明“本日合计”字样，并在下面画通栏单红线，如图 15-1 所示。

（2）每月终了在日结的基础上，结计出本月借贷方发生额，填在下一行的借贷方金额栏，在摘要栏内注明“本月合计”字样，并在下面画通栏单红线；

（3）年末结账时，在“本月合计”行下面要画通栏双红线。

14	付-004	专题预借差旅费	其他应收款		400000	930000
		本日合计			400000	930000
		本月合计		15400000	14800000	930000

图 15-1　日记账的结账

15.1.3 多栏明细账结账方法

多栏明细账中损益类账户按损益类账户结账方法进行。其他账户只需结计本期发生额，不需结计本年累计发生额。

多栏账的结账应按以下两种情况分别进行：

1. 期末无余额或账页中设有余额栏的多栏明细分类账

（1）在本月最后一笔业务记录下画一条通栏单红线。如图 15-2 所示。

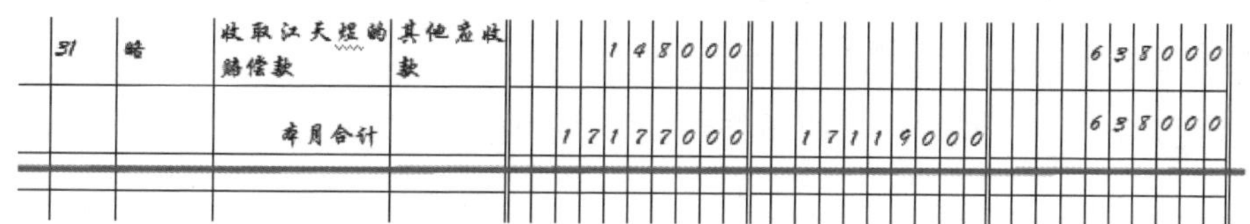

图 15-2　多栏账的结账

（2）结计出本期各栏目的实际发生额，记入下一行相应栏目内，在摘要栏内注明“本月合计”字样，并在下面画通栏单红线。

（3）年末结账时，在“本月合计”行下要画通栏双红线。

2. 期末有余额且账页中未设余额栏的多栏明细分类账

（1）在本月最后一笔业务记录下画一条通栏单红线，结计出本期各栏目的实际发生额，记入下一行相应栏目内，在摘要栏内注明“本月合计”字样，并在下面画通栏单红线。

（2）结计出期末余额，记入下一行各栏目内，在摘要栏内注明“期末余额”字样，其下账页用以继续登记下一月份的相关记录。

（3）若是年结，应在“期末余额”行下面画通栏双红线。

月结时“期末余额”行下不用画线。

15.1.4 总分类账户

总分类账户中的损益类账户，按损益类账户的结账方法进行结账。其他总分类账户月结时既不需要结计“本月合计”，也不需要结计“本年累计”，但在年结时为了总括地反映全年各项资金运动情况的全貌，核对账目，需结计全年发生额。因此，月结时，只需在账户的最后一条记录下画通栏单红线即可；年结时，先在该年最后一条记录下画通栏单红线，然后结计出借贷方本年发生额合计数，记入下行借贷方金额栏，并在摘要栏内注明“本年合计”字样，并在下面画通栏双红线。

15.1.5 其他账户

以上账户外的其他账户，如各项应收应付款明细账和各项财产物资明细账等，结账时既不需结计“本月合计”，也不需结计“本年累计”。因此，结账时只需画线即可。月结时画通栏单红线，年结时画通栏双红线。

15.1.6 年末余额的结转

一般来讲，总账、日记账和大多数明细分类账应每年更换一次。但有些财产物资明细账和债权债务明细账，由于材料品种、规格和往来单位较多，更换新账工作量较大，可以跨年度使用，不必每年都更换一次。各种备查簿也可以连续使用。

当更换新账时，对旧账中有年末余额的账户，应将其余额结转下年。结转的方法是：在旧账年结双红线下行摘要栏内注明“结转下年”字样，将账户余额直接记入新账第一行余额栏，并在摘要栏内注明“上年结转”字样。结转余额时不需编制记账凭证，也不需将余额再记入本年账户的借方或贷方，使本年有余额的账户的余额结平。

15.2 电算化对账与结账

15.2.1 对账与试算平衡

一般说来，只要记账凭证录入正确，计算机自动记账后各种账簿都应是正确、平衡的，但由于非法操作或计算机病毒或其他原因有时可能会造成某些数据被破坏，因而引起账账不符，为了保证账证相符、账账相符，用户应经常使用本功能进行对账，至少一个月一次，一般可在月末结账前进行。

1. 对账

对账是对账簿数据进行核对，以检查记账是否正确，以及账簿是否平衡。它主要通过核对总账与明细账、总账与各辅助账数据来完成账账核对。

操作步骤，如图 15-3 所示。

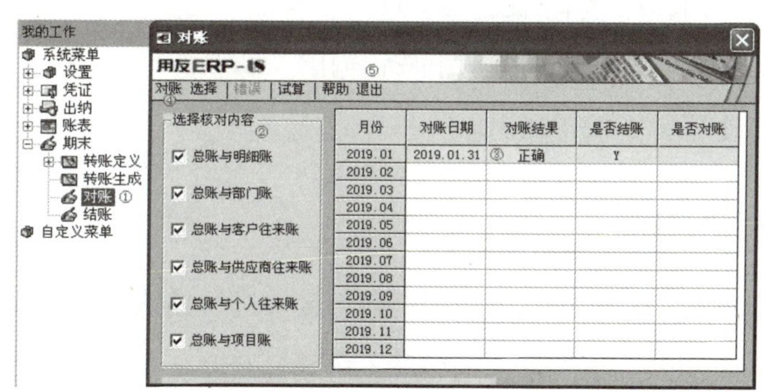

图 15-3　对账

（1）在“期末”菜单中，单击【对账】，打开“对账”窗口；

（2）选择核对内容；

（3）单击要进行对账的月份栏；

（4）单击【对账】按钮，开始对账；

（5）单击【退出】按钮。

2. 试算平衡

试算平衡就是将系统中设置的所有科目的期末余额按照会计平衡公式“借

CHAPTER 15

方余额＝贷方余额”进行平衡检验，并输出科目余额表以及平衡的信息。一般在结账前进行试算平衡。

操作步骤，如图 15-4 所示。

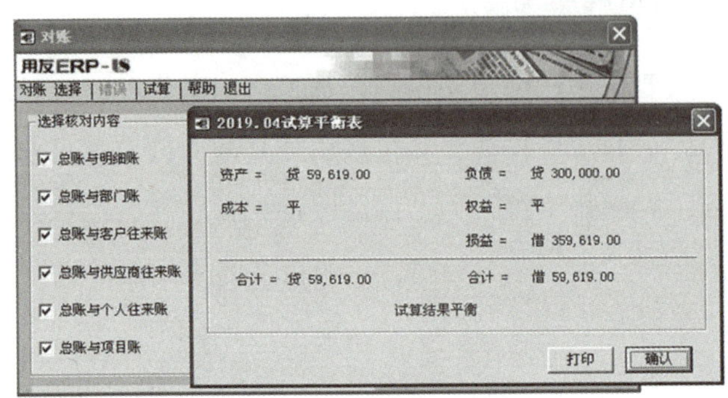

图 15-4 试算平衡

（1）在“对账”窗口中，选中指定月份后，单击【试算】按钮，开始试算平衡，试算后弹出“试算平衡表”窗口；

（2）核对结果可以单击【打印】按钮输出；

（3）单击【确认】按钮退出。

15.2.2 月末结账

按照“日清月结”的规定，每月月底都需要进行结账处理，而结账过程就是计算和结转各账簿的本期发生额和期末余额，并终止本期的账务处理。在计算机处理方式下，结账工作比手工简单得多，结账实际是一种成批数据处理，只能每月进行一次。

1. 结账

操作步骤，如图 15-5 至图 15-8 所示。

（1）在“期末”菜单中，单击【结账】，进入“结账向导一”，即结账月份；

（2）选择结账月份，如：2019.01；

（3）单击【下一步】按钮，显示“结账向导二”，即核对账簿；

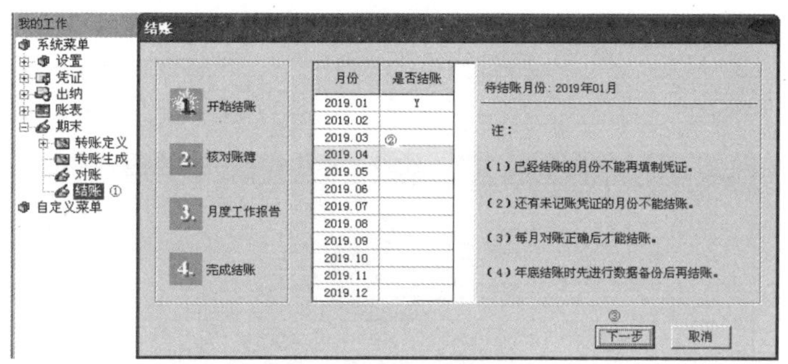

图 15-5　结账向导一

（4）单击，系统对要结账的月份进行账账核对；

（5）单击【下一步】按钮，显示“结账向导三”，即月度工作报告；

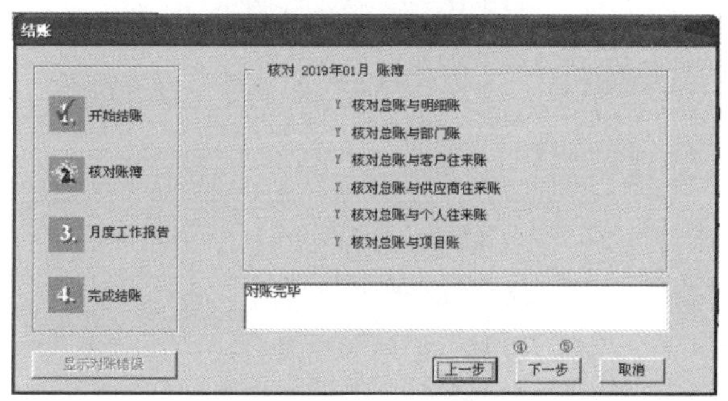

图 15-6　结账向导二

（6）如果打印，单击【月度工作报告】按钮即可打印；

（7）查看工作报告后，单击【下一步】按钮，显示“结账向导四”，即完成结账；

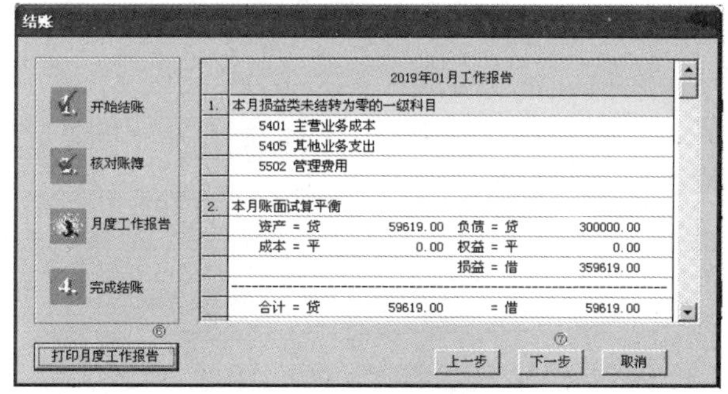

图 15-7　结账向导三

（8）单击【结账】按钮，如果符合结账要求，系统将进行结账；否则不予结账。

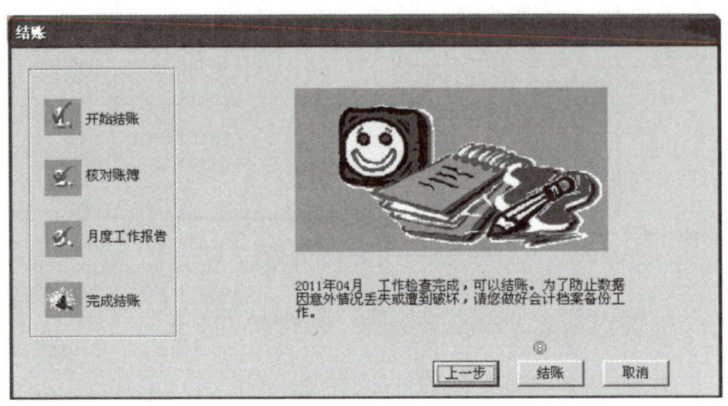

图 15-8　结账向导四

第 16 章 企业税费的核算

目前，我国企业涉及的应纳税种较多，主要有增值税、消费税、城市维护建设税、教育费附加、房产税、城镇土地使用税、耕地占用税、印花税、土地增值税和所得税等。

16.1 增值税

增值税是以商品（含应税劳务）在流转过程中产生的增值额作为计税依据而征收的一种流转税。

16.1.1 划分一般纳税人和小规模纳税人的标准

我国现行增值税对纳税人实行分类管理的管理模式，以发生应税行为的年销售额为标准，将纳税人分为一般纳税人和小规模纳税人，二者在计税方法、适用税率（征收率）、凭证管理等方面都不相同。见表 16-1。

表 16-1 纳税人资格划分标准

纳税人	从事货物生产或者提供应税劳务的纳税人，以及以从事货物生产或者提供应税劳务为主，并兼营货物批发或者零售的纳税人	批发或零售的纳税人	销售服务、销售无形资产、销售不动产
小规模纳税人	年应税销售额≤ 50 万元	年应税销售额≤ 80 万元	应税服务年销售额≤ 500 万元
一般纳税人	年应税销售额＞ 50 万元	年应税销售额＞ 80 万元	应税服务年销售额＞ 500 万元

16.1.2 增值税税率

根据财税〔2018〕32 号《关于调整增值税税率的通知》规定：

（1）纳税人发生增值税应税销售行为或者进口货物，原适用 17% 和 11% 税率的，税率分别调整为 16%、10%。

（2）纳税人购进农产品，原适用 11% 扣除率的，扣除率调整为 10%。

（3）纳税人购进用于生产销售或委托加工 16% 税率货物的农产品，按照 12% 的扣除率计算进项税额。

（4）原适用 17% 税率且出口退税率为 17% 的出口货物，出口退税率调整至 16%。原适用 11% 税率且出口退税率为 11% 的出口货物、跨境应税行为，出口退税率调整至 10%。

综上所述，适用于一般纳税人，目前有 16%、10%、6% 和 0。

具体规定见表 16–2。

表 16–2　增值税税率表

税　率	适用范围
16%	销售货物或者提供加工、修理修配劳务以及进口货物。提供有形动产租赁服务
10%	粮食、食用植物油
	自来水、暖气、冷气、热水、煤气、石油液化气、天然气、沼气、居民用煤炭制品；
	图书、报纸、杂志
	饲料、化肥、农药、农机、农膜
	建筑施工、房地产
	提供交通运输业服务
	农产品 音像制品
	电子出版物
	二甲醚
6%	提供现代服务业服务（有形动产租赁服务除外）
0%	出口货物等特殊业务

16.1.3 增值税科目设置

一般纳税人企业增值税相关会计科目设置，见表 16–3。

表 16–3　一般企业增值税基本会计科目设置明细表

科目代码	总分类科目（一级科目）	明细分类科目	
		二级科目	三级科目
2221	应交税费		
222101	应交税费	应交增值税	
22210101	应交税费	应交增值税	进项税额
22210102	应交税费	应交增值税	已交税金

续上表

科目代码	总分类科目（一级科目）	明细分类科目	
		二级科目	三级科目
22210103	应交税费	应交增值税	减免税款
22210104	应交税费	应交增值税	转出未交增值税
22210105	应交税费	应交增值税	销项税额抵减
22210106	应交税费	应交增值税	出口抵减内销产品应纳税额
22210107	应交税费	应交增值税	销项税额
22210108	应交税费	应交增值税	进项税额转出
22210109	应交税费	应交增值税	出口退税
22210110	应交税费	应交增值税	转出多交增值税
222102	应交税费	预交增值税	
222103	应交税费	待抵扣进项税额	
222104	应交税费	待认证进项税额	
222105	应交税费	待转销项税额	
222106	应交税费	简易计税	
222107	应交税费	转让金融商品应缴增值税	
222108	应交税费	代扣代交增值税	
222109	应交税费	未交增值税	
2221010	应交税费	增值税留抵税额	

小规模纳税人只需在“应交税费”科目下设置“应交增值税”明细科目，不需要设置上述专栏及除“转让金融商品应交增值税”“代扣代交增值税”外的明细科目。

16.1.4 增值税发票

目前国家税务局的发票主要有：增值税专用发票、增值税普通发票、机动车销售统一发票和增值税电子普通发票。

根据《国家税务总局关于统一编印1995年增值税专用发票代码的通知》（国税函发〔1995〕18号）规定，增值税发票代码由10位数字组成。

1 • 第1～4位代表各地市

2 • 第5、6两位代表制版年度

3 • 第7位代表批次（分别用1、2、3、4……表示）

4 • 第8位代表版本的语言文字（分别用1、2、3、4代表中文、中英文、藏汉文、维汉文）

5 • 第9位代表几联发票（分别用3、6表示三联、六联）

6 • 第10位代表发票的金额版本号（分别用1、2、3、4表示万元版、十万元版、百万元版、千万元版，用“0”表示电脑发票）

某增值税专用发票代码为 1100171130，可以解读为北京市 2017 年第一批印刷的中文版三联发票。

16.2 进项税额管理

进项税额抵扣有认证抵扣和计算抵扣两种方式，实务企业一般在日常办公管理、职工福利、生产经营过程会产生大量的增值税专用发票，符合政策规定抵扣范围内的经济管理事项，需要抵扣凭证以及相应票据的支持。当期销项税额小于当期进项税额不足抵扣时，其不足部分可以结转下期继续抵扣。

16.2.1 可抵扣进项税额凭证

全面营业税改增值税后，可以认证抵扣或者计算抵扣的凭证大致有 8 种，分别是一般纳税人常用的“增值税专用发票”“货物运输业增值税专用发票”“机动车销售统一发票”、进口环节取得的“海关进口增值税缴款书”“中华人民共和国税收缴款凭证”“农产品销售发票”“农产品收购发票”以及道路、桥、闸通行费“×× 地方税务机关监制发票”。其他基本内容见表 16-4。

表 16-4 抵扣凭证

抵扣凭证种类		出具方	抵扣金额
1	增值税专用发票	销售方或通过税务机关代开	注明的增值税税额
3	机动车销售统一发票	销售方	注明的增值税税额
4	海关进口增值税缴款书	海关	注明的增值税税额
5	税收缴款凭证	税务机关	注明的增值税税额
6	农产品销售发票	销售方	买价 ×10%
7	农产品收购发票	购货方	买价 ×10%
8	道路、桥、闸通行费	高速公路运营方	发票上注明的金额 ÷（1+3%）×3%
		一级公路、二级公路、桥、闸运营方	发票上注明的金额 ÷（1+5%）×5%
9	土地出让金省级以上（含）财政部门监（印）制的财政票据	政府相关部门	票据上注明的金额 ÷（1+10%）×10%

16.2.2 不得抵扣的进项税额

1. • 用于非增值税应税项目、免征增值税项目、集体福利或者个人消费的购进货物或者应税劳务
2. • 非正常损失的购进货物及相关的应税劳务
3. • 非正常损失的在产品、产成品所耗用的购进货物或者应税劳务
4. • 国务院财政、税务主管部门规定的纳税人自用消费品
5. • 以上第1项至第4项规定的货物的运输费用和销售免税货物的运输费用
6. • 小规模纳税人不得抵扣进项税额。但是，一般纳税人取得由税务所为小规模纳税人代开的增值税专用发票，可以将专用发票上填写的税额作为进项税额计算抵扣
7. • 进口货物，在海关计算缴纳进口环节增值税额时，不得抵扣发生在中国境外的各种税金
8. • 因进货退出或折让而收回的进项税额，应从发生进货退出或折让当期的进项税额中扣减
9. • 按简易办法征收增值税的优惠政策，不得抵扣进项税额

进项税额账务处理，见表 16-5。

表 16-5　进项税额账务处理

财务情景		账务处理
采购等业务进项税额允许抵扣的账务处理	一般纳税人购进货物、加工修理修配劳务、服务、无形资产或不动产	借：在途物资 / 原材料 / 库存商品 / 生产成本 / 无形资产 / 固定资产 / 管理费用等 应交税费——应交增值税（进项税额） ——待认证进项税额 贷：应付账款 / 应付票据 / 银行存款等
采购等业务进项税额不得抵扣的账务处理		借：相关成本费用或资产科目 应交税费——待认证进项税额 贷：银行存款 / 应付账款等科目 经税务机关认证后 借：相关成本费用或资产科目 贷：应交税费——应交增值税（进项税额转出）
购进不动产或不动产在建工程按规定进项税额分年抵扣的账务处理		借：固定资产 / 在建工程等 应交税费——应交增值税（进项税额） ——待抵扣进项税额（按以后期间可抵扣的增值税额） 贷：应付账款 / 应付票据 / 银行存款等 尚未抵扣的进项税额待以后期间允许抵扣时 借：应交税费——应交增值税（进项税额） 贷：应交税费——待抵扣进项税额
货物等已验收入库但尚未取得增值税扣税凭证的账务处理		借：原材料 / 库存商品 / 固定资产 / 无形资产 应交税费——应交增值税（进项税额） 贷：应付账款
购买方作为扣缴义务人的账务处理		借：生产成本 / 无形资产 / 固定资产 / 管理费用 应交税费——应交增值税（进项税额） 贷：应付账款等 应交税费——代扣代交增值税 实际缴纳代扣代缴增值税时，按代扣代缴的增值税额 借：应交税费——代扣代交增值税 贷：银行存款

16.2.3 进项税额的会计处理

一般纳税人应当在“应交税费”科目下增设“增值税”明细科目，核算尚未交叉稽核比对的专用发票抵扣联、海关进口增值税专用缴款书以及运输费用结算单据（以下简称增值税抵扣凭证）注明或者计算的进项税额。

进项税额计算公式为：

当期销项税额 = 不含税销售额 × 税率

不含税销售额 = 含税销售额 ÷（1+ 税率）

【例 16–1】 2019 年 1 月 5 日，雅致电子有限公司从蓝宇有限公司采购一批铍青铜，销售方的增值税专用发票上注明的价款 286 000 元，增值税额 45 760，另用现金支付运费 330 元。铍青铜已验收入库，款项已通过银行支付。

（1）运费不含税金额：330 ÷（1+10%）=300（元）

（2）进项税额 =45 760+300 × 10%=45 790（元）

（3）铍青铜采购成本 =286 000+300=286 300（元）

借：材料采购——铍青铜　　286 000

　　应交税费——应交增值税（进项税额）　　45 760

　　贷：银行存款　　331 760

借：材料采购——铍青铜　　300

　　应交税费——应交增值税（进项税额）　　30

　　贷：库存现金　　330

16.3 销项税额的管理

《增值税暂行条例》规定：销售额为纳税人销售货物或提供应税劳务向购买方收取的全部价款和价外费用。

向购买方收到的各种价外费用包括：手续费、补贴、基金、集资费、返还利润、奖励费、违约金（延期付款利息）、包装费、包装物租金、储备费、优质费、运输装卸费、代收款项、代垫款项及其他各种性质的价外收费。上述价外费用无论其会计制度如何核算，都应并入销售额计税。

但上述价外费用不包括以下各项费用。

16.3.1 销售额的一般认定

1 • 向购买方收取的销项税额

2 • 受托加工应征消费税的货物，而由受托方向委托方代收代缴的消费税

3 • 同时符合以下两个条件的代垫运费：即承运部门的运费发票开具给购货方；并且由纳税人将该项发票转交给购货方的

4 • 同时符合以下条件代为收取的政府性基金或者行政事业性收费：由国务院或者财政部批准设立的政府性基金，由国务院或者省级人民政府及其财政、价格主管部门批准设立的行政事业性收费；收取时开具省级以上财政部门印制的财政收据所收款项全额上缴财政

5 • 销售货物的同时代办保险等而向购买方收取的保险费，以及向购买方收取的代购买方缴纳的车辆购置税、车辆牌照费

销项税额财务处理，见表 16-6。

表 16-6

财务情景		账务处理
企业销售货物、加工修理修配劳务、服务、无形资产或不动产		借：应收账款 / 应收票据 / 银行存款等 　贷：主营业务收入 / 其他业务收入 / 固定资产清理 / 工程结算 　　应交税费——应交增值税（销项税额） 　　应交税费——简易计税 　　应交税费——应交增值税（小规模纳税人）
收入或利得的时点早于按照增值税制度确认增值税纳税义务发生时点的		应将相关销项税额计入“应交税费——待转销项税额”科目，待实际发生纳税义务时再转入“应交税费——应交增值税（销项税额）”或“应交税费——简易计税”科目
增值税纳税义务发生时点早于按照国家统一的会计制度确认收入或利得的时点的		借：应收账款 　贷：应交税费——应交增值税（销项税额） 　　应交税费——简易计税
视同销售的账务处理		借：应付职工薪酬 / 利润分配 　贷：应交税费——应交增值税（销项税额） 　　应交税费——简易计税 （小规模纳税人应计入“应交税费——应交增值税”）
差额征税的账务处理	企业发生相关成本费用允许扣减销售额的账务处理	借：主营业务成本 / 存货 / 工程施工 　贷：应付账款 / 应付票据 / 银行存款

续上表

财务情景		账务处理
	按照允许抵扣的税额	借：应交税费——应交增值税（销项税额抵减） 　　应交税费——简易计税 小规模纳税人账务处理 借：应交税费——应交增值税 　　贷：主营业务成本 / 存货 / 工程施工
出口退税的账务处理	未实行“免、抵、退”办法的一般纳税人出口货物按规定退税的	借：应收出口退税款 　　贷：应交税费——应交增值税（出口退税） ①收到出口退税时 借：银行存款 　　贷：应收出口退税款 ②退税额低于购进时取得的增值税专用发票上的增值税额的差额 借：主营业务成本 　　贷：应交税费——应交增值税（进项税额转出）
	实行“免、抵、退”办法的一般纳税人出口货物	借：主营业务成本 　　贷：应交税费——应交增值税（进项税额转出） ①按规定计算的当期出口货物的进项税抵减内销产品的应纳税额 借：应交税费——应交增值税（出口抵减内销产品应纳税额） 　　贷：应交税费——应交增值税（出口退税） ②在规定期限内，内销产品的应纳税额不足以抵减出口货物的进项税额，不足部分按有关税法规定给予退税的，应在实际收到退税款时 借：银行存款 　　贷：应交税费——应交增值税（出口退税）

销项税额计算公式为：当期销项税额 = 不含税销售额 × 税率

或，不含税销售额 = 含税销售额 ÷（1 + 税率）

【例 16-2】 2019 年 1 月 31 日，雅致电子有限公司销售一批产品，价款 65 520 元。开出增值税专用发票，款项未收。

销项税额 =65 520×16%=8 960（元）

借：应收账款　　　　　　　　　　　　　　　　64 960

　　贷：主营业务收入　　　　　　　　　　　　　　56 000

　　　　应交税费——应交增值税（销项税额）　　　　8 960

16.3.2 增值税款的缴纳账务处理

应交增值税的账务处理，见表 16-7。

表 16-7　应交增值税的账务处理

缴纳时间	账务处理
当月缴纳税款	借：应交税费——应交增值税（已交税金） 　贷：银行存款
当月缴纳以前月份税款	借：应交税费——未交增值税 　贷：银行存款
税款减免的账务处理	借：应交税费——应交增值税（减免税款） 　贷：营业外收入
税款返还	借：银行存款 　贷：营业外收入
当月应交未交的增值税	借：应交税费——应交增值税（转出未交增值税） 　贷：应交税费——未交增值税
当月多交的增值税	借：应交税费——未交增值税 　贷：应交税费——转出多交增值税
当月预交应交增值税	借：应交增值税——已交税金 　贷：银行存款

16.3.3 一般计税方法的计算

我国目前对一般纳税人采用的是国际上通行的购进扣税法，即当期销项税额抵扣当期进项税额后的余额。应纳税额的计算公式为：

当期应纳税额 = 当期销项税额 − 当期进项税额

　　　　　　= 当期销售额 × 适用税率 − 当期进项税额

【例 16-3】 2019 年 1 月，雅致电子有限公司发生销项税额合计 258 900 元，进项税额转出合计为 36 100 元，进项税额合计为 118 700 元。则当月应交增值税计算如下：

应交增值税 =258 900+36 100−118 700

　　　　　=176 300（元）

以银行存款缴纳，编制会计分录。

借：应交税费——应交增值税（已交税金）　　176 300

　贷：银行存款　　176 300

登记会计凭证，见表 16-8。

表 16-8 付款凭证

贷方科目：银行存款　　2019 年 2 月 2 日　　付字第 ×× 号

摘　要	借方科目		金额										记账
	一级科目	明细科目	千	百	十	万	千	百	十	元	角	分	
以银行存款缴纳税款	应交税费	应交增值税（已交税金）			1	7	6	3	0	0	0	0	
	银行存款												
合计				¥	1	7	6	3	0	0	0	0	

会计主管：单春明　　记账：陈熠　　审核：张燕　　制单：王晓

2. 特殊计算方法的计算

当期应交增值税 = 销项税额 −（进项税额 − 进项税额转出 − 出口退税）− 出口抵减内销产品应纳税额 − 减免税款

16.3.4 纳税申报

1. 增值税纳税申报征期

增值税的纳税期限分别为 1 日、3 日、5 日、10 日、15 日、1 个月或者 1 个季度。纳税人的具体纳税期限，由主管税务机关根据纳税人应纳税额的大小分别核定。以 1 个季度为纳税期限的规定适用于小规模纳税人、银行、财务公司、信托投资公司、信用社，以及财政部和国家税务总局规定的其他纳税人。不能按照固定期限纳税的，可以按次纳税。

纳税人以 1 个月或者 1 个季度为 1 个纳税期的，自期满之日起 15 日内申报纳税，遇最后一日为法定节假日的，顺延 1 日，1 日至 15 日内有连续 3 日以上法定休假日的，按休假日天数顺延。

以 1 日、3 日、5 日、10 日或者 15 日为 1 个纳税期的，自期满之日起 5 日内预缴税款，于次月 1 日起 15 日内申报纳税并结清上月应纳税款。

2. 纳税申报表及其申报资料

根据规定，纳税申报资料包括纳税申报表及其附列资料、纳税申报其他资料。

【例 16-4】2019 年 1 月，雅致电子有限公司当月销售额 1 520 000 元，经财务部月终汇总计算，当期进项税额 118 700 元，当期销项税额 258 400 元。上期留抵税额为 24 830 元，进项税额转出 36 100 元，本期已缴纳税额为 8 840 元。增值税纳税申报表主表，见表 16-9。

表 16-9　增值税纳税申报表
（一般纳税人适用）

名称：雅致电子有限公司
统一社会信用代码：99110132465422145H　　　　单位：元

项　目		栏　次	一般项目	
			本月数	本年累计
销售额	（一）按适用税率计税销售额	1	1 520 000	
	其中：应税货物销售额	2		
	应税劳务销售额	3		
	纳税检查调整的销售额	4		
	（二）按简易办法计税销售额	5		
	其中：纳税检查调整的销售额	6		
	（三）免、抵、退办法出口销售额	7		
	（四）免税销售额	8		
	其中：免税货物销售额	9		
	免税劳务销售额	10		
税款计算	销项税额	11	258 400	
	进项税额	12	118 700	
	上期留抵税额	13	24 830	
	进项税额转出	14	36 100	
	免、抵、退应退税额	15		

CHAPTER 16

续上表

	项 目	栏 次	一般项目	
			本月数	本年累计
税款计算	按适用税率计算的纳税检查应补缴税额	16		
	应抵扣税额合计	17=12+13−14−15+16	107 430	—
	实际抵扣税额	18（如 17<11，则为 17，否则为 11）	107 430	
	应纳税额	19=11−18	150 970	
	期末留抵税额	20=17−18		
	简易计税办法计算的应纳税额	21		
	按简易计税办法计算的纳税检查应补缴税额	22		
	应纳税额减征额	23		
	应纳税额合计	24=19+21−23	120 096	
税款缴纳	期初未缴税额（多缴为负数）	25		
	实收出口开具专用缴款书退税额	26		
	本期已缴税额	27=28+29+30+31	8 840	
	①分次预缴税额	28		—
	②出口开具专用缴款书预缴税额	29		—
	③本期缴纳上期应纳税额	30		
	④本期缴纳欠缴税额	31		
	期末未缴税额（多缴为负数）	32=24+25+26−27	142 130	
	其中：欠缴税额（≥0）	33=25+26−27		—
	本期应补（退）税额	34=24−28−29	142 130	—
	即征即退实际退税额	35	—	—
	期初未缴查补税额	36		
	本期入库查补税额	37		
	期末未缴查补税额	38=16+22+36−37		

注：因篇幅所限，其他表略，读者可根据每张报表下的注释规定填写。

16.4 消费税

消费税是以消费品的流转额作为课税对象征收的税种。消费税实行价内税，只在应税消费品的生产、委托加工和进口环节缴纳，在以后的批发、零售等环节，因为价款中已包含消费税，因此不用再缴纳消费税，税款最终由消费者承担。

16.4.1 征税范围

消费税的征税范围，见表 16-10。

表 16-10 消费税的征税范围

种　类	具体内容
生产应税消费品	生产应税消费品除了直接对外销售应征收消费税外，纳税人将生产的应税消费品换取生产资料、消费资料、投资入股、偿还债务，以及用于继续生产应税消费品以外的其他方面都应缴纳消费税
委托加工应税消费品	委托加工的应税消费品收回后，再继续用于生产应税消费品销售的，其加工环节缴纳的消费税款可以扣除，直接出售的，应缴纳消费税
进口应税消费品	单位和个人进口应税消费品，于报关进口时缴纳消费税
零售应税消费品	纳税人从事零售业务的，在零售时纳税
	金银首饰的带料加工、翻新改制、以旧换新等业务，在零售环节征收消费税；但金银首饰的修理和清洗，不缴纳消费税
	用于馈赠、赞助、集资、广告、样品、职工福利、奖励等方面的，在移送时缴纳消费税
批发销售卷烟	烟草批发企业将卷烟销售给零售单位的，要再征一道 5% 的从价税
	烟草批发企业将卷烟销售给其他烟草批发企业的，不缴纳消费税

16.4.2 税目和税率

税目和税率，见表 16-11。

表 16-11 税目和税率表

税　目	税　率
一、烟	
1. 卷烟	
（1）甲类卷烟	56% 加 0.003 元 / 支（生产环节）
（2）乙类卷烟	36% 加 0.003 元 / 支
（3）批发环节	11% 加 0.005 元 / 支
2. 雪茄烟	36%
3. 烟丝	30%

续上表

税目	税率
二、酒	
1. 白酒 2. 黄酒 3. 啤酒 （1）甲类啤酒 （2）乙类啤酒 4. 其他酒	20% 加 0.5 元 /500 克（或者 500 毫升） 240 元 / 吨 250 元 / 吨 220 元 / 吨 10%
三、化妆品	30%
四、贵重首饰及珠宝玉石 1. 金银首饰、铂金首饰和钻石及钻石饰品 2. 其他贵重首饰和珠宝玉石	 5% 10%
五、鞭炮、焰火	15%
六、成品油	
1. 汽油 2. 柴油 3. 航空煤油 4. 石脑油 5. 溶剂油 6. 润滑油 7. 燃料油	1.52 元 / 升 1.20 元 / 升 1.20 元 / 升 1.10 元 / 升 1.52 元 / 升 1.52 元 / 升 1.20 元 / 升
七、摩托车	
1. 气缸容量（排气量，下同）250 毫升的 2. 气缸容量在 250 毫升（不含）以上的	3% 10%
八、小汽车	
1. 乘用车 （1）气缸容量（排气量，下同）在 1.0 升（含 1.0 升）以下的 （2）气缸容量在 1.0 升以上至 1.5 升（含 1.5 升）的 （3）气缸容量在 1.5 升以上至 2.0 升（含 2.0 升）的 （4）气缸容量在 2.0 升以上至 2.5 升（含 2.5 升）的 （5）气缸容量在 2.5 升以上至 3.0 升（含 3.0 升）的 （6）气缸容量在 3.0 升以上至 4.0 升（含 4.0 升）的 （7）气缸容量在 4.0 升以上的 2. 中轻型商用客车	 1% 3% 5% 9% 12% 25% 40% 5%
九、高尔夫球及球具	10%
十、高档手表	20%
十一、游艇	10%
十二、木制一次性筷子	5%
十三、实木地板	5%

续上表

税　目	税　率
十四、电池	4%
十五、涂料	4%

16.4.3 计税价格

消费税应纳税额的计算方法有三种：从价定率、从量定额和从量定额复合计算。

1. 从价定率计算

应纳税额 = 应税消费品的销售额 × 适用税率

应税消费品的销售额 = 含增值税的销售额 ÷（1+ 增值税税率或征收率）

【例 16-5】 宏辉地板有限公司为增值税一般纳税人，2019 年 1 月 15 日向布拉达酒店销售实木地板 500 平方米，开具增值税专用发票，取得不含增值税销售额 185 900 元，增值税额 29 744 元。适用消费税税率 5%。见表 16-12、表 16-13。

表 16-12

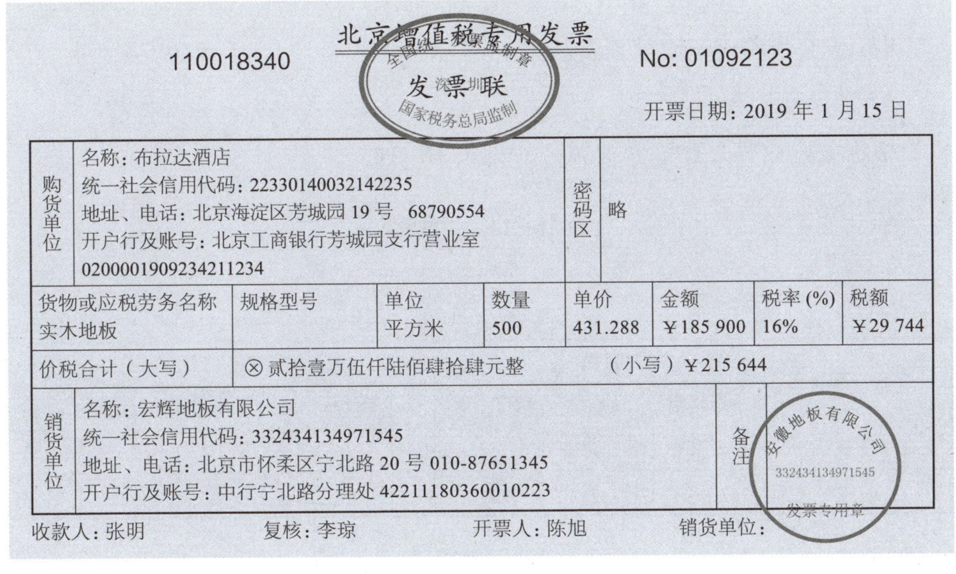

北京增值税专用发票

110018340　　发票联　　No: 01092123

开票日期：2019 年 1 月 15 日

<table>
<tr><td>购货单位</td><td colspan="5">名称：布拉达酒店
统一社会信用代码：22330140032142235
地址、电话：北京海淀区芳城园 19 号　68790554
开户行及账号：北京工商银行芳城园支行营业室
0200001909234211234</td><td>密码区</td><td>略</td></tr>
<tr><td colspan="2">货物或应税劳务名称
实木地板</td><td>规格型号</td><td>单位
平方米</td><td>数量
500</td><td>单价
431.288</td><td>金额
￥185 900</td><td>税率（%）
16%</td><td>税额
￥29 744</td></tr>
<tr><td colspan="2">价税合计（大写）</td><td colspan="7">⊗贰拾壹万伍仟陆佰肆拾肆元整　　（小写）￥215 644</td></tr>
<tr><td>销货单位</td><td colspan="5">名称：宏辉地板有限公司
统一社会信用代码：332434134971545
地址、电话：北京市怀柔区宁北路 20 号 010-87651345
开户行及账号：中行宁北路分理处 42211180360010223</td><td>备注</td><td colspan="2"></td></tr>
</table>

收款人：张明　　复核：李琼　　开票人：陈旭　　销货单位：

CHAPTER 16

①不含税销售额 =215 644÷（1+16%）=185 900（元）

②应缴纳的消费税额 =185 900×5% =9 295（元）

根据上述业务，编制会计分录：

借：税金及附加　　　　　　　　　　　　9 295

　　贷：应交税费——应交消费税　　　　　　9 295

根据上述业务，登记会计凭证，见表 16-13。

表 16-13　转账凭证

附件：1 张

2019 年 1 月 16 日　　　　转字第 009 号

摘　要	一级科目	二级或明细科目	账页	借方金额									贷方金额								
				百	十	万	千	百	十	元	角	分	百	十	万	千	百	十	元	角	分
计提消费税	税金及附加						9	2	9	5	0	0									
	应交税费	应交消费税														9	2	9	5	0	0
合计						￥	9	2	9	5	0	0			￥	9	2	9	5	0	0

会计主管：洪英　　记账：蒋秦　　出纳：张健　　审核：纪明承　　填制：

借：应交税费——应交消费税　　　　　　9 295

　　贷：银行存款　　　　　　　　　　　　9 295

根据上述业务，登记会计凭证，见表 16-14。

表 16-14　付款凭证

附件：2 张

贷方科目：银行存款　　2019 年 1 月 28 日　　银付字第 09 号

摘　要	借方科目		账页	金　额									
	一级科目	二级或明细科目		千	百	十	万	千	百	十	元	角	分
支付消费税	应交税费	消费税						9	2	9	5	0	0

续上表

摘　要	借方科目		账页	金　额									
	一级科目	二级或明细科目		千	百	十	万	千	百	十	元	角	分
合计							¥	9	2	9	5	0	0

会计主管：洪英　　记账：蒋秦　　出纳：张健　　审核：纪明承　　填制：

缴纳消费税，见表 16–15。

表 16–15　中华人民共和国
税收通用完税证

注册类型　　填发日期：2019 年 2 月 5 日　　征收机关

纳税人代码	332434134971545		地址	北京市怀柔区宁北路 20 号		
纳税人名称	宏辉地板有限公司		税款所属时期	2018 年 1 月		
税种	品目名称	课税数量	计税金额或销售收入	税率或单位税额	已缴或扣除额	实缴金额
消费税	实木地板	500 平方米	185 900	5%		9 295
金额合计	（大写）⊗玖仟贰佰玖拾伍元整					
北京市怀柔区税务局 税务专用章	委托代征单位（人）盖章	填票人（章）	备注			

2. 从量定额计算

应纳税额 = 应税消费品的销售数量 × 单位税额

【例 16–6】 2019 年 2 月 1 日，青江啤酒厂向君雅大酒店销售啤酒 5 吨，每吨出厂价格 2 800 元。计算 2 月该啤酒厂应纳消费税税额。适用单位税额 220 元。

应纳税额 = 销售数量 × 单位税额 =5×220=1 100（元）

3. 从价定率和从量定额复合计算

目前，我国只对卷烟和白酒采用复合计征的方式。

应纳税额 = 应税销售数量 × 定额税率 + 应税销售额 × 比例税率

【例 16-7】 大连白酒厂为增值税一般纳税人，2019 年 3 月 1 日，销售粮食白酒 82 吨，取得不含增值税的销售额 184 500 元。计算该厂 3 月应缴纳的消费税额。白酒适用比例税率 20%，定额税率 500 克 0.5 元。

（1）从价定率应纳税额 =184 500×20%=36 900（元）

（2）从量定额应纳税额 =82×2 000×0.5=82 000（元）

（3）应纳税额 =36 900+82 000=118 900（元）

16.5 城市维护建设税

城市维护建设税（简称城建税），是国家对缴纳增值税、消费税的单位和个人就其实际缴纳的税额为计税依据而征收的一种税。

城市建设税采用地区差别比例税率，纳税人所在地区不同，适用税率的档次也不同。具体规定见表 16-16。

表 16-16 城市维护建设税税率

城建税纳税人所在地	税　率
市区的	7%
县城、建制镇	5%
不在市区、县城或者建制镇	1%

1. 计税依据

以增值税、消费税实际缴纳的税额为计税依据。

（1）纳税人违反“两税”有关规定而加收的滞纳金和罚款，不作为城建税的计税依据。

（2）纳税人违反“两税”有关规定，被查补“两税”和被处以罚款时，也要对其未缴的城建税进行补税和罚款。

（3）企业得到减征或免征优惠，城建税也要同时减免征。

需要注意的是，城建税进口不征、出口不退：进口环节海关代征增值税、消费税的，不随之征收城建税；出口退还增值税、消费税的，不退还已缴纳的城建税。

2. 城建税计算及会计处理

应纳税额 =（实际缴纳的增值税税额 + 实际缴纳消费税税额）× 适用税率

16.6 教育费附加

教育费附加是对缴纳增值税、消费税的单位和个人，就其实际缴纳的税额为计税依据征收的一种附加费。见表 16-17。

表 16-17　教育费附加税率

征收范围	征收比率	计税依据	计算公式
缴纳增值税、消费税的单位和个人	3%、2%（地方）	实际缴纳的增值税、消费税税额为计税依据，与“两税”同时缴纳	纳教育费附加 = 实际缴纳的“两税”税额 ×3%（或 2%）

（1）教育费附加出口不退，进口不征。

（2）对由于减免增值税、消费税而发生的退税，可同时退还已征收的教育费附加。

账务处理通过“应交税费”账户核算。企业按规定计算应缴的教育费附加时，借记“税金及附加”科目，贷记“应交税费——应交教育费附加”科目。

【例 16-8】 丽江百货公司 2018 年 3 月份实际缴纳增值税 167 250 元，缴纳消费税 132 590 元。计算该企业应纳的城建税税额。城市维护建设税税率 7%，教育费附加 3%。

应纳城建税税额 =（167 250+132 590）×7%=20 988.80（元）

应纳教育费附加 =（167 250+132 590）×3%=8 995.20（元）

（1）计提城建税和教育费附加。

借：税金及附加　　29 984

　贷：应交税费——应交城市维护建设税　　20 988.80

　　　　　　——应交教育费附加　　8 995.20

（2）缴纳税款。见表 16-18。

借：应交税费——应交城市维护建设税　　20 988.80

　　　　——应交教育费附加　　8 995.20

　　　　——应交增值税　　167 250

　　　　——应交消费税　　132 590

　贷：银行存款　　329 824

表 16-18　××银行电子缴税付款凭证

转账日期：2019 年 4 月 5 日　　　凭证字号：0023095729371

付款人全称	丽江百货公司	征收机关名称	地方税务局
付款人账号	343521475756	收款国库名称	中华人民共和国国家金库桃园支库
付款人开户银行	中国银行深圳市解放路支行	小写（合计）金额	329 824
缴款书交易流水号	153642-834	大写（合计）金额	叁拾贰万玖仟捌佰贰拾肆元整
税（费）种名称	所属日期		实缴金额
增值税	2019 年 3 月 1 日至 2019 年 3 月 31 日		167 250
消费税	2019 年 3 月 1 日至 2019 年 3 月 31 日		132 590
城市维护建设税	2019 年 3 月 1 日至 2019 年 3 月 31 日		20 988.8
教育费附加	2019 年 3 月 1 日至 2019 年 3 月 31 日		8 995.2

16.7 印花税

印花税是对经济活动和经济交往中书立、领受、使用的应税经济凭证的单位和个人所征收的一种税。因纳税人主要是通过在应税凭证上粘贴印花税票来完成纳税义务，故名印花税。

16.7.1 征税范围

现行印花税采取正列举的形式，只对《印花税暂行条例》列举的凭证征收，没有列举的凭证不征税。

具体征税范围，见表 16–19。

表 16–19　印花税征税范围

类　型	具体内容
合同类	购销合同、加工承揽合同、建设工程勘察设计合同、建筑安装工程承包合同、财产租赁合同、货物运输合同、仓储保管合同、借款合同、财产保险合同、技术合同
产权转移书据	土地使用权出让合同、土地使用权转让合同、商品房销售合同
营业账簿	日记账簿和其他明细分类账簿
权利、许可证照	房屋产权证、工商营业执照、商标注册证、专利证、土地使用证

16.7.2 印花税纳税人

凡在我国境内书立、领受、使用应税凭证的单位和个人，都是印花税的纳税人。包括各类企业、事业、机关、团体、部队，以及中外合资经营企业、合作经营企业、外资企业、外国公司企业和其他经济组织及其在华机构等单位和个人。

3. 计税依据

印花税根据不同征税项目，分别实行从价计征和从量计征两种征收方法。

16.7.3 印花税税率

现行印花税采用比例税率和定额税率两种税率。

根据财税〔2018〕50 号《关于对营业账簿减免印花税的通知》规定，自 2018 年 5 月 1 日起，对按万分之五税率贴花的资金账簿减半征收印花税，对按件贴花 5 元的其他账簿免征印花税。

比例税率。按比例税率征收的项目包括：各种合同及具有合同性质的凭证、记载资金的账簿和产权转移书据等。

适用比例税率的合同，见表 16-20。

表 16-20 比例税率表

合同类型	税 率
财产租赁合同、仓储保管合同、财产保险合同	1‰
加工承揽合同、建设工程勘察设计合同、货物运输合同、产权转移书据	0.5‰
购销合同、建筑安装工程承包合同、技术合同	0.3‰
借款合同	0.05‰
股票买卖、继承、赠予	1‰
记载资金的账簿	0.25‰

注意：各省市不定时调整印花税率。

为了简化征管手续，对无法计算金额的凭证，或虽载有金额，但作为计税依据不合理的凭证，采用定额税率。

16.7.4 印花税应纳税额的计算

印花税应纳税额计算依据如下：

1. 按比例税率计算的

应纳税额 = 应税凭证计税金额 × 适用税率

2. 按定额税率计算的

应纳税额 = 应税凭证件数 × 定额税率

3. 营业账簿中记载资金的账簿，印花税应纳税额的计算公式

应纳税额 =（实收资本 + 资本公积）×0.25‰

【例 16-9】 某企业 2019 年 2 月开业，领受房产权证、工商营业执照、土地使用证各一份，与其他企业订立转移专用技术使用权书据一份，所载金额 1 150 000 元；订立产品购销合同两件，所载金额 3 340 000 元；订立借款合同一份，所载金额 667 000 元。此外，企业的营业账簿中，“实收资本”载有资金 28 000 000 元，其他营业账簿 20 本。2019 年 12 月该企业“实收资本”所载资金增加为 45 000 000 元。计算该企业 2019 年 2 月应纳的印花税和 12 月应补缴的印花税。

（1）企业领受权利许可证照免征印花税

（2）企业订立产权转移书据应纳税额 =1 150 000 × 0.5‰ =575（元）

（3）企业订立购销合同应纳税额 =3 340 000 × 0.3‰ =1 002（元）

（4）企业订立借款合同应纳税额 =667 000 × 0.05‰ =33.35（元）

（5）企业营业账簿中“实收资本”所载资金应纳税额 =28 000 000 × 0.25‰ = 7 000（元）

（6）企业其他营业账簿免征印花税

（7）2 月份应纳印花税 =575+1 002+33.35+7 000=8 610.35（元）

（8）12 月资金账簿应补印花税 =（45 000 000−28 000 000）× 0.25 ‰ =4 250（元）

借：应交税费——应交印花税　　　12 860.35

　　贷：银行存款　　　12 860.35

根据上述业务，登记会计凭证，见表 16-21。

表 16-21　付款凭证

附件：　张

贷方科目：银行存款　　　2019 年 2 月 28 日　　　银付字第 09 号

摘要	借方科目		账页	金额									
	一级科目	二级或明细科目		千	百	十	万	千	百	十	元	角	分
支付印花税	应交税费	印花税					1	2	8	6	0	3	5
合计						¥	1	2	8	6	0	3	5

会计主管：洪英　　记账：蒋秦　　出纳：张健　　审核：纪明承　　填制：

16.8 企业所得税

企业所得税，又称公司所得税或法人所得税，是国家对企业生产经营所得和其他所得征收的一种所得税。

16.8.1 企业所得税要素

税法规定，在中华人民共和国境内，企业和其他取得收入的组织（以下统称企业）为企业所得税的纳税人，依照企业所得税法的规定缴纳企业所得税。但个人独资企业、合伙企业不交企业所得税。

1. 企业所得税的税率

企业所得税的税率分为 25%、20%、15%、10% 等。

2. 企业所得税的应纳税所得额

企业所得税的计税依据是应纳税所得额，即指企业每一纳税年度的收入总额，减除不征税收入、免税收入、各项扣除以及允许弥补的以前年度亏损后的余额。如果计算出的数额小于零，为亏损。

根据利润表加减项目，计算出利润总额，即会计利润，假如没有调整项目，乘以所得税适用税率，可以得出所得税税额。

应纳税所得额 = 会计利润 + 纳税调整增加额 − 纳税调整减少额 + 境外应税所得弥补境内亏损 − 弥补以前年度亏损

当期所得税 = 当期应交所得税 = 应纳税所得额 × 适用税率 − 减免税额 − 抵免税额

16.8.2 收入的确定

1. 销售货物收入

除法律法规另有规定外，企业销售收入的确认，必须遵循权责发生制和实质重于形式原则。销售货物收入确认的时间，见表 16−22。

表 16-22　销售货物收入时间的确认

销售方式	确认收入的时间
托收承付	办妥托收手续时确认收入
销售商品需要安装和检验	在购买方接受商品以及安装和检验完毕时确认收入。如果安装程序比较简单，可在发出商品时确认收入
以支付手续费方式委托代销	在收到代销清单时确认收入
售后回购	销售的商品按售价确认收入，回购的商品作为购进商品处理
以旧换新	销售商品应当按照销售商品收入确认条件确认收入，回收的商品作为购进商品处理
商业折扣	应当按照扣除商业折扣后的金额确定销售货物收入金额
销售折让	应当在发生时冲减当期销售货物收入
销售退回	应当在发生时冲减当期销售货物收入
有合同或协议价款的	购货方已收或应收的确定销售货物收入金额
现金折扣	应当按照扣除现金折扣前的金额确定销售货物收入金额。现金折扣在实际发生时计入当期损益

2. 提供劳务收入时间确认的方法，见表 16-23。

表 16-23　劳务收入时间的确认

依　据	确认收入的时间
安装费	应根据安装完工进度确认收入
宣传媒介的收费	应在相关广告或商业行为出现于公众面前时确认收入
软件费	为特定客户开发软件的收费，应根据开发的完工进度确认收入
服务费	包含在商品售价内可区分的服务费，在提供服务的期间分期确认收入
艺术表演、招待宴会和其他特殊活动	在相关活动发生时确认收入，收费涉及几项活动的，预收的款项应合理分配给每项活动，分别确认收入
会员费	申请入会或加入会员，只允许取得会籍，所有其他服务或商品要另行收费的，在取得会员费时确认收入
特许权费	属于提供设备和其他有形资产的特许权费，在交付资产或转移资产所有权时确认收入；属于提供初始及后续服务的特许权费，在提供服务时确认收入
劳务费	长期为客户提供重复的劳务收取的劳务费，在相关劳务活动发生时确认收入

3. 其他收入

企业其他收入确认时间，见表 16-24。

表 16-24 其他收入时间确认

依 据	确认收入时间
转让财产收入	应按照从财产受让方或已收或应收的合同或协议价款确认收入的实现
股息、红利等权益性投资收益	按照被投资方作出利润分配决定的日期确认收入的实现
利息收入	按照合同约定的债务人应付利息的日期确认收入的实现，包括存款利息、贷款利息、债券利息、欠款利息等收入
租金收入	按照合同约定的承租人应付租金的日期确认收入的实现
特许权使用费收入	按照合同约定的特许权使用人应付特许权使用费的日期确认收入的实现
接受捐赠收入	按照实际收到捐赠资产的日期确认收入的实现
其他收入	包括企业资产溢余收入、逾期未退包装物没收的押金、确实无法偿付的应付款项、企业已作坏账损失处理后又收回的应收账款、债务重组收入、补贴收入、教育费附加返还款、违约金收入、汇兑收益等

4. 不征税收入

不征税收入，是指从性质和根源上不属于企业营利性活动带来的经济利益、不负有纳税义务并不作为应税所得额组成部分的收入，详见表 16-25。

表 16-25 不征税收入

财政拨款	是指各级政府对纳入预算管理的事业单位、社会团体等组织拨付的财政资金，但国务院和国务院财政、税务主管部门另有规定的除外
依法收取并纳入财政管理的行政事业性收费和政府性基金	行政事业性收费
	政府性基金

16.8.3 准予扣除的项目

1. 一般扣除项目

企业实际发生的与取得收入有关的、合理的支出，包括成本、费用、税金、损失和其他支出，准予在计算应纳税所得额时扣除，见表 16-26。

表 16-26　准予扣除的项目

合理支出	内　容
成本	是指企业在生产经营活动中发生的成本、业务支出以及其他耗费
费用	是指企业在生产经营活动中发生的销售费用、管理费用和财务费用，已经计入成本的有关费用除外
税金	是指企业发生的除企业所得税和允许抵扣的增值税以外的各项税金及其附加
损失	①企业发生的损失，减除责任人赔偿和保险赔款后的余额，依照国务院财政、税务主管部门的规定扣除。 ②企业已经作为损失处理的资产，在以后纳税年度又全部收回或者部分收回时，应当计入当期收入
捐赠	①只有公益性捐赠才能在企业所得税前扣除 ②非公益性捐赠不能在企业所得税前扣除 企业当期实际发生的公益性捐赠支出在年度利润总额 12% 以内（含）的，准予扣除
工资	①企业实际发生的合理的职工工资薪金，准予在税前扣除。包括基本工资、奖金、津贴、补贴、年终加薪、加班工资，以及与任职或者受雇有关的其他支出 ②企业按照国务院有关主管部门或省级人民政府规定的范围和标准为职工缴纳的基本医疗保险费、基本养老保险费、失业保险费、工伤保险费、生育保险费等基本社会保险费和住房公积金，准予税前扣除 ③企业提取的年金
职工福利费	企业发生的满足职工共同需要的集体生活、文化、体育等方面的职工福利费支出，不超过工资薪金总额 14% 的部分，准予扣除
工会经费	企业拨缴的工会经费，不超过工资薪金总额 2% 的部分，准予扣除
教育费附加	除国务院财政、税务主管部门另有规定外，企业实际发生的职工教育经费支出，在职工工资总额 8%（含）以内的，准予据实扣除。超过部分，准予在以后纳税年度结转扣除
业务招待费	企业实际发生的与经营活动有关的业务招待费，按实际发生额的 60% 扣除，但最高不得超过当年销售（营业）收入额的 0.5%
广告费和业务宣传费	企业每一纳税年度实际发生的符合条件的广告支出，不超过当年销售（营业）收入 15%（含）的部分准予扣除，超过部分准予在以后年度结转扣除
利息支出	①有关资产竣工结算并交付使用后或达到预定可销售状态后发生的借款费用，可在发生当期扣除 ②企业发生的不需要资本化的借款费用，符合税法和本条例对利息水平限定条件的，准予扣除
环保等专项基金及费用的扣除	①专项资金支出 ②两类特别保险支出

根据财政部 税务总局《关于企业职工教育经费税前扣除政策的通知》，企业发生的职工教育经费支出，不超过工资薪金总额 8% 的部分，准予在计算企业所得税应纳税所得额时扣除；超过部分，准予在以后纳税年度结转扣除。自 2018 年 1 月 1 日起执行。

2. 不得扣除项目

税前不得扣除的项目如下。

1 • 向投资者支付的股息、红利等权益性投资收益款项

2 • 企业所得税税款

3 • 税收滞纳金

4 • 罚金、罚款和被没收财物的损失

5 • 不符合规定的捐赠支出

6 • 赞助支出

7 • 未经核定的准备金支出

8 • 与取得收入无关的其他支出

16.8.4 企业所得税的计算

我国计算企业所得税时，一般采用资产负债债务法。利润表中的所得税费用由两部分组成：当期所得税和递延所得税费用（或收益）。

【例 16-10】雅致有限公司所得税税率为 25%，2018 年其有关的生产经营情况如下：

（1）销售电子产品，取得收入 3 120 万元（不含税价格）。

（2）买卖国债取得收益 10 万元，取得国债利息收入 4 万元，企业债券利息收入 60 万元。

（3）将一项技术所有权进行转让，取得所得 590 万元。

（4）当年软件产品的销售成本为 2 100 万元。

（5）软件产品的销售费用为 370 万元，其中含业务宣传费 24 万元。

（6）当年企业发生的管理费用 310 万元，其中含新产品的研究费用 130 万元（新产品开发费用 70 万元形成了企业的无形资产，摊销期限为 10 年）；业务招待费 70 万元；其他费用性税费 110 万元。

（7）该企业上年度尚有亏损 20 万元（未过弥补期限）。

根据上述业务，计算应纳所得税额。

①计算当年境内的应税收入。（不含技术转让所得）

取得的国债利息收入 4 万元免征企业所得税。

应税收入 =3 120+10+60=3 190（万元）

②计算当年境内的技术转让所得应纳的企业所得税。

根据规定，一个纳税年度内居民企业转让技术所有权所得不超过 500 万元的部分免征企业所得税，超过 500 万元的部分减半征收企业所得税。所以，投资转让所得 500 万元免征企业所得税，超过的 90 万元应纳税。应纳企业所得税 =90×25%×50%=11.25（万元）。

③计算允许税前扣除的业务宣传费。

根据规定，企业每一纳税年度发生的符合条件的广告费和业务宣传费，除国务院财政、税务主管部门另有规定外，不超过当年销售（营业）收入 15% 的部分，准予扣除；超过部分，准予在以后纳税年度结转扣除。所以，允许税前扣除的业务宣传费限额 =3 120×15%=468（万元），发生的 24 万元业务宣传费可在税前扣除。

④计算允许税前扣除的研究费用和开发费用。

根据规定，企业发生新产品的研究开发费用可加计扣除，未形成无形资产计入当期损益的，在按照规定据实扣除的基础上，按照研究开发费用的 50% 加计扣除；形成无形资产的，按照无形资产成本的 150% 摊销。所以，允许税前扣除的研究费用 =130×50%=65（万元）允许税前扣除的无形资产的摊销费用 =70÷10×150%=10.5（万元）

应调减所得额 =65+10.5=75.50（万元）

⑤计算允许税前扣除的业务招待费。

根据规定，企业发生的与生产经营活动有关的业务招待费，按照发生额的 60% 扣除，但最高不得超过当年销售（营业）收入的 5‰。所以，70 × 60%=42（万元）；3 120 × 5‰ =15.6（万元）。允许税前扣除的业务招待费限额 =15.6（万元），应调增所得额 =70−15.6=54.4（万元）。

⑥计算当年境内的应纳税所得额和税额。

允许弥补亏损 20 万元。

应纳税所得额 =（3 190−2 100−370−310）−75.50+54.4−20

=368.90（万元）

应纳税额 =368.90 × 25%=92.225（万元）

借：所得税费用　　　　922 250

　　贷：应交税费——应交所得税　　　　922 250

登记会计凭证，见表 16-27

表 16-27　记账凭证

2018 年 12 月 31 日　　　　字第 × × 号

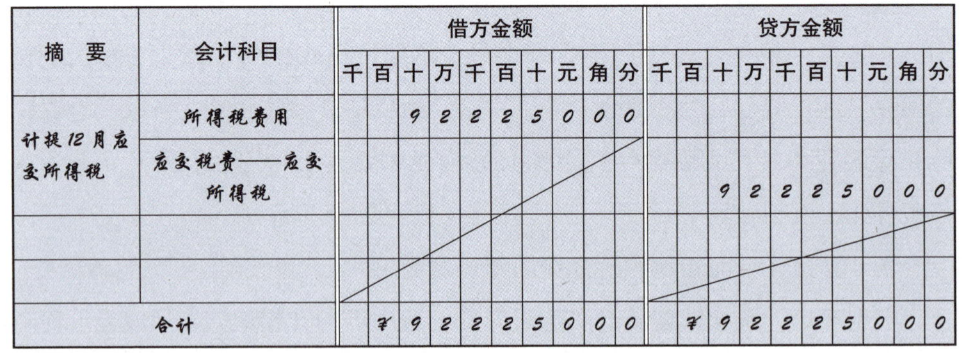

摘　要	会计科目	借方金额										贷方金额									
		千	百	十	万	千	百	十	元	角	分	千	百	十	万	千	百	十	元	角	分
计提 12 月应交所得税	所得税费用			9	2	2	2	5	0	0	0										
	应交税费——应交所得税													9	2	2	2	5	0	0	0
合计			￥	9	2	2	2	5	0	0	0		￥	9	2	2	2	5	0	0	0

会计主管：陈丽　　记账：董明纯　　审核：李汀　　制单：宋桐

16.9 个人所得税

个人所得税是对个人（自然人）取得各项所得征收的一种所得税。

16.9.1 征收范围

征收范围的法律界定，如图 16−1 所示。

1	工资、薪金、奖金、年终加薪、劳动分红、津贴等个人所得
2	个体工商户的生产、经营所得（含个人独资企业和合伙企业）
3	对企事业单位的承包经营、承租经营的所得
4	劳务报酬所得
5	稿酬所得
6	特许权使用费所得
7	利息、股息、红利所得
8	财产租赁所得
9	财产转让所得
10	偶然所得——中奖、中彩等

图 16−1　个人所得税征收范围

16.9.2 个人所得税应纳税额的计算

2018 年 8 月 31 日，关于修改《个人所得税法》的决定经十三届全国人大常委会第五次会议表决通过。起征点确定为每月 5 000 元。新的《个人所得税法》规定：居民个人的综合所得，以每一纳税年度的收入额减除费用 60 000 元以及专项扣除、专项附加扣除和依法确定的其他扣除后的余额，为应纳税所得额。

1. 工资个税的计算公式

个税免征额是 5 000 元，使用超额累进税率的计算方法。

应纳税额 =（工资薪金所得 −“五险一金”− 专项附加扣除 −5 000）× 适用税率 − 速算扣除数

专项附加扣除包括：子女教育、继续教育、大病医疗、住房贷款利息、住房租金、赡养老人等。

2. 个人所得税税率

个人所得税根据不同的征税项目，分别规定了三种不同的税率：

（1）工资、薪金所得，适用 7 级超额累进税率，按月应纳税所得额计算征税。

（2）个体工商户的生产、经营所得和对企事业单位适用 5 级超额累进税率。

（3）比例税率。

减税向中低收入倾斜。新个税法规定，历经此次修法，个税的部分税率级距进一步优化调整，扩大 3%、10%、20% 三档低税率的级距，缩小 25% 税率的级距，30%、35%、45% 三档较高税率级距不变。

工资、薪金所得七级超额累计税率，见表 16-28。

表 16-28　工资、薪金所得个人所得税税率表

级　数	每次应纳税所得额（元）	税率（%）	速算扣除数（元）
1	不超过 3 000 元部分	3	0
2	超过 3 000—12 000	10	210
3	超过 12 000—25 000	20	1 410
4	超过 25 000—35 000	25	2 660
5	超过 35 000—55 000	30	4 410
6	超过 55 000—80 000	35	7 160
7	超过 80 000 元部分	45	15 160

我国个人所得税的征收方式实行源泉扣缴与自行申报并用法，注重源泉扣缴。个人所得税的征收方式可分为按月计征和按年计征。个体工商户的生产、经营所得，对企业事业单位的承包经营、承租经营所得，特定行业的工资、薪金所得，从中国境外取得的所得，实行按年计征应纳税额，其他所得应纳税额实行按月计征。

【例 16-11】 假定李先生 2019 年 1 月税前工资为 19 900 元，扣除“五险一金”5 760 元，另外根据专项附加扣除规定，李先生享受子女教育税前扣除 1 000 元，住房贷款 1 000 元。请计算李先生应缴纳的个人所得税。

（1）应纳税所得额 = 税前工资收入 − 五险一金（个人缴纳部分）− 起征点 −1 000−1 000=19 900−5 760−5 000−1 000−1 000=7 140（元）。

（2）对应税率为 10%，速算扣除数 210 元。

7 140 × 10%−210=504（元）

（4）李先生 1 月应交个人所得税 504 元。

第 17 章 财务报表的编制

一套完整的财务报表至少应当包括资产负债表、利润表、现金流量表、所有者权益（或股东权益）变动表以及附注。资产负债表、利润表和现金流量表分别从不同角度反映企业的财务状况、经营成果和现金流量。

17.1 资产负债表

资产负债表是反映企业在某一特定时期的财务状况的报表。资产负债表主要反映资产、负债和所有者权益三方面的内容，并满足“资产 = 负债 + 所有者权益”平衡式。

17.1.1 资产负债表概述

我国企业的资产负债表采用账户式结构。账户式资产负债表中的资产各项目的合计等于负债和所有者权益各项目的合计，即资产负债表左方和右方平衡。因此，通过账户式资产负债表，可以反映资产、负债、所有者权益之间的内在关系，即“资产 = 负债 + 所有者权益”。

通过资产负债表，可以反映企业在某一特定日期所拥有或控制的经济资源、所承担的现时义务和所有者对净资产的要求权，帮助财务报表使用者全面了解企业的财务状况、分析企业的偿债能力等情况，从而为其做出经济决策提供依据。

财政部于 2018 年 6 月 15 日发布了《关于修订印发 2018 年度一般企业财务报表格式的通知》(财会〔2018〕15 号，以下简称《通知》)，适用于执行企业会计准则的非金融企业截至 2018 年 6 月 30 日的中期财务报表及以后期间的财务报表；执行企业会计准则的金融企业应当根据金融企业经营活动的性质和要求，比照《通知》进行相应调整。

(1)“应收票据”“应收账款”合并为“应收票据及应收账款”。

衍生金融资产		
应收票据		
应收账款		

应收票据及应收账款		
预付款项		
其他应收款		

(2)“应收利息”“应收股利”合并至“其他应收款”。

应收利息		
应收股利		
其他应收款		

预付款项		
其他应收款		
存货		

（3）“固定资产清理”合并至“固定资产”。

固定资产		
在建工程		
工程物资		
固定资产清理		

投资性房地产		
固定资产		
在建工程		
生产性生物资产		

（4）“工程物资”合并至“在建工程”。

投资性房地产		
固定资产		
在建工程		
工程物资		

固定资产		
在建工程		
生产性生物资产		
油气资产		

（5）“应付票据”、“应付账款”合并为“应付票据及应付账款”。

衍生金融资产		
应收票据		
应收账款		
预付款项		

衍生金融资产		
应收票据及应付账款		
预收款项		
应付职工薪酬		

（6）“应付利息”、“应付股利”合并至“其他应付款”。

应交税费		
应付利息		
应付股利		
其他应付款		

应交税费		
其他应付款		
持有待售负债		
一年内到期的非流动负债		

（7）“专项应付款”合并至“长期应付款”。

长期应付款		
专项应付款		
预计负债		
递延收益		

长期应付款		
预计负债		
递延收益		
递延所得税负债		

17.1.2 资产负债表的编制方法

资产负债表的各项目均需填列“年初余额”和“期末余额”两栏。

资产负债表“年初余额”栏内各项数字，应根据上年年末资产负债表的“期末余额”栏内所列数字填列。如果上年度资产负债表规定的各个项目的名称和内容与本年度不一致，应对上年年末资产负债表各项目的名称和数字按照本年度的规定进行调整，填入本表“年初余额”栏内。

资产负债表的“期末余额”栏内各项数字，其填列方法如下。

1. 根据总账科目的余额填列

资产负债表中的有些项目，可直接根据有关总账科目的余额填列，如“交易性金融资产”“短期借款”“应付票据”“应付职工薪酬”等项目；有些项目，则需根据几个总账科目的余额计算填列，如“货币资金”项目，需根据“库存现金”“银行存款”“其他货币资金”三个总账科目余额合计填列。

【例 17-1】 2019 年 1 月 31 日，雅致电子有限公司科目余额表，见表 17-2。

表 17-2 科目余额表

账户名称	期末借方余额（元）	账户名称	期末贷方余额（元）
库存现金	4 400	存货跌价准备	67 000
银行存款	4 980 000	累计折旧	195 000
其他货币资金	197 000	固定资产减值准备	40 000
原材料	552 000	累计摊销	74 000
周转材料	43 000	盈余公积	674 200
库存商品	942 300	未分配利润	2 500 000
固定资产	5 075 000		
无形资产	240 000		

根据表中资料，计算资产负债表时“期末余额”栏按下列数值填列。

货币资金 =4 400+4 980 000+197 000=5 181 400（元）

2. 根据有关明细科目的余额计算填列

资产负债表中的有些项目，需要根据明细科目余额填列，如“应付票据及应付账款”项目，需要分别根据“应付票据”科目的期末余额、“应付账款”和“预付账款”两科目所属明细科目的期末贷方余额计算填列。

【例 17-2】 2019 年 1 月 31 日，雅致电子有限公司有关科目所属明细余额，见表 17-3。

表 17-3 明细账户余额表

账户名称	明细账户	借方余额（元）	贷方余额（元）
预收账款	佳兴设备厂		312 000
应收账款	农行广元路支行	1 355 000	
	大宇科技有限公司	4 127 000	
合同资产	复和电子零件有限公司	623 000	
	晖春铜矿有限公司	276 000	
预付账款	柳兰仪器有限公司	514 000	
应付账款	大众汽车有限公司		342 000
合同负债	江北木工机械厂		696 000
坏账准备	应收账款		32 500
	其他应收款		17 000

2019 年 1 月末资产负债表中相关项目金额：

“应收账款”项目金额 =1 355 000+4 127 000−32 500=5 449 500（元）

“合同负债”项目金额＝ 696 000（元）

“预收账款”项目金额＝ 312 000（元）

“合同资产”项目金额＝ 623 000+276 000 ＝ 899 000（元）

“预付账款”项目金额＝ 51 400（元）

“应付账款”项目金额 =342 000（元）

3. 根据总账科目和明细账科目的余额分析计算填列

资产负债表的有些项目，需要依据总账科目和明细科目两者的余额分析填列，如“长期借款”项目，应根据“长期借款”总账科目余额扣除“长期借款”科目所属的明细科目中将在资产负债表日起一年内到期，且企业不能自主地将清偿义务展期的长期借款后的金额填列。“长期待摊费用”项目需要根据“长期待摊费用”总账科目余额扣除将在一年内摊销完毕的长期待摊费用后的金额计算填列。关于“未分配利润”项目，如果是在年末应该根据“利润分配——未分配利润”科目余额填列；如果是在非年末，则要根据“利润分配——未分配利润”和“本年利润”科目余额计算填列。

4. 根据有关科目余额减去其备抵科目余额后的净额填列

如资产负债表中的“应收账款”“长期股权投资”等项目，应根据“应收账款”“长期股权投资”等科目的期末余额减去“坏账准备”“长期股权投资减值准备”等科目余额后的净额填列；“固定资产”项目，应根据“固定资产”科目期末余额减去“累计折旧”“固定资产减值准备”科目余额后的净额填列；“无形资产”项目，应根据“无形资产”科目期末余额减去“累计摊销”“无形资产减值准备”科目余额后的净额填列。

根据【例 17-1】：固定资产 =5 075 000−195 000−40 000=4 840 000（元）

无形资产 =240 000−74 000=166 000（元）

5. 综合运用上述填列方法分析填列

如资产负债表中的“存货”项目，需根据“原材料”“库存商品”“委托加工物资”“周转材料”“材料采购”“在途物资”“发出商品”“材料成本差异”“合同履约成本”等总账科目期末余额的分析汇总数，再减去“存货跌价准备”“合同履约成本减值准备”备抵科目余额后的金额填列。

根据【例 17-1】：存货 =552 000+43 000+942 300−67 000=1 470 300（元）

【例 17-3】 雅致电子有限公司 2019 年 1 月 31 日总账及明细余额，见表 17-4。

表 17-4 总账及明细账期末余额表

资产账户	总账及明细账期末余额		负债及权益账户	总账及明细账期末余额	
	借方余额	贷方余额		借方余额	贷方余额
库存现金	4 400		短期借款		500 000
银行存款	4 980 000		应付票据		382 900
工商银行深圳龙岗支行	4 980 000		应付账款		

续上表

资产账户	总账及明细账期末余额		负债及权益账户	总账及明细账期末余额	
	借方余额	贷方余额		借方余额	贷方余额
其他货币资金	197 000		柳兰仪器有限公司	514 000	
银行汇票	42 000		大众汽车有限公司		342 000
信用证存款	155 000		预收账款		312 000
应收票据	680 000		合同负债		696 000
			江北木工机械厂		696 000
应收账款	4 474 000		应付职工薪酬		900 000
			应交税费		87 000
农行广元路支行	1 355 000		应付利息		41 000
大宇科技有限公司	4 127 000		其他应付款		52 300
其他应收款	24 200		长期应付款		1 720 000
合同资产	899 000		长期借款		1 000 000
复和电子零件有限公司	623 000		实收资本		10 000 000
晖春铜矿有限公司	276 000				
预付账款	514 000				
坏账准备		49 500			
其中：其他应收款		17 000			
应收账款		32 500			
原材料	552 000				
库存商品	942 300				
周转材料	43 000				
存货跌价准备		67 000			
固定资产	5 075 000				
固定资产减值准备		40 000			
长期应收款	574 500				
累计折旧		195 000			
在建工程	459 700				
无形资产	240 000				
累计摊销		74 000			

（1）分析计算填列的项目如下：

“货币资金”项目期末金额 =4 400+4 980 000+197 000=5 181 400（元）

“存货”项目期末金额 = 存货 =552 000+43 000+942 300−67 000=1 470 300(元）

“固定资产”项目期末金额 =5 075 000−195 000−40 000=4 840 000（元）

“无形资产”项目期末金额 =240 000−74 000=166 000（元）

“应收票据及应收账款”项目金额 =680 000+1 355 000+4 127 000−32 500 =6 129 500（元）

“预收账款”项目金额 =312 000（元）

“预付账款”项目金额 =514 000（元）

“合同资产”项目金额 =623 000+276 000=899 000（元）

“合同负债”项目金额 =696 000（元）

“应付票据及应付账款”项目金额 =382 900+342 000=724 900（元）

“其他应收款”项目期末金额 =24 200−17 000=7 200（元）

“其他应付款”项目金额 =52 300+41 000=93 300（元）

（2）其他项目根据总账余额直接填列。

根据上述资料，编制资产负债表。见表 17−5。

表 17−5 资产负债表

编制单位：雅致电子有限公司　　2019 年 1 月 31 日　　单位：元

资　产	期末余额	年初余额	负债和所有者权益（或股东权益）	期末余额	年初余额
流动资产：			流动负债：		
货币资金	5 181 400	543 000	短期借款	500 000	3 000 000
交易性金融资产			交易性金融负债		
应收票据及应收账款	6 129 500	560 000	应付票据及应付账款	724 900	2 328 300
预付款项	514 000	72 000	预收款项	312 000	120 000
其他应收款	7 200	123 000	合同负债	696 000	900 000
存货	1 470 300	4 237 900	应付职工薪酬	900 000	3 126 000
合同资产	899 000	1 100 000	应交税费	87 000	1 235 890
一年内到期的非流动资产			其他应付款	93 300	80 500
其他流动资产			一年内到期的非流动负债		

续上表

资　产	期末余额	年初余额	负债和所有者权益（或股东权益）	期末余额	年初余额
流动资产合计	14 201 400	11 675 900	其他流动负债		
非流动资产：			流动负债合计	3 313 200	10 790 690
债权投资			非流动负债：		
其他债权投资			长期借款	1 000 000	2 430 000
长期应收款		320 000	应付债券		
长期股权投资			长期应付款	1 720 000	1 562 800
其他权益工具投资			预计负债		
其他非流动金融资产			递延收益		
投资性房地产			递延所得税负债		
固定资产	4 840 000	6 240 000	其他非流动负债		
在建工程		10 844 201	非流动负债合计	2 720 000	3 992 800
生产性生物资产			负债合计	6 033 200	14 783 490
油气资产			所有者权益（或股东权益）：		
无形资产	166 000	324 500	实收资本（或股本）	10 000 000	10 000 000
开发支出		784 500	资本公积		
商誉		1 498 389	减：库存股		
长期待摊费用			其他综合收益		
递延所得税资产			盈余公积	674 200	1 250 000
其他非流动资产			未分配利润	2 500 000	5 654 000
非流动资产合计	5 006 000	20 011 590	所有者权益（或股东权益）合计	13 174 200	16 904 000
资产总计	19 207 400	31 687 490	负债和所有者权益（或股东权益）总计	19 207 400	31 687 490

17.2 利润表

利润表是反映企业在一定会计期间的经营成果的报表。根据财会〔2018〕15 号规定，利润表主要是分拆项目，并对部分项目的先后顺序进行调整。从

"管理费用"项目中分拆"研发费用"项目；在"财务费用"项目下分拆"利息费用"和"利息收入"明细项目。

17.2.1 利润表概述

1. 利润表的结构

我国企业的利润表采用多步式格式，分以下五个步骤编制。

第一步，以营业收入为基础，减去营业成本、税金及附加、销售费用、管理费用、研发费用、财务费用、资产减值损失、信用减值损失，加上公允价值变动收益（减去公允价值变动损失）、资产处置收益（减去资产减值损失）和投资收益（减去投资损失），计算出营业利润。

第二步，以营业利润为基础，加上营业外收入，减去营业外支出，计算出利润总额。

第三步，以利润总额为基础，减去所得税费用，计算出净利润（或净亏损）。

第四步，以净利润（或净亏损）为基础，计算每股收益。

第五步，以净利润（或净亏损）和其他综合收益为基础，计算综合收益总额。

2. 利润表的编制

利润表各项目均需填列"本期金额"和"上期金额"两栏。利润表"本期金额""上期金额"栏内各项数字，应当按照相关科目的发生额分析填列。

利润表项目的填列说明，见表 17-6。

表 17-6 利润表项目填列说明

营业收入	本项目应根据"主营业务收入"和"其他业务收入"科目的发生额分析填列
营业成本	本项目应根据"主营业务成本"和"其他业务成本"科目的发生额分析填列
税金及附加	本项目应根据"税金及附加"科目的发生额分析填列
销售费用	本项目应根据"销售费用"科目的发生额分析填列
管理费用	本项目应根据"管理费用"科目的发生额分析填列
研发费用	本项目应根据"管理费用"科目下的"研发费用"明细科目的发生额分析填列
利息费用	本项目应根据"财务费用"科目的相关明细科目的发生额分析填列
利息收入	本项目应根据"财务费用"科目的相关明细科目的发生额分析填列

续上表

资产处置收益	本项目应根据“资产处置损益”科目的发生额分析填列；如为处置损失，以“-”号填列
财务费用	本项目应根据“财务费用”科目的发生额分析填列
资产减值损失	本项目应根据“资产减值损失”科目发生额分析填列
公允价值变动收益	本项目应根据“公允价值变动损益”科目的发生额分析填列，如为净损失，本项目以“-”号填列
投资收益	本项目应根据“投资收益”科目的发生额分析填列。如为投资损失，本项目用“-”号填列
营业利润	反映企业实现的营业利润。如为亏损，本项目以“-”号填列
营业外收入	本项目应根据“营业外收入”科目的发生额分析填列
营业外支出	本项目应根据“营业外支出”科目的发生额分析填列
利润总额	反映企业实现的利润。如为亏损，本项目以“-”号填列
所得税费用	本项目应根据“所得税费用”科目的发生额分析填列
净利润	反映企业实现的净利润。如为亏损，本项目以“-”号填列
每股收益	包括基本每股收益和稀释每股收益两项指标，反映普通股或潜在普通股已公开交易的企业，以及正在公开发行普通股或潜在普通股过程中的企业的每股收益信息
其他综合收益	反映根据《企业会计准则》规定，未在损益中确认的各项利得和损失扣除所得税影响后的净额
综合收益总额	反映企业净利润与其他综合收益的合计金额

17.2.2 利润表编制案例

【例 17-4】雅致电子有限公司 2019 年 1 月 31 日损益类账户发生额，见表 17-7。

表 17-7　账户发生额

账户名称	借方发生额（元）	贷方发生额（元）
主营业务收入		66 540 000
主营业务成本	51 150 000	
其他业务收入		2 290 000
其他业务成本	1 430 000	
税金及附加	80 430	
销售费用	37 420	
管理费用	93 320	

续上表

账户名称	借方发生额（元）	贷方发生额（元）
财务费用	84 600	
投资收益		67 890
营业外收入		39 200
营业外支出	21 680	
资产减值损失	61 000	
所得税费用		

根据上述资料，编制 2019 年 1 月利润表，见表 17-8。

表 17-8 利润表

编制单位：雅致电子有限公司　　2019 年 1 月　　单位：元

项　目	本期金额	上期金额（略）
一、营业收入	68 830 000	
减：营业成本	52 580 000	
税金及附加	80 430	
销售费用	37 420	
管理费用	93 320	
研发费用		
财务费用	84 600	
其中：利息收入		
利息费用		
资产减值损失	61 000	
加：公允价值变动收益（损失以“-”号填列）		
投资收益（损失以“-”号填列）	67 890	
其中：对联营企业和合营企业的投资收益		
资产处置收益（损失以“-”号填列）		
二、营业利润（亏损以“-”号填列）	15 961 120	
加：营业外收入	39 200	
其中：非流动资产处置损失		
减：营业外支出	21 680	
其中：非流动资产处置损失		
三、利润总额（亏损总额以“-”号填列）	15 978 640	

续上表

项　目	本期金额	上期金额（略）
减：所得税费用	3 994 660*	
四、净利润（净亏损以“-”号填列）	11 983 980	
五、其他综合收益的税后净额		
（一）以后不能重分类进损益的其他综合收益		
1. 重新计量设定受益计划负债或净资产的变动		
2. 权益法下不能转损益的其他综合收益		
……		
（二）以后将重分类进损益的其他综合收益		
1. 权益法下在被投资单位以后将重分类进损益的其他综合收益中享有的份额		
2. 可供出售金融资产公允价值变动损益		
3. 持有至到期投资重分类为可供出售金融资产损益		
4. 现金流量套期损益的有效部分		
5. 外币财务报表折算差额		
……		
六、综合收益总额		
七、每股收益		
（一）基本每股收益		
（二）稀释每股收益		

*假设该企业无纳税调整事项。

17.3 现金流量表

现金流量表是反映企业在一定会计期间现金和现金等价物流入和流出的报表。

17.3.1 现金流量表含义与结构

1. 现金流量表含义

企业从银行提取现金、用现金购买短期到期的国库券等现金和现金等价物之间的转换不属于现金流量。

现金是企业库存现金以及可以随时用于支付的存款，包括库存现金、银行存款和其他货币资金（如外埠存款、银行汇票存款、银行本票存款）等。不能随时用于支付的存款不属于现金。

现金等价物是企业持有的期限短、流动性强、易于转换为已知金额现金、价值变动风险很小的投资。期限短，一般是指从购买日起三个月内到期。现金等价物通常包括三个月内到期的债券投资等。权益性投资变现的金额通常不确定，因而不属于现金等价物。企业应当根据具体情况，确定现金等价物的范围，一经确定不得随意变更。

企业产生的现金流量分为三类，主要内容见表 17–9。

表 17–9　企业产生的三类现金流量

经营活动产生的现金流量	主要包括销售商品或提供劳务、购买商品、接受劳务、支付工资和交纳税款等流入和流出现金及现金等价物的活动或事项
投资活动产生的现金流量	主要包括购建固定资产、处置子公司及其他营业单位等流入和流出现金及现金等价物的活动或事项
筹资活动产生的现金流量	主要包括吸收投资、发行股票、分配利润、发行债券、偿还债务等流入和流出现金及现金等价物的活动或事项。偿付应付账款、应付票据等商业应付款等属于经营活动，不属于筹资活动

2. 现金流量表的结构

我国企业现金流量表采用报告式结构，分类反映经营活动产生的现金流量、投资活动产生的现金流量和筹资活动产生的现金流量，最后汇总反映企业某一期间现金及现金等价物的净增加额。

17.3.2 现金流量各项目计算方法

1. 经营活动产生的现金流量项目计算

经营活动产生的现金流量净额计算。经营活动产生的现金流量净额的各个子项目计算方法，具体见表 17–10。

（1）销售商品、提供劳务收到的现金。

“销售商品、提供劳务收到的现金”项目，反映企业销售商品、提供劳务实际收到的现金（含销售收入和应向购买者收取的增值税额），包括本期销售商品、提供劳务收到的现金，以及前期销售和前期提供劳务本期收到的现金和本期预收的账款，扣除本期退回本期销售的商品和前期销售本期退回的商品支付的现金。企业销售材料和代购代销业务收到的现金，也在本项目反映。

表 17-10　经营活动产生的现金流量净额计算

项　目	计算公式
销售商品、提供劳务收到的现金	利润表中主营业务收入 ×（1+ 适用税率）+ 利润表中其他业务收入 +（应收票据期初余额 – 应收票据期末余额）+（应收账款期初余额 – 应收账款期末余额）+（预收账款期末余额 – 预收账款期初余额）– 计提的应收账款坏账准备期末余额
收到的税费返还	（应收补贴款期初余额 – 应收补贴款期末余额）+ 补贴收入 + 所得税本期贷方发生额累计数
收到的其他与经营活动有关的现金	营业外收入相关明细本期贷方发生额 + 其他业务收入相关明细本期贷方发生额 + 其他应收账款相关明细本期贷方发生额 + 其他应付账款相关明细本期贷方发生额 + 银行存款利息收入
购买商品、接受劳务支付的现金	[利润表中主营业务成本 +（存货期末余额 – 存货期初余额）]×（1+ 适用税率）+ 其他业务成本（剔除税金）+（应付票据期初余额 – 应付票据期末余额）+（应付账款期初余额 – 应付账款期末余额）+（预付账款期末余额 – 预付账款期初余额）
支付给职工以及为职工支付的现金	“应付职工薪酬”科目本期借方发生额累计数
支付的各项税费	“应交税款”各明细账户本期借方发生额累计数账户借方数
支付的其他与经营活动有关的现金	营业外支出（剔除固定资产处置损失）+ 管理费用（剔除工资、福利费、劳动保险金、待业保险金、住房公积金、养老保险、医疗保险、折旧、坏账准备或坏账损失、列入的各项税金等）+ 销售费用、成本及制造费用（剔除工资、福利费、劳动保险金、待业保险金、住房公积金、养老保险、医疗保险等）+ 其他应收款本期借方发生额 + 其他应付款本期借方发生额 + 银行手续费

【例 17-5】 2019 年 1 月，雅致电子有限公司增值税专用发票上注明的不含税金额为 1 860 000 元，劳务收入 267 000 元，应收票据期初余额为 365 000 元，期末余额为 243 000 元；应收账款期初余额为 8 136 000 元，期末余额为 5 345 000 元；本月核销坏账损失为 139 000 元。

本期销售商品提供劳务收到的现金	2 127 000（1 860 000+267 000）
加：本期收到前期的应收票据 　　本期收到前期的应收账款	122 000（365 000−243 000） 2 652 000（8 136 000−5 345 000−139 000）
本期销售商品、提供劳务收到的现金	4 901 000

（2）收到的税费返回。

“收到的税费返还”项目，反映企业收到返还的各种税费，如收到的增值税、所得税、消费税、关税和教育费附加返还款等。本项目可以根据有关科目的记录分析填列。

【例 17-6】 2019 年 1 月，雅致电子有限公司扣缴所得税 483 712.5 元，本月应交所得税款 575 390 元，月末收到所得税返还款 94 317.5 元，已存入银行。

本期收到的税费返还 94 317.5 元。

（3）收到的其他与经营有关的现金。

本项目可以根据“库存现金”“银行存款”“营业外收入”“管理费用”“销售费用”等科目的记录分析填列。

【例 17-7】 雅致电子有限公司收到出租设备收入 10 400 元。

收到的其他与经营活动有关的现金为 10 400 元。

（4）购买商品、接受劳务支付的现金。

本项目可以根据“库存现金”“银行存款”“应付票据”“应付账款”“预付账款”“主营业务成本”“其他业务支出”等科目的记录分析填列。

【例 17-8】 雅致电子有限公司本期购买原料钢材，收到的专用发票上注明价款为 1 436 000 元；应付账款月初余额为 573 000 元，月末余额为 691 000 元；应付票据月初余额为 382 000 元，月末余额为 449 000 元；预付账款期初余额为 338 000 元，期末余额为 432 000 元；购买工程用物资 389 000 元，货款已通过银行转账支付。

本期购买商品、接受劳务支付的现金计算如下：

本期购买钢材支付的价款	1 436 000
加：本期支付的前期应付账款 本期支付的前期应付票据 本期预付货款	−118 000（573 000−691 000） −67 000（382 000−449 000） 94 000（432 000−298 000）
本期购买商品、接受劳务支付的现金	1 345 000

注：购买工程物资 389 000 元作为投资活动现金流出。

（5）支付给职工以及为职工支付的现金。

本项目可以根据“库存现金”“银行存款”“应付职工薪酬”等科目的记录分析填列。

【例 17-9】 雅致电子有限公司本期实际支付工资 746 000 元，其中车间工人工资 298 000 元，管理人员工资 327 000 元。本公司职工宿舍楼施工人员工资 40 000 元；按工资总额的 10% 缴纳保险费；按照工资总额 1% 支付误餐费。

支付给职工的工资	625 000（298 000+327 000）
加：支付的保险费 　　支付的误餐费用	（625 000 × 10%）62 500 （625 000 × 1%）6 250
支付给职工以及为职工支付的现金	693 750

（6）支付的各项税费。

本项目可以根据“应交税费”“库存现金”“银行存款”等科目的记录分析填列。

【例 17-10】 雅致电子有限公司支付的增值税、城建税、教育费附加、所得税、印花税、车船税等税款共计 347 400 元，本期向税务机关缴纳上月补缴所得税 75 000 元。

本期发生并缴纳的税款	347 400
前期发生本期补缴的所得税额	75 000
本期支付的各项税费	422 400

2. 投资活动产生的现金流量项目计算

投资活动产生的现金流量净额计算。投资活动产生的现金流量净额各个子项目计算方法，具体见表 17-11。

表 17-11　投资活动产生的现金流量净额计算

项　目	计算公式
收回投资所收到的现金	（短期投资期初数 − 短期投资期末数）+（长期股权投资期初数 − 长期股权投资期末数）+（长期债权投资期初数 − 长期债权投资期末数）

续上表

项　目	计算公式
取得投资收益所收到的现金	利润表投资收益 –（应收利息期末数 – 应收利息期初数）–（应收股利期末数 – 应收股利期初数）
处置固定资产、无形资产和其他长期资产所收回的现金净额	“固定资产清理”的贷方余额 +（无形资产期末数 – 无形资产期初数）+（其他长期资产期末数 – 其他长期资产期初数）
收到的其他与投资活动有关的现金	如收回融资租赁设备本金等
购建固定资产、无形资产和其他长期资产所支付的现金	（在建工程期末数 – 在建工程期初数）（剔除利息）+（固定资产期末数 – 固定资产期初数）+（无形资产期末数 – 无形资产期初数）+（其他长期资产期末数 – 其他长期资产期初数） 投资所支付的现金（短期投资期末数 – 短期投资期初数）+（长期股权投资期末数 – 长期股权投资期初数）（剔除投资收益或损失）+（长期债权投资期末数 – 长期债权投资期初数）（剔除投资收益或损失）
支付的其他与投资活动有关的现金	如投资未按期到位的罚款

（1）收回投资收到的现金。

本项目可以根据“交易性金融资产”“持有至到期投资”“可供出售金融资产”“长期股权投资”“库存现金”“银行存款”等科目的记录分析填列。

【例 17-11】 汇通天下制造有限公司出售明珠公司的股票，收到的金额为 123 900 元；出售用过的碎石机，收到价款 51 100 元。

本期收回投资所收到的现金 123 900 元。

（2）取得投资收益收到的现金。

本项目可以根据“应收股利”“应收利息”“投资收益”“库存现金”“银行存款”等科目的记录分析填列。

（3）“处置固定资产、无形资产和其他长期资产收回的现金净额”项目。

本项目可以根据“固定资产清理”“库存现金”“银行存款”等科目的记录分析填列。

（4）购建固定资产、无形资产和其他长期资产支付的现金。

本项目可以根据“固定资产”“在建工程”“工程物资”“无形资产”“库存

现金”“银行存款”等科目的记录分析填列。

【例 17-12】 2019 年 1 月，购入两条生产线，价款共计 2 878 000 元，货款已付。购买工程物资 305 000 元；在建工程工人工资 54 700 元。

本期购建固定资产、无形资产和其他长期资产支付的现金计算如下：

购买挖掘机支付的现金	2 878 000
加：为在建工程购买材料支付的现金 在建工程人员工资及费用	305 000 54 700
本期购建固定资产、无形资产和其他长期资产支付的现金	3 237 700

（5）投资支付的现金。

本项目可根据“交易性金融资产”“持有至到期投资”“可供出售金融资产”“投资性房地产”“长期股权投资”“库存现金”“银行存款”等科目的记录分析填列。

（6）支付的其他与投资活动有关的现金。

“支付的其他与投资活动有关的现金”项目，反映企业除上述各项目外，支付的其他与投资活动有关的现金流出。其他与投资活动有关的现金，如果价值较大的，应单列项目反映。

3. 融资活动产生的现金流量有关项目的计算

融资活动产生的现金流量净额计算。融资活动产生的现金流量净额各个子项目计算方法，具体见表 17-12。

表 17-12　融资活动产生的现金流量净额计算

项　目	计算公式
吸收投资所收到的现金	（实收资本或股本期末数 - 实收资本或股本期初数）+（应付债券期末数 - 应付债券期初数）
借款收到的现金	（短期借款期末数 - 短期借款期初数）+（长期借款期末数 - 长期借款期初数）
收到的其他与融资活动有关的现金	如投资人未按期缴纳股权的罚款现金收入等

续上表

项　目	计算公式
偿还债务所支付的现金	（短期借款期初数－短期借款期末数）+（长期借款期初数－长期借款期末数）（剔除利息）+（应付债券期初数－应付债券期末数）（剔除利息）
分配股利、利润或偿付利息所支付的现金	应付股利借方发生额＋利息支出＋长期借款利息＋在建工程利息＋应付债券利息－票据贴现利息支出
支付的其他与融资活动有关的现金	如发生融资费用所支付的现金、融资租赁所支付的现金、减少注册资本所支付的现金（收购本公司股票，退还联营单位的联营投资等）、企业以分期付款方式购建固定资产，除首期付款支付的现金以外的其他各期所支付的现金等

（1）收回投资收到的现金。

本项目可以根据“实收资本（或股本）”“资本公积”“库存现金”“银行存款”等科目的记录分析填列。

（2）借款收到的现金。

本项目可以根据“短期借款”“长期借款”“交易性金融资产”“应付债券”“库存现金”“银行存款”等科目的记录分析填列。

【例 17-13】 本期借入长期借款 1 620 000 元，短期借款 360 000 元。

借款收到的现金 1 980 000 元。

（3）“收到的其他与筹资活动有关的现金”项目，反映企业除上述各项目外，收到的其他与筹资活动有关的现金流入，如接受现金捐赠等。其他与筹资活动有关的现金，如果价值较大的，应单列项目反映。本项目可以根据有关科目的记录分析填列。

（4）“偿还债务所支付的现金”项目，反映企业以现金偿还债务的本金。

本项目可以根据“短期借款”“长期借款”“交易性金融资产”“应付债券”“库存现金”“银行存款”等科目的记录分析填列。

【例 17-14】 本期偿还短期借款 330 000 元，长期借款 1 200 000 元。

偿还债务所支付的现金 1 530 000 元。

（5）“分配股利、利润或偿付利息所支付的现金”项目，反映企业实际支付的现金股利，支付给其他投资单位的利润或用现金支付的借款利息，债券利息。

本项目可根据“应付股利”“应付利息”“利润分配”“财务费用”“在建工程”“制造费用”“研发支出”“库存现金”“银行存款”等科目的记录分析填列。

【例 17-15】 本月向投资者支付利润 774 000 元，支付利息 185 000 元。

本期分配股利、利润或偿付利息所支付的现金计算如下：

支付投资者利润	774 000
加：支付贷款利息	185 000
分配股利、利润或偿付利息所支付的现金	959 000

4. 汇率变动对现金及现金等价物的影响

企业外币现金流量折算成记账本位币时，所采用的是现金流量发生日的汇率或即期汇率的近似汇率，而现金流量表“现金及现金等价物净增加额”项目中外币现金净增加额是按资产负债表日的即期汇率折算。这两者的差额即为汇率变动对现金的影响。

【例 17-16】 根据上述资料，编制 2019 年 1 月雅致电子有限公司现金流量表。见表 17-13。

表 17-13　现金流量表

编制单位：雅致电子有限公司　　　　2018 年 1 月　　　　单位：元

项　目	本期金额	上期金额
一、经营活动产生的现金流量		
销售商品、提供劳务收到的现金	4 901 000	
收到的税费返还	94 317.5	
收到其他与经营活动有关的现金	10 400	
经营活动现金流入小计	5 005 717.5	
购买商品、接受劳务支付的现金	1 345 000	
支付给职工以及为职工支付的现金	693 750	
支付的各项税费	422 400	

续上表

项　目	本期金额	上期金额
支付其他与经营活动有关的现金		
经营活动现金流出小计	2 461 150	
经营活动产生的现金流量净额	2 544 567.5	
二、投资活动产生的现金流量		
收回投资收到的现金	123 900	
取得投资收益收到的现金		
处置固定资产、无形资产和其他长期资产收回的现金净额		
处置子公司及其他营业单位收到的现金净额		
收到其他与投资活动有关的现金		
投资活动现金流入小计	123 900	
购建固定资产、无形资产和其他长期资产支付的现金	3 237 700	
投资支付的现金		
取得子公司及其他营业单位支付的现金净额		
支付其他与投资活动有关的现金		
投资活动现金流出小计	3 237 700	
投资活动产生的现金流量净额	−3 113 800	
三、筹资活动产生的现金流量		
吸收投资收到的现金		
取得借款收到的现金	1 980 000	
收到其他与筹资活动有关的现金		
筹资活动现金流入小计	1 980 000	
偿还债务支付的现金	1 530 000	
分配股利、利润或偿付利息支付的现金	959 000	
支付其他与筹资活动有关的现金		
筹资活动现金流出小计	2 489 000	
筹资活动产生的现金流量净额	−509 000	
四、汇率变动对现金及现金等价物的影响		
五、现金及现金等价物净增加额		
加：期初现金及现金等价物余额		
六、期末现金及现金等价物余额		

17.4 所有者权益变动表

所有者权益变动表是指反映构成所有者权益各组成部分当期增减变动情况的报表。

17.4.1 所有者权益变动表含义及结构

1. 所有者权益变动表的含义

通过所有者权益变动表，既可以为报表使用者提供所有者权益总量增减变动的信息，也能为其提供所有者权益增减变动的结构性信息，特别是能够让报表使用者理解所有者权益增减变动的根源。

所有者权益变动表在一定程度上体现企业的综合收益。

综合收益 = 净利润 + 直接计入当期所有者权益的利得和损失

净利润 = 收入 − 费用 + 直接计入当期损益的利得和损失

2. 所有者权益变动表的结构

在所有者权益变动表上，企业至少应当单独列示反映下列信息的项目：①综合收益总额；②会计政策变更和差错更正的累积影响金额；③所有者投入资本和向所有者分配利润等；④提取的盈余公积；⑤实收资本或资本公积、盈余公积、未分配利润的期初和期末余额及其调节情况。

所有者权益变动表以矩阵的形式列示：一方面，列示导致所有者权益变动的交易或事项，即所有者权益变动的来源对一定时期所有者权益的变动情况进行全面反映；另一方面，按照所有者权益各组成部分（即实收资本、资本公积、盈余公积、未分配利润和库存股）列示交易或事项对所有者权益各部分的影响。

17.4.2 所有者权益变动表的编制

所有者权益变动表各项目均需填列“本年金额”和“上年金额”两栏。

所有者权益变动表各项目的列报说明

1.“上年年末余额”项目

反映企业上年资产负债表中实收资本（或股本）、资本公积、盈余公积、未分配利润的年末余额。

2.“会计政策变更”和“前期差错更正”项目

分别反映企业采用追溯调整法处理会计政策重要的累计影响金额和采用追溯重述法处理会计差错更正的累积影响金额。

3.“本年增减变动额”项目

（1）“综合收益总额”项目，反映净利润和其他综合收益扣除所得税影响后的净额相加后的金额。

（2）“所有者投入和减少资本”项目，反映企业接受投资者投入形成的实收资本（或股本）和资本溢价（或股本溢价）。

（3）“利润分配”项目，反映企业当年的利润分配金额。

（4）“所有者权益内部结转”下各项目，反映企业构成所有者权益各组成部分之间的增减变动情况。

其中：①“资本公积转增资本（或股本）”项目，反映企业以资本公积转增资本或股本的金额。

②“盈余公积转增资本（或股本）”项目，反映企业以盈余公积转增资本或股本的金额。

③“盈余公积弥补亏损”项目，反映企业以盈余公积弥补亏损的金额。

【例 17-17】 雅致电子有限公司 2018 年有关所有者权益账户年初余额基本年增减变动情况及原因见表 17-14。据此编制所有者权益（股东权益）变动表，见表 17-15（上年金额略）。

表 17-14　有关所有者权益账户 2018 年内变动情况及原因

单位：元

账　户	年初余额	本年增加及原因	本年减少及原因	年末余额
实收资本	78 450 000	盈余公积转入 380 000 元		78 830 000
资本公积	789 400	接受捐赠 160 320 元		949 720

续上表

账 户	年初余额	本年增加及原因	本年减少及原因	年末余额
盈余公积	840 000	从净利润中提取 274 530 元	转增资本 380 000 元	734 530
未分配利润	360 000	实现净利润 6 293 500 元	提取盈余公积 274 530 元，分派股利 4 442 600 元	1 936 370
合计	80 439 400	7 108 350	5 097 130	82 450 620

表 17-15 所有者权益变动表

编制单位：雅致电子有限公司 年度：2018 单位：元

项 目	行次	本年金额					
		实收资本（或股本）	资本公积	盈余公积	未分配利润	库存股（减项）	所有者权益合计
一、上年年末余额		78 450 000	789 400	840 000	360 000		80 439 400
1. 会计政策变更							
2. 前期差错更正							
二、本年年初余额		78 450 000	789 400	840 000	360 000		80 439 400
三、本年增减变动金额（减少以“-”号填列）		380 000	160 320	-105 470	1 576 370		2 011 220
（一）综合收益总额							
（二）所有者投入和减少资本							
1. 所有者投入普通股							
2. 其他权益工具持有者投入资本							
3. 股份支付计入所有者权益的金额							
4. 其他			160 320				160 320
（三）利润分配					6 293 500		6 293 500
1. 提取盈余公积				274 530	（-）274 530		0
2. 对所有者的分配					（-）4 442 600		（-）4 442 600
3. 其他							

续上表

项　目	行次	本年金额					
		实收资本（或股本）	资本公积	盈余公积	未分配利润	库存股（减项）	所有者权益合计
（四）所有者权益内部结转							
1. 资本公积转增资本（或股本）							
2. 盈余公积转增资本（或股本）		380 000		（–）380 000			0
3. 盈余公积弥补亏损							
4. 设定受益计划变动额结转留存收益							
5. 其他							
四、本年年末余额		78 830 000	949 720	734 530	1 936 370		82 450 620

注：上年金额略

参考文献

[1] 中华人民共和国财政部 . 企业会计准则（2018 年版）[M]. 北京：经济科学出版，2017.

[2] 中华人民共和国财政部 . 企业会计准则应用指南（2018 年版）[M]. 上海，立信会计出版社，2018.

[3] 中国注册会计师协会 . 会计 CPA[M]. 北京：中国财政经济出版社，2018.

[4] 邱银春 . 新手学会计 [M]. 北京：清华大学出版社，2018.

[5] 栾庆忠 . 企业会计处理与纳税申报真账实操 [M].4 版 . 北京：中国市场出版社，2018.

[6] 财政部会计司 . 企业会计准则第 14 号——收入应用指南 2018 [M]. 北京，中国财政经济出版社，2018.

[7] 秦东生，于烨 . 优秀税务会计从入门到精通（零基础学习税务会计入门畅销书）[M]. 北京：中国华侨出版社，2015.

[8] 赖金木 . 即学即会：会计全流程做账实操 [M]. 北京：中华工商联合出版社，2014.

[9] 曲喜和，严鸿雁，徐鲲 . 会计学 [M]，2 版 . 北京：北京邮电大学出版社，2011.

[10] 陈菊花，陈良华 . 会计学 [M]，3 版 . 北京：科学出版社，2012.

[11] 陈登文 . 会计知识入门 [M]. 北京：知识产权出版社，2011.

[12] 梁文涛 . 纳税筹划实务 [M]，6 版 . 北京：北京交通大学出版社，2017.

[13] 陈文昌 . 企业财务报表分析 [M]. 北京：中国人民大学出版社，2011.

[14] 汪华亮，邢铭强，索晓辉 . 企业税务筹划与案例解析 [M]. 上海：立信会计出版社，2011.

[15] 李凤荣，张小静 . 税法 [M]. 北京：北京理工大学出版社，2011.

[16] 张云莺，郑建志，崔艳辉 . 税收筹划 [M]. 北京：清华大学出版社，2010.

[17] 成凤艳，李岩 . 税务会计与税收筹划 [M]. 北京：北京理工大学出版社，2011.

[18] 陈春洁 . 小企业会计核算实务（图解版）[M]. 广州：广东人民出版社，2012.1.

[19] 陈梅兰 . 小企业会计核算实务 . 升级版 [M]. 北京：人民邮电出版社，2011.12.

[20] 小企业会计准则研究组 . 小企业会计准则操作指南 [M]. 大连：东北财经大学出版社，2012.3.

[21] 小企业会计准则研究组 . 小企业会计准则讲解 [M]. 大连：东北财经大学出版社，2012.1.

[22] 文彬 . 新编会计入门不可不知的 300 个常识 [M]. 北京：中国商业出版社，2011.2.

[23] 罗绍德 . 中级财务会计 [M]. 成都：西南财经大学出版社，2011.2.

[24] 汤湘希，王昌锐，赵彦锋 . 中级财务会计 [M]. 武汉：武汉大学出版社，2012.1.

[25] 吴晖 . 中级财务会计 [M]. 北京：科学出版社，2018.1.